DU MONDIAL À L'EURO

34-36, rue La Pérouse
75116 Paris

Collection Hugo Sport et ouvrage dirigés par Bertrand Pirel
Graphisme de couverture et mise en page : Jef Cortes
Photographies de couverture : © Shutterstock et PresseSports

ISBN : 9782755690606
Dépôt légal : août 2021
Imprimé en Espagne par CPI Blackprint

Baptiste Desprez

DU MONDIAL À L'EURO

L'histoire secrète d'un rendez-vous raté

Hugo Sport

AVANT-PROPOS

Du rêve au cauchemar. Un condensé de ce que représente une vie de footballeur de haut niveau, où vous pouvez tutoyer les sommets l'espace d'un instant, vous sentir invincible, désirable mais surtout désiré, avant de sombrer lamentablement pour n'être au final plus que l'ombre de vous-même, seul. Telle fut la trajectoire de l'équipe de France entre les étés 2018 et 2021. Entre grandeur et décadence. Pour finir au cimetière des ambitions perdues. Sûrs de leurs forces, managés par un chef de navire impassible et guidés d'un désir collectif profond de marquer leurs adversaires dans leur chair, avec un ensemble magnifié par des individualités aussi expérimentées que rafraîchissantes, les Bleus avaient coché toutes les cases pour faire chavirer de bonheur plus de soixante millions de Français le 15 juillet 2018. Trois ans plus tard, c'est la douche froide. Énième confirmation que tout va très vite. Dans le foot comme dans la vie. Pour une déception totale et des semaines, voire des mois, de craintes et d'interrogations quant à la capacité de rebond de la sélection dirigée par Didier Deschamps. Va-t-elle retrouver de sa superbe ? Défendre avec force et vigueur son titre à la Coupe du monde au Qatar en 2022 ou bien plonger définitivement dans l'anonymat ? Tous les fans de l'équipe de France se posent la question et aujourd'hui, personne n'a la réponse. C'est aussi ce qui fait la force et la beauté de ce sport, avec l'incertitude en bandoulière et les doutes chevillés au corps. Et une excitation poussée à son paroxysme, car la sélection n'a pas d'égale pour rassembler, diviser, agacer, enthousiasmer des millions de Français, mais surtout ne jamais les laisser indifférents.

Immenses favoris de l'Euro cet été, avec une attaque Griezmann-Benzema-Mbappé que le monde entier nous enviait et des noms ronflants dans chaque secteur de jeu, les champions du monde se sont pris les pieds dans le tapis au cours d'une compétition qui a vu le sacre de l'Italie de Roberto Mancini. Pour une croisée des chemins aussi inattendue que significative. Cruelle pour les uns, exceptionnelle pour les autres. Il y a trois ans, les tout nouveaux champions d'Europe observaient le titre des Bleus devant leur télévision, après avoir été rossés en barrage par la Suède et incapables de valider leur qualification pour la Coupe du monde en Russie.

Durant cet été 2021, les Transalpins ont pris une revanche éclatante pour se hisser sur le toit du Vieux Continent. Avec des ingrédients connus de tous : le goût de l'effort collectif, le sens du sacrifice, le don de soi et l'intime conviction que proposer un jeu séduisant où l'envie de gagner domine la peur de perdre peut vous faire gravir des montagnes. Sans star planétaire mais avec un savant mélange de jeunesse et de vieux grognards, la Squadra Azzurra a offert maîtrise et cohérence pour décrocher son deuxième titre de champion d'Europe (1968), qui vient s'ajouter à ses quatre Coupes du monde (1934, 1938, 1982, 2006). Gigantesque. Monumental. Pour une fête totale et des millions d'Italiens en liesse.

Au grand désarroi d'une équipe de France bien loin de tout cela et éliminée en huitième de finale par la Suisse après à peine quinze jours de compétition. Sans regret. Presque dans l'indifférence tant les Mbappé, Pogba ou encore Griezmann et Pavard avaient habitué le peuple français à d'autres émotions. C'est triste à dire mais les Bleus ne méritaient pas mieux. Que s'est-il passé au sein d'un groupe programmé pour s'inscrire en digne héritier des aînés de 1998 et 2000 que sont les Zidane, Lizarazu, Henry, Deschamps ou encore Barthez et Thuram ?

Trop de suffisance ? Un réel embourgeoisement ? Un état d'esprit défaillant ? Une moins bonne ambiance ? L'inéquité d'un Euro qui laisse des sélections bien au frais et sans voyage à faire, et en contraint d'autres à jouer sous de fortes chaleurs et à se cogner des milliers de kilomètres ? La faute à Didier Deschamps ? À ses joueurs ? Tous coupables ? Ce livre vous dévoile les coulisses des Bleus pour vous faire une idée plus profonde de ce fiasco. Derrière le rideau et les micros, la vérité n'est pas toujours celle qu'on croit.

Une chose est certaine, champions du monde ou non, quand vous ne respectez pas l'essence même de ce sport, les ingrédients basiques et immuables qui s'imposent à tous, le retour de bâton s'avère terrible. Implacable. Et vous fait rapidement descendre de votre piédestal pour vous ramener à la réalité. Le haut niveau n'accepte pas l'à-peu-près, encore moins la suffisance, et les Bleus en ont vécu l'amère expérience lors de leur aventure qui les a emmenés de Clairefontaine à Bucarest, leur terminus, en passant par Nice, Saint-Denis, Munich et Budapest.

Au plus près des Bleus depuis 2016, grâce à mon métier de journaliste sportif au *Figaro*, je vous embarque à nouveau pour une aventure périlleuse et excitante avec les champions du monde en titre, depuis le lendemain de leur sacre à Moscou en 2018 jusqu'au théâtre du désenchantement que fut cet Euro 2021. Entre la digestion des nouveaux statuts, les immenses attentes d'un public jamais rassasié, les luttes d'influence, les coulisses de la remise en question du staff et des joueurs, un Covid-19 dévastateur mais aussi la gestion des égos, la quête perpétuelle de l'excellence, le maintien d'un édifice fragile, l'apparition de crispations, la bombe Karim Benzema, les déceptions inattendues, le manque de sérieux ou encore les mauvais choix divers et variés… Autant de séquences qui ont jalonné la vie de l'équipe de France depuis trois ans. Entre Paris, Madrid, Manchester, Londres, Barcelone, Munich, Rotterdam, Saint-Denis, Konya, Reykjavik, Tirana, Solna, Zagreb, Lisbonne, Sarejevo, ce récit, à travers de multiples moments de vie de stars internationales, vous plonge dans un long et intense voyage. Installez-vous, je m'occupe du reste. Avec les Bleus en compagnons de route.

1

« COACHER DES BÉNI-OUI-OUI NE M'INTÉRESSE PAS » : LES CONFIDENCES DE DIDIER DESCHAMPS

Vendredi 31 août 2018

Les immenses yachts sont amarrés en nombre au port, les bolides derniers cris rivalisent de bruits de moteur et l'été s'étire sous un soleil qui irradie le fameux Rocher. Bienvenue à Monaco. Le temple du strass et des paillettes. Lieu de mon rendez-vous à venir avec un homme qui a – fantasme ultime des politiques – su rassembler derrière une seule voix des millions de personnes : Didier Deschamps. Un mois et demi plus tôt, du côté de Moscou et de son mythique stade Loujniki, ses Bleus ont décroché un nouveau titre de champions du monde aux dépens de la Croatie (4-2). Vingt ans après le sacre des Zidane, Henry, Blanc, Djorkaeff, Thuram, Barthez, Lizarazu et Deschamps, pionniers de 1998, des millions de Français ont à nouveau envahi les rues du pays pour fêter l'événement avec une nouvelle liesse historique. À peine le temps de profiter qu'il est déjà l'heure de la reprise pour les nouveaux patrons du football mondial. Tout du moins pendant quatre ans et jusqu'au Qatar 2022. Juste avant la rentrée des classes, le sélectionneur – troisième homme à rejoindre le cercle fermé des mythes titrés en tant que joueur et sélectionneur, aux côtés de l'Allemand Franz Beckenbauer et du Brésilien Mario Zagallo – a donné son accord pour se livrer dans les colonnes du *Figaro*.

Depuis cette finale et le retour en France, celui qui est devenu, grâce à la campagne de Russie, l'un des hommes les plus appréciés du pays s'est montré discret lors d'un été passé en famille et entre amis sur la côte d'Azur, lui qui réside sur les hauteurs de Cap-d'Ail, avec une vue à tomber sur la Méditerranée. Au programme pour « DD »: barbecues, soirées, nombreuses parties de padel sur la plage et détente avec ses proches. Rendez-vous est donné ce vendredi 31 août 2018 dans un grand hôtel monégasque. Souriant et détendu, le teint hâlé et la ligne svelte – tous les jours, il se plie à une heure de gainage – dans son costume bleu nuit, le double champion du monde débarque en maître des lieux, connu par le personnel et quasiment incognito parmi le flot des touristes étrangers présents dans le hall lors de son arrivée. Un couple de jeunes mariés russes, en peignoir et sortant du spa, ne perçoit même pas sa présence au moment de monter dans l'ascenseur pour retrouver la suite dans laquelle aura lieu l'interview.

Pour se donner une petite idée de la difficulté de recueillir les confidences du sélectionneur au surlendemain du sacre russe, certains chiffres donnent le ton. Ou le vertige. Raphaël Raymond, ancien journaliste à *L'Équipe* – en charge de la couverture des Bleus notamment, mais aussi de l'OM du temps où Didier Deschamps y officiait, entre 2009 et 2012 – et nouvel attaché de presse de l'équipe de France, nous fait savoir qu'il a reçu très précisément 117 demandes d'interview provenant de médias français et étrangers pour « récolter les impressions » du nouveau champion du monde. Ça vous plante le pedigree de l'interviewé du jour. Réclamé par tous les médias français et européens. La rançon de la gloire.

Taquin et détendu (difficile de ne pas l'être), Didier Deschamps me laisse entrevoir un homme profitant à plein de son état de grâce. Avant l'entretien, il prend des nouvelles de mon été, commente sa liste de joueurs prêts à reprendre du service trois jours plus tard à Clairefontaine… Le ton est calme, posé et bienveillant, dans cette suite donnant sur le port monégasque. L'endroit est splendide, les conditions idéales et « DD » enclin à répondre à mes questions. L'interview devait durer trente minutes, elle en fera plus du double, signe d'une décontraction totale et d'une envie profonde de prendre le temps pour revenir sur son été mais surtout pour poser les jalons de ce qui attend les Bleus. Et de ce que leur patron espère d'eux en échange. Avec en toile de fond un mantra : penser à la victoire coûte que coûte. Haïr la défaite chaque jour qui passe, jusqu'à son dernier souffle.

Ça peut paraître un peu désuet, mais Deschamps a ce credo ancré dans son esprit depuis ses débuts dans le monde du football. Demandez à ses joueurs ce qu'ils en pensent, tous vous répondront qu'il ne vit que pour ça. Son CV parle de lui-même. Et s'il a décidé de prolonger son aventure en sélection jusqu'en 2022, date de la Coupe du monde au Qatar, ce n'est surtout pas pour y faire de la figuration. Morceaux choisis après une heure à bâtons rompus avec le « Big Boss » du football français. Avec un message fort adressé à ses joueurs : la Coupe du monde est terminée, place à la suite et à de nouvelles ambitions.

Avez-vous eu, comme en 1998, l'impression d'être un Beatles cet été, après le sacre en Russie ?

Didier Deschamps : Des garçons comme Liza (Lizarazu) et d'autres étaient devenus les Beatles. Ils ont changé de vie, moi je ne l'ai pas fait (*sourire*). C'est toujours difficile de comparer ces deux grands moments. Il y en a un que j'ai connu dans la plus belle vie, quand on est joueur. Je savais que c'était celle-là et je vous confirme que c'est celle-là. En tant que sélectionneur, c'est aussi beau et fort, je ne dis pas plus, mais aussi. C'est un détail important.

Parvenez-vous à prendre du recul sur cette vague de sympathie ?

Ce n'est pas désagréable et je préfère ça plutôt que de recevoir des tomates. Je ne veux pas faire le prétentieux mais j'ai déjà vécu ces moments dans ma vie et j'arrive à prendre du recul. Ce n'est que du bonheur. On était dans une bulle, il a donc fallu du temps pour réaliser. La seule chose que j'ai vraiment ressentie, c'est que je n'ai pas fini la Coupe du monde fatigué, avec un contrecoup physique ou mental. J'étais tranquille et en forme. Parce qu'en Russie, j'ai toujours bien dormi, avec des nuits complètes. Ça paraît anodin, mais c'est fondamental pour rester lucide et serein.

Qu'est-ce qui vous a le plus touché durant l'été ?

J'ai reçu beaucoup de marques d'affection et énormément de messages. J'ai deux téléphones, dont un avec le même numéro que du temps où j'étais joueur – vous pouvez dire que ça date, je ne vous en voudrai pas (*sourire*) – et j'ai même reçu des messages de gens que je ne connais pas. Bon, c'est propre au football, je ne suis pas surpris. Quand on gagne les matchs, je reçois plus de messages (*rires*). Ce n'est que du positif. Après, je sais qui est sincère, qui peut l'être un peu moins…

Vous dites que Paul Pogba s'est libéré d'un poids : la presse. Que lui avez-vous dit à ce sujet durant le Mondial ?

Je lui ai demandé de normaliser sa relation avec la presse (*le milieu des Bleus a répondu plusieurs fois aux médias après une longue période de silence*). J'en ai eu des discussions avec lui sur le sujet ! Ce n'est pas tout de lui dire : « Tu dois faire ça. »

J'avais des arguments à mettre en avant, car j'ai bien connu cette situation. Très bien connu, même, pour l'avoir suffisamment payé, et certains continuent d'ailleurs de me le faire payer (*allusion à Christophe Dugarry, avec lequel il est fâché après plusieurs déclarations de son ancien partenaire en bleu*)… Mais Paul avait des arguments lui aussi. Je n'ai pas la prétention de dire « J'ai fait changer Paul », mais il l'a beaucoup mieux vécu. Est-ce que ça lui a permis d'être libéré et plus performant sur le terrain ? Je l'espère. Lorsqu'il est venu vous voir en conférence de presse la première fois (*le 24 juin, deux jours avant France-Danemark*), il a été dit que ce n'était plus le même Pogba. Guy (*Stéphan, son adjoint*) me dit : « Les médias le voient tranquille, apaisé, ayant gagné en maturité. » Mais c'était le même deux heures avant ! Ne serait-ce que le fait d'y aller, de parler avec vous, c'était un pas en avant. Paul est comme il est. Je ne vais pas dire extravagant, mais c'est lui. Je ne veux pas le changer, je plaisante avec lui. Il a voulu avoir une coupe de cheveux plus sobre ? Tant mieux ou tant pis, ce sont les joueurs qui décident, même si je ne me prive pas de les taquiner. Je suis là pour les aider, leur dire les choses quand ça ne va pas, leur donner mon avis. Quand je dis quelque chose, c'est pour leur bien, celui du collectif aussi, mais c'est leur vie.

De façon plus générale, dans votre façon de manager, certains joueurs ont confié que vous aviez évolué…
Oui, je me suis adapté à la génération que j'avais en face de moi. Mais je ne me suis pas forcé. C'est une génération plus affective. Moi aussi, peut-être, même si je ne suis pas comme ça dans ma vie de tous les jours. Je n'ai jamais été un grand démonstratif mais, en Russie, je l'ai été beaucoup plus. Et ça ne m'a pas coûté.

N'avez-vous pas envie, à bientôt 50 ans, de vous montrer différent en public, de casser cette image austère ?

Oui, j'en ai envie. J'ai toujours été chambreur, taquin, tout en restant exigeant. Je me suis montré plus démonstratif avec mes joueurs car le côté affectif se faisait ressentir dans le groupe. Je me suis adapté à ça. Je ne vais pas dire que j'ai changé, mais je me suis adapté. C'est le maître mot pour un sélectionneur. En conférence de presse, je ne vais pas mettre un nez rouge pour faire rire l'assemblée. Certains disent que je ne dis rien lors de cet exercice, mais il faut écouter aussi, des fois. Ce n'est pas parce que je ne dis pas ce qu'on veut entendre que la réponse n'est pas intéressante (*sourire*). Je dis ce que j'ai envie de dire. De temps en temps, je fais un peu d'humour, mais je suis en représentation dans l'exercice de ma fonction. Dans ma vie de tous les jours, je ne suis pas comme ça. Heureusement, d'ailleurs.

En interne, vous impressionnez vos joueurs et votre staff par votre capacité à renouveler vos discours. Quelle est votre recette ?
Quand j'arrive face à eux, je sais ce que je vais dire, en combien de temps et avec quel ton. J'ai toujours des axes. Ça ne concerne pas que la fameuse causerie d'avant-match. Ça peut être le lendemain d'un match, trois jours avant, tout dépend ce que je sens (*il se touche le nez*), ce que je vois, ce qui nous attend. J'adore faire ça !

Mais, concrètement, comment préparez-vous vos interventions pour viser juste ?
Je prends du temps pour moi, seul, à réfléchir, et je me parle à moi-même. Il n'y a aucune note, rien n'est écrit sur un papier ou un cahier. Je ne lis jamais aucune feuille lorsque je parle aux joueurs, sauf quand il y a des statistiques et qu'il faut être ultra précis. J'ai toujours aimé faire ça, chercher certains leviers, ne pas forcément parler que des axes techniques. Des mots reviennent, certaines phrases aussi, même si maintenant j'en ai enlevé, comme le « tactiquement et physiquement » (*il avait*

été raillé par les « Guignols de l'info » sur la prononciation de ces termes), que je n'utilise plus. Je suis là pour surprendre, mettre en éveil. Le renouvellement est indispensable.

Avez-vous des sources d'inspiration en dehors du sport ?
J'aime tout ce qui touche à la psychologie et au management. Ce sont des sujets qui m'intéressent. Je lis beaucoup d'ouvrages là-dessus. Il y en a un que j'ai lu pendant la Coupe du monde, *Choisir sa vie*, de Tal Ben-Shahar. C'est de la psychologie positive. Je n'ai rien découvert mais c'est une façon de voir la vie, d'appréhender le moment des décisions. Certains n'adhèrent pas, estiment que c'est du pipi de chat, pas moi.

Et des personnes qui vous inspirent ?
J'ai beaucoup de respect et d'admiration pour Claude Onesta (*ancien sélectionneur de l'équipe de France de handball, double champion olympique et triple champion du monde*). Il le sait car on a eu l'occasion d'échanger. Avant même de le connaître – ça m'arrive peu de prendre du temps, d'écouter, de lire –, j'éprouvais un intérêt à le suivre. Je lui ai piqué une phrase quand j'ai dit que je n'allais pas sélectionner les vingt-trois meilleurs joueurs pour la Coupe du monde. C'est la réalité. Après, vous pouvez lire, penser ou imaginer ce que vous voulez, le résultat vient des joueurs. Le foot est fait comme ça. Mais j'ai choisi ces garçons et c'était la chose la plus importante de la Coupe du monde. Je peux évoluer, mais il y a des sujets sur lesquels je serai intransigeant comme le cadre, le collectif. Je ne suis pas un policier, encore moins un instit', mais les joueurs savent que je serai toujours là pour les protéger publiquement. Ce qui ne m'empêchera pas de leur dire ce que je pense en tête à tête.

Cela fait-il écho à un échange avec Lilian Thuram, avant le Mondial, qui assurait que les problèmes ne peuvent venir que de l'intérieur d'un groupe, et non de l'extérieur ?

Oui. Si les ennuis arrivent de l'intérieur du groupe, c'est foutu. Rédhibitoire.

Entrez-vous dans le cerveau de vos joueurs ?
Oui. Je fais en sorte d'y entrer. Il y a ceux qui écoutent, d'autres qui écoutent moins. Je ne suis pas Sa Sainteté. Mais cela fait partie de mon job et si on m'enlevait ça, je le vivrais mal. J'adore ça. Ce n'est pas de la prétention, mais une grande partie de ma responsabilité de sélectionneur concerne ce domaine. Ceux qui regardent les matchs peuvent avoir une analyse sur un joueur. C'est une chose. Moi, ce qui m'intéresse, c'est de connaître l'homme. Jeunes, moins jeunes, j'ai besoin de savoir ce qu'ils ont dans le ventre.

Vous avez besoin d'être entouré de bons mecs...
Ce terme est trop réducteur. C'est quoi, un bon mec ? Le gars qui dit bonjour, qui est bien éduqué ? Coacher des béni-oui-oui ne m'intéresse pas. Il n'y a pas si longtemps, on disait que mon équipe manquait de caractère et de leaders. En Russie, j'avais des leaders et mon groupe avait du caractère, toujours selon ces mêmes personnes. Surtout quand tu vois qui le dit... Mais bon, passons à autre chose.

Vous avez changé votre façon d'aborder la finale et de désacraliser l'événement entre 2016 et 2018. Expliquez-nous ce que cela veut dire...
Totalement. Je ne vais pas entrer dans les détails mais je vais argumenter. Ça a servi les joueurs qui avaient perdu la finale de l'Euro contre le Portugal (*Lloris, Umtiti, Pogba, Matuidi, Griezmann, Giroud*) dans leur manière d'appréhender l'événement. J'ai modifié ma façon de faire car ça avait été trop dans l'émotion. J'avais trop chargé cet aspect-là. Même par rapport à moi-même. En 2016, je ne voulais pas savoir ce qui pouvait arriver après la finale de l'Euro. Que ce soit

dans l'organisation, le programme, etc. Tout ce qui était anticipation, le fameux « Si on est champions d'Europe », je ne pouvais pas en entendre parler. J'avais l'habitude de fonctionner comme ça. En 2018, c'était le jour et la nuit. Je n'avais aucun problème avec ça et j'ai pu donner mon avis sur l'après-finale en toute décontraction. Ça ne m'a pas gêné. Je sentais de la retenue de la part des membres du staff ou de la FFF. C'est moi qui leur disais que ça ne me posait aucun problème de discuter de ces choses-là avant la finale. Ce n'est pas ça qui va vous faire gagner, mais ça peut vous faire perdre. La fédération a été très performante sur toutes ces questions d'organisation et d'anticipation.

Votre sélection est jeune. De quand date votre dernier coup de vieux ?
J'ai été préparé à ça avec mon fils de 22 ans (*Dylan)*, donc je ne suis pas surpris. Montrer ce que l'on mange, dire ce que l'on fait sur les réseaux sociaux, ça ne me viendrait pas à l'idée ! Ils sont comme ça. Je n'ai pas de compte et je n'en aurai jamais. Ce n'est pas pour moi. Ça existe, ça ne me pose pas de problème, mais il faut cadrer ça aussi par rapport à une vie collective, un adversaire ou des partenaires.

Que fait Didier Deschamps quand il ne regarde pas du foot ?
Il vit sa vie. Tranquillement, discrètement. J'ai ma vie, je passe du temps avec ma famille, j'ai plus de temps. En tant que sélectionneur, on a une vie sociale. Entraîneur de club, pas vraiment. C'est aussi pour ça que je me sens épanoui dans cette fonction. Après, il faut gagner des matchs, sinon tu n'es plus là…

Dans le foot, tout va très vite. Mais si on vous dit que dans dix ans vous serez encore là ?
Je ne me pose pas la question. Je suis encore sous contrat et programmé pour être là encore deux ans. Après, on verra.

Dix ans, c'est un peu exagéré. Ça fait long, quand même (*sourire*). Je ne suis pas là pour battre des records. Si à un moment je ne le sens plus, ou si on me dit que c'est terminé, j'en prendrai note et tout le monde passera à autre chose. Ce n'est jamais présent dans mon esprit. Merci le football, je n'ai pas à me soucier du lendemain. Quoi qu'il se passe, j'aurai une belle vie après.

Vous écartez totalement l'hypothèse de replonger dans le quotidien d'un club ?
Pas forcément. Je ne vais pas répondre un non catégorique. J'ai commencé comme entraîneur à 33 ans et, en club, ça use. Sélectionneur, c'est différent. Après, il y a une usure qui peut arriver dans le fonctionnement, la façon de voir les choses. Ce n'est pas mon cas aujourd'hui. J'ai ma propre liberté de dire stop ou encore. Avec mon président, bien entendu. Après, tout dépend des situations. Mais bon, ça tient à quoi, le foot, des fois ? France-Ukraine (*barrages retour de qualification à la Coupe du monde 2014*), si on ne gagne pas 3-0, je ne serais pas là à vous parler. Idem si on n'avait pas battu l'Argentine lors des huitièmes de finale en Russie. Aujourd'hui, je me sens bien, épanoui. Prêt à relever de nouveaux défis avec cette équipe de France.

Quelques jours après notre entretien, les Bleus décrocheront un match nul en Allemagne (0-0) et une victoire au Stade de France contre les Pays-Bas (2-1) en Ligue des Nations. Difficile de rêver mieux après avoir touché les étoiles. La suite de l'aventure est lancée pour l'équipe de France.

2
QUAND LES BLEUS JOUENT AVEC… DE FAUX MAILLOTS DEUX ÉTOILES

Septembre 2018

Un couac qui fait tache. À l'automne 2018, dans les couloirs de la Fédération française de football à Paris, un sujet agace fortement en coulisses. Au point d'irriter jusqu'au bureau du patron de la plus puissante des fédérations sportives de France, Noël Le Graët. Le maillot des nouveaux champions du monde, avec les deux étoiles tant attendues et réclamées par le public, reste introuvable dans le commerce. La demande est là, immense. Mais le flop s'avère total. Un vrai raté sur toute la ligne. « On a la meilleure équipe du monde, tous les joueurs sont acclamés, certains sont devenus des stars dépassant largement le cadre du foot, et on n'est pas capable de vendre les bons maillots aux fans, c'est désolant », souffle un salarié de la FFF, dépité. Cela fait désordre quand on sait que Nike et les Bleus, c'est un contrat sur huit ans à raison de 50 millions d'euros par an… Au sein des têtes pensantes de la 3F, la pilule a du mal à passer. Les réunions s'enchaînent, tendues. Et la situation dure depuis des semaines.

Avec le sacre russe et des millions de gens dans la rue, la frénésie autour du maillot aux deux étoiles a rapidement pris de l'ampleur dans tout le pays. Les supporters de tout âge sont prêts à payer les 140 euros demandés pour s'offrir la fameuse tunique. Les pré-commandes explosent, 350 000 au bas mot dès la fin de l'été, pour… 30 000 pièces finalement livrées au mois d'août. En magasin, les queues pour obtenir le précieux tissu se multiplient, les quelques exemplaires disponibles s'arrachent en moins de dix minutes. La loi de l'offre et de la demande. Sauf que pour les maillots de l'équipe de France, il n'y a pas d'offre. À titre de comparaison, en 1998 – autant dire l'âge de pierre au niveau merchandising et marketing –, Adidas, alors équipementier des Bleus, avait vendu 600 000 maillots étoilés après le sacre mythique des Zidane, Barthez et Deschamps. Le tout en simplement… six mois.

« On est en discussion avec eux, on ne comprend pas pourquoi il y a autant de retard, les explications sont difficiles. On devrait être livré, c'est ce qu'ils nous disent depuis quelque temps, mais on aurait pu vendre énormément de maillots depuis l'été. C'est dommage », lâche Noël Le Graët. Le dirigeant breton peste plus sur la faute d'image et les répercussions négatives que sur le manque à gagner financier (entre 100 000 et 200 000 euros) : « La vérité, c'est qu'il n'y a pas de maillot dans les magasins, ni à la FFF. Ça me déçoit et m'agace. Le délai est long, leurs usines livrent le monde entier et sans doute des commandes étaient-elles déjà passées. On devrait être prioritaire, mais on reste évidemment en très bon termes car ils font tellement de choses qu'on ne va pas prendre le risque d'un conflit. » Agacement d'accord, mais pas au point de braquer le sponsor numéro 1 des Bleus. Business oblige. Pas fou, le patron de la 3F.

Une société de flocage engagée pour broder la deuxième étoile sur le maillot des Bleus

Cette situation a même contraint la fédération à faire appel à une société de flocage pour que cette dernière… brode la deuxième étoile sur certaines tuniques, l'instance fédérale étant à court de stock. Ubuesque. Imaginez un peu l'atelier de couture grandeur nature pour que les maillots des Pogba, Giroud ou Griezmann soient prêts pour les rencontres de la rentrée et le retour des héros devant leur public. Pire que ça, entre septembre 2018 et mars 2019, la sélection de Didier Deschamps a été contrainte de jouer certains matchs… avec un « faux » maillot. Faute d'avoir les « vrais ». Impossible n'est pas français, dites-vous ?

Du côté de chez Nike, la communication s'avère minimaliste. Les arguments délivrés laissent à désirer. En « on », personne ne veut parler pour éteindre l'incendie. En « off », la marque assure que ce n'est pas une stratégie délibérée, sans pour autant reconnaître des problèmes de fabrication, mais laisse entendre que le marché français n'est pas une priorité. Traduction : circulez, il n'y a rien à voir, et il y a surtout des sujets plus importants à traiter que le maillot de l'équipe de France pour la firme US. Toujours est-il qu'après une livraison le 16 juillet de… 4 000 maillots, puis 30 000 en août, la prochaine réception est attendue mi-décembre, à hauteur de 170 000 exemplaires. Ce qui ne couvrira pas, et de loin, les 350 000 précommandes effectuées par le public. Des milliers de personnes qui rêvaient de déposer le maillot des Bleus sous le sapin de Noël feront chou blanc. Pour les rassurer, la prochaine livraison sera effectuée… en avril 2019. Un vrai couac. Sur toute la ligne.

3
LA FÊTE AU STADE DE FRANCE, UNE GIFLE, DES PETITS NOUVEAUX… 2018 SE TERMINE BIEN POUR LES BLEUS

Septembre-novembre 2018

On a coutume de dire qu'il est toujours plus facile d'arriver au sommet que de s'y maintenir. Ici réside le défi des Bleus pour les quatre années à venir : assumer et se montrer à la hauteur du titre de champions du monde décroché le 15 juillet 2018 à Moscou. Pour avoir connu ça vingt ans plus tôt en tant que joueur, avec l'enchaînement 1998-2000, et parce qu'il connaît les pièges (starification XXL, tentations diverses, attentes démesurées, embourgeoisement légitime, changement du regard des autres…) que devront éviter ses joueurs, Didier Deschamps n'a pas hésité une seconde à rempiler. Au fond de lui, avec ce groupe composé de joueurs expérimentés et cette jeunesse décomplexée dont la tête de gondole, Kylian Mbappé, n'est jamais rassasiée, il espère marquer encore un peu plus de son empreinte l'histoire du sport français. Des titres, des titres, des titres…

À peine deux mois après leur sacre en Russie, la rentrée des classes des champions du monde, en septembre 2018, ne permet pas le moindre embourgeoisement. C'est aussi ça, la magie du foot moderne : pas le temps de gamberger ni de savourer. L'heure est désormais à la confirmation et à l'obligation d'assumer le nouveau statut des Bleus. Pendant quatre ans, toutes les nations n'auront qu'une idée en tête : mettre à terre les champions du monde.

Au programme, deux rencontres de gala pour débuter la nouvelle compétition de la Ligue des Nations avec un déplacement en Allemagne et la réception des Pays-Bas dans un Stade de France plein à craquer, devant 80 000 spectateurs venus spécialement pour fêter le titre décroché en Russie. Rappelez-vous, le 16 juillet 2018, les hommes de Didier Deschamps avaient gardé un goût d'inachevé quant à leur descente express des Champs-Élysées, car il fallait rejoindre au pas de course l'Élysée. Tout avait été expédié en quelques minutes. Ce moment gâché avait été peu apprécié par les héros du jour. Cette fois, pas de blague. Encore moins de raté. La fête fut belle, douce et chaude. Tout avait été pensé et imaginé par les équipes de la FFF, qui ont rattrapé le coup avec brio. Émotion, chaleur et partage étaient au rendez-vous entre les Bleus et leur public.

À Munich, face aux champions du monde 2014, les Français décrochent un nul heureux (0-0) grâce à un grand Alphonse Areola, titulaire pour la première fois en sélection et qui profite à plein de l'absence de Hugo Lloris, blessé. On pense même à ce moment-là que le Parisien a les armes pour bousculer durablement la hiérarchie des gardiens de but de la sélection… Trois jours plus tard, les Pays-Bas sont dominés dans un Stade de France en fête (2-1). Olivier Giroud – qui dépasse Zinédine Zidane au classement des meilleurs buteurs de l'histoire des Bleus – et Kylian Mbappé sont les deux buteurs d'une soirée marquée par une belle communion à l'issue de la rencontre.

L'enceinte dionysienne s'éteint, se rallume, scande le nom de ses héros, chante la fameuse chanson du groupe Magic System pour un moment de grâce qui s'étire tard dans la nuit. « La fête est finie désormais, mais on a encore faim de titres », harangue Didier Deschamps, plus ambitieux que jamais. La rentrée des Bleus s'avère une réussite.

Situation identique en octobre, malgré un accroc contre l'Islande (2-2) en amical à Guingamp, avec les débuts en sélection du milieu de terrain lyonnais (qui sera transféré à Tottenham l'été suivant) Tanguy Ndombélé et une victoire contre l'Allemagne (2-1) grâce à un doublé de Griezmann. L'équipe est à forte connotation « Mondial », avec peu de nouveautés. Deschamps et ses troupes surfent sur l'esprit Coupe du monde… avant de trébucher du côté de Rotterdam, balayés par les Pays-Bas (2-0) le 16 novembre. Cette première défaite depuis le sacre mondial, et même depuis le 23 mars 2018, empêche l'équipe de France de participer au Final four de la Ligue des Nations, qui sera remporté par le Portugal. Dans la foulée, les Bleus dominent l'Uruguay (1-0) au Stade de France pour clôturer une année 2018 de toute beauté. Mais que la route semble longue et semée d'embûches pour digérer, assumer et conforter ce nouveau statut de champions du monde. Titré en Russie sans jouer une minute, Adil Rami, connu par le grand public pour son histoire d'amour avec Pamela Anderson mais avant tout bon footballeur et sacré client pour les médias, dira adieu à la sélection fin 2018. Sans annoncer sa retraite internationale, mais entre les blessures, ses méformes et son conflit avec l'OM, son club de l'époque, Didier Deschamps ne l'appellera plus chez les Bleus. La page de la Coupe du monde 2018 est définitivement tournée.

4

KYLIAN MBAPPÉ EN UNE DU *TIME*, DES BLEUS DEMANDÉS PARTOUT : C'EST ÇA, L'EFFET COUPE DU MONDE

11 octobre 2018

Ça vous pose un homme. Et l'envoie dans une autre galaxie. Même Sa Majesté Zinédine Zidane n'a pas eu droit à cet honneur : faire la une du mythique hebdomadaire américain *Time*. En quelques secondes, la photo s'est propagée sur la Toile en ce jeudi 11 octobre 2018, relayée par des milliers de personnes en France, en Europe et dans le monde entier. Un phénomène viral qui prend rapidement une ampleur démesurée sur les différents réseaux sociaux. Sur ce cliché en noir et blanc, le visage de Kylian Mbappé irradie en une du célèbre magazine US.

Comme pour rendre encore plus explicite le choix de nos confrères d'outre-Atlantique, ce portrait, où le gamin de 19 ans laisse poindre un léger sourire, est accompagné de la mention « Nouvelle génération de leaders ». Bien plus qu'une simple photo, cette consécration est surtout un nouvel exemple de la dimension prise par l'international français, qui a explosé à la face du monde l'été dernier lors du sacre des Bleus en Russie. Son doublé contre l'Argentine de Lionel Messi ou encore son but en finale l'ont définitivement fait basculer dans un autre monde. Au point de récidiver, quelques semaines plus tard, en couverture du prestigieux *Vanity Fair*, photographié par la « papesse » Annie Leibovitz. Comme pour signifier que la deuxième étoile glanée par l'équipe de France au pays de Vladimir Poutine n'a laissé personne insensible.

Les Bleus dans un nouveau monde

Une célébrité planétaire qui vaut pour le natif de Bondy, mais aussi, à des degrés certes moindres, pour d'autres de ses partenaires comme Paul Pogba, Antoine Griezmann, N'Golo Kanté ou Hugo Lloris, ou encore pour Didier Deschamps, leur chef de file, pour lequel les demandes d'interview ont explosé depuis l'été (entre 100 et 150 à chaque rassemblement), lui qui vient de se confier au *New York Times* ou au *Guardian*. Rien que ça. Un premier exemple de ce fameux « effet Mondial » auquel les nouveaux héros doivent faire face – ce qui est dans la grande majorité des cas beaucoup plus agréable que de recevoir un coup de pied aux fesses –, mais qu'ils ne sont pas les seuls à ressentir. Toute la pyramide du football français est impactée. De la tête de la fédération jusqu'au plus bas de l'échelle, avec la formation des jeunes ou le monde amateur, avec tous les bouleversements que cela implique, en passant par la Ligue 1 (2 millions de spectateurs après neuf journées, affluence record), l'ensemble des instances fédérales ou les sponsors. Bref, tout le monde y gagne. Les petits comme les grands.

S'il est encore trop tôt pour savoir si les prénoms Kylian, Antoine, Paul, Hugo, Didier ou N'Golo sont déjà devenus (ou revenus) à la mode dans les maternités, inutile de dire que l'impact « Coupe du monde » se ressent au quotidien dans le petit monde du foot français. Premier effet, comme de coutume après chaque titre majeur, l'augmentation du nombre de licenciés, de l'ordre de 10 %. Plus de 70 000 personnes ont adhéré à la FFF depuis la rentrée, ce qui n'a rien non plus d'un chiffre démesuré par rapport aux grandes dates des Bleus. À titre de comparaison, 178 000 licenciés de plus avaient été recensés en 1998, 180 000 après la finale de 2006, ou encore 50 000 suite à l'Euro 2016 disputé en France et perdu contre le Portugal au Stade de France. La hausse la plus significative concerne le secteur féminin, avec 15 % d'adhérentes supplémentaires depuis la fin de la Coupe du monde. Un chiffre encourageant quand on sait que le Mondial féminin aura lieu en France l'été suivant. « D'ici fin novembre, on ne sera pas loin des 200 000 licenciés supplémentaires sur l'ensemble des catégories », avance Noël Le Graët, optimiste. Tout le monde se frotte les mains.

Un autre sujet occupe également l'esprit des décideurs des Bleus : celui de la gestion de l'image des individualités au sein du groupe. Si les stars sont connues de tous (Mbappé, Griezmann, Lloris, Pogba, Varane, Kanté) et appréciées par les sponsors et autres partenaires de la sélection (Coca, EDF, PMU, Orange, KFC…), la FFF et Didier Deschamps gardent un œil avisé sur la question, pour ne pas mettre en péril l'équilibre collectif et les valeurs démontrées en Russie l'été dernier. Preuve en est sur la question du Ballon d'Or 2018, qui concerne les six joueurs cités plus haut : le sujet gêne aux entournures et empêche tel ou tel membre de l'équipe de France de prendre position en faveur de leur favori. Un léger point de crispation passager, qui montre toute l'importance, à l'avenir, de la gestion de cette nouvelle exposition et de la médiatisation qui l'accompagne.

« On va rentrer dans des discussions compliquées entre la mise en avant du joueur et la place laissée au partenaire, analyse

Frank Hocquemiller, agent d'image et fondateur de l'agence VIP Consulting, mais aussi agent de Lucas Hernandez et Corentin Tolisso chez les Bleus, après avoir été celui de Raphaël Varane de nombreuses années. Il faut trouver un équilibre. Sinon, ça peut vite faire naître des points de friction. » Le conseiller marketing et communication pointe les erreurs à éviter, lui qui préconise aux joueurs de s'en tenir à trois contrats de sponsoring en plus de leur équipementier (« Avec leur planning et leurs obligations, plus, c'est difficilement conciliable ») pour ne pas se disperser et brouiller l'esprit du public. « Il faut insister sur ce qui a fait le succès de cette équipe et les valeurs qu'elle dégage : un groupe plutôt que des individualités, de la complémentarité, le sens du sacrifice. Aujourd'hui, les gamins s'extasient devant les petits ponts de Neymar, mais ce sacre de l'équipe de France a rappelé que sans le collectif, tu n'existes pas, et ils se sont mis à acclamer les Kanté, Pavard ou Umtiti. La force des Bleus a été de ne mettre personne en avant, ça doit rester le cas. » Pas certain que tous les Bleus fassent la une du *Time* d'ici quatre ans. C'est aussi ça, l'effet Coupe du monde. Avec ses bons et ses mauvais côtés. Et tout le monde n'est pas logé à la même enseigne.

5

BALLON D'OR 2018 : LE SUJET QUI CRISPE (VRAIMENT) LES BLEUS

3 décembre 2018

Ce lundi-là, sous la coupole du Grand Palais, à Paris, le mythique magazine *France Football* a mis les petits plats dans les grands pour décerner un trophée dont tous les footballeurs du monde entier rêvent dès le plus jeune âge : le Ballon d'Or. LA récompense ultime pour un joueur. Grande fiesta oblige, smokings, montres de luxe et sourires *bright*, petits fours et bouteilles de champagne sont de la partie. Tout le gratin du football européen s'est donné rendez-vous dans la capitale française. Enfin, presque tout le gratin. Lionel Messi et Cristiano Ronaldo, qui trustent le palmarès depuis 2009 (cinq victoires pour l'Argentin en 2009, 2010, 2011, 2012 et 2015, contre quatre au Portugais en 2013, 2014, 2016 et 2017) sans laisser la moindre miette à leurs adversaires, sont absents. La raison ? Mis au parfum qu'ils ne gagneront pas cette année, les mauvais perdants n'ont même pas daigné faire le déplacement jusqu'à Paris. Pourquoi faire le long et harassant trajet en jet privé et perdre du temps pour applaudir la victoire d'un autre ? N'oublions pas que le football reste le sport collectif le plus individualiste de la planète. Le comportement des deux cadors en est un nouvel, et illustre, exemple.

Cristiano Ronaldo terminera tout de même deuxième, et Lionel Messi cinquième, d'une édition remportée par Luka Modric, finaliste de la Coupe du monde 2018 et vainqueur de la Ligue des champions avec le Real Madrid. Si le Croate, venu avec sa femme et ses enfants pour immortaliser une soirée inoubliable, rayonne, du côté des Français, c'est la soupe à la grimace. Notamment chez Antoine Griezmann, présent à Paris bien que le résultat du vote, dont il avait eu connaissance en amont, l'ait rendu très malheureux. En son for intérieur, le natif de Mâcon le sait : 2018 était l'année ou jamais pour remporter la récompense d'une vie dans la carrière d'un footballeur. Raté. Du coup, en coulisses et au sein de son cercle rapproché, la peine s'avère immense. Comment pourrait-il en être autrement ? Tous sont conscients que l'occasion ne se représentera pas.

« Antoine est passé à côté de l'occasion de sa vie de remporter le Ballon d'Or, notamment parce que personne n'a pris position chez les Bleus sur ce sujet »

Troisième derrière Modric et Ronaldo, malgré la victoire à la Coupe du monde avec les Bleus, la Ligue Europa et la Supercoupe d'Europe sous les couleurs de l'Atlético Madrid et un paquet de buts (36 au total), le meneur de jeu de l'équipe de France accuse le coup. Et paie notamment le manque de clarté du clan français au moment de se mettre d'accord pour mettre en avant sa candidature alors que Kylian Mbappé se classe quatrième, Raphaël Varane septième malgré son doublé Ligue des champions-Coupe du monde, N'Golo Kanté onzième et Paul Pogba quinzième. Cinq français dans le Top 15, aucune nation n'est aussi bien représentée. Ça nous fait une belle jambe… Voilà surtout la raison pour laquelle aucun des champions du monde n'a succédé à Zinédine Zidane, lauréat en 1998, ou encore Jean-Pierre Papin (1991), Michel Platini

(1983, 1984, 1985) et Raymond Kopa (1958) au palmarès du Ballon d'Or.

« Antoine est passé à côté de l'occasion de sa vie de remporter le Ballon d'Or, notamment parce que personne n'a pris position chez les Bleus sur ce sujet, souffle un membre influent des champions du monde. C'était vraiment un sujet sensible qui aurait pu avoir des conséquences fortes sur la vie de groupe. Comme choisir, c'est renoncer, il a été décidé… de ne rien décider. » Résultat, les votes se sont dilués et Luka Modric en a profité. En 2006, l'Italie, après sa victoire en finale de la Coupe du monde face à la France, avait fait corps derrière Fabio Cannavaro, malgré les clients qu'étaient Gianluigi Buffon et Andrea Pirlo. Et le défenseur transalpin avait décroché la récompense ultime.

Pendant toute la campagne, on a sans cesse demandé aux joueurs de l'équipe de France de se positionner, de mettre en avant leur choix, même si cela n'avait finalement aucun poids réel étant donné que les votes étaient décernés par un panel de 180 journalistes internationaux. Mais la symbolique aurait pu être forte. Avec des Bleus unis derrière un seul et même homme providentiel. Facile à dire sur le papier ; dans les faits, rien n'a jamais été simple. Encore moins tranché au sein de champions du monde vainqueurs du Mondial quelques mois plus tôt grâce à l'émergence d'une force collective, et non de la réussite de tels ou tels éléments. C'est là où tout s'est joué. Chez les Bleus, rares ont été ceux qui se sont dévoilés publiquement. Lucas Hernandez, partenaire et très proche d'Antoine Griezmann à l'Atlético Madrid, fut l'un des seuls à sortir du bois. « Kylian est jeune. C'est sûr qu'il va gagner beaucoup de Ballons d'Or. Mais, cette saison, c'est à "Grizi" qu'il faut le donner. Il le mérite. C'est son année. Et c'est l'image de notre sélection. »

Le reste ? Entre silence radio et discours convenus. Pas un mot plus haut que l'autre. Pas un cheveu ne dépasse. Directement impliqué mais soucieux de préserver l'unité collective qui a fait la force de la sélection en Russie, Paul Pogba avoue « qu'il ne peut pas en désigner un » mais qu'il espère « de tout cœur que ce soit un des quatre » parmi Mbappé, Varane, Griezmann et Kanté. De son côté, Raphaël Varane reconnaît que « ça peut créer des problèmes », avant de livrer une réponse mielleuse. « Je pense qu'il n'y aura pas de soucis entre nous, ce ne serait pas cohérent de s'embrouiller pour le Ballon d'Or. Si un Français le gagne, on sera heureux, quel qu'il soit. » Langue de bois ultime.

Jamais le dernier à livrer son avis et à s'affranchir des codes habituels, le président de la Fédération française de football, Noël Le Graët, dévoilera son penchant pour le défenseur madrilène dans les colonnes de *Ouest France*. Pour l'anecdote, le journaliste espagnol votera pour… Antoine Griezmann, tandis que Pascal Ferré, détenteur du vote français en tant que rédacteur en chef de *France Football*, désignera Kylian Mbappé devant Luka Modric et Antoine Griezmann. Un vote qui lui vaudra les foudres, ainsi qu'à son magazine, du clan de « Grizou » pendant plusieurs mois.

« Deschamps ne pouvait pas se positionner clairement. Ça aurait mis un bordel sans nom dans le vestiaire, il n'avait aucun intérêt à faire ça »

Quid du patron de la sélection, Didier Deschamps ? Là aussi, pas de choix tranché mais simplement le souhait de voir « un Français gagner ». Un élément de langage vu et revu pendant des mois. Lui-même se dira « déçu » à l'issue du vote de ne voir aucun de ses protégés sur la plus haute marche. « Deschamps ne pouvait pas se positionner clairement, tranche un proche de la sélection. Ça aurait mis un bordel sans nom dans le vestiaire, il n'avait aucun intérêt à faire ça. Mais c'est certain que ce manque de clarté a desservi Antoine et Kylian. »

Mi-juillet, dans les colonnes de *France Football* et au sortir d'un été radieux avec le sacre au pays de Vladimir Poutine, Kylian Mbappé avait lui clairement oublié de glisser son pote Griezmann dans sa liste de favoris : « Je mettrais forcément Ronaldo. Il y aurait aussi Modric, Varane, qui a tout gagné, et Neymar (...) Je pense que je me mettrais aussi. » Une sortie médiatique qui avait fait couler beaucoup d'encre à l'époque et témoigné aussi d'un début de campagne incisif dans la quête de la récompense suprême pour un footballeur.

Interrogé sur les paroles de son partenaire à son égard, Antoine Griezmann avait répondu dans *L'Équipe* avec un franc sourire : « Il faut lui poser la question. Peut-être qu'il m'a oublié ou alors, peut-être qu'il n'aime pas mon football. Chacun a ses opinions. » Sans avoir l'éclat de Mbappé, la classe de Modric ou la régularité de Ronaldo, Griezmann méritait amplement cette récompense. En Russie, certains l'ont même affublé d'une Coupe du monde moyenne, seulement rehaussée par ses buts sur penalty. Une hérésie tant il a pesé dans le jeu des Bleus. Le cerveau des champions du monde, c'était lui. Pas dans le clinquant. Dans l'utile. Faisant preuve d'abnégation, de don de soi et d'une capacité à s'oublier pour permettre au collectif d'en sortir grandi. Jamais le dernier pour remplir ses responsabilités dès les huitièmes de finale de la compétition. Là où les costauds prennent les choses en main et les faibles cèdent leur place. Malheureusement, c'est précisément la nature de cette équipe, victorieuse grâce à son collectif et sa dévotion de tous les instants en Russie, qui a privé ses représentants les plus *bankables* du sacre ultime sur le plan personnel. Pour le meilleur et pour le pire.

6
« S'IL VEUT MARQUER L'HISTOIRE DU FOOT, KYLIAN DOIT SE PRÉPARER À UNE VIE MONACALE » : LA MISE EN GARDE D'ARSÈNE WENGER ENVERS KYLIAN MBAPPÉ

2 février 2019

Toute la France et l'Europe n'ont d'yeux que pour lui. Il multiplie les couvertures des magazines et les chaînes de télévision et de radio ne cessent de décortiquer chacun de ses faits et gestes. Nous sommes au début de l'année 2019 et Kylian Mbappé est devenu une star planétaire. Passé dans une autre dimension. Bien au-delà du simple rectangle vert et du Parc des Princes où il martyrise toutes les défenses de Ligue 1 deux fois par mois. Sa vie de sportif de haut niveau n'a quasiment plus aucun secret pour personne, même si le champion du monde arrive à préserver son intimité une fois les micros coupés et les caméras éteintes. Face à tout ce déferlement médiatique doublé d'une attente populaire hors normes, chacun y va de son petit commentaire. Coachs, consultants, anciens joueurs…

Un homme, retiré des terrains depuis son départ d'Arsenal à l'été 2018 après vingt-deux saisons à Londres, connaît Kylian Mbappé comme peu de gens. Sans pour autant l'avoir entraîné et eu sous ses ordres, ce qui est paradoxal. Mais à force d'échanges, de rencontres et d'observations, Arsène Wenger, à la parole rare et ciselée, dresse à merveille les contours du personnage. Tout en mettant en garde l'attaquant des Bleus, qui surfe sur une vague de sympathie folle depuis quelques mois, contre les dangers qui le guettent.

Dans le cadre d'un long sujet sur le champion du monde pour *Le Figaro*, j'ai eu le plaisir d'échanger longuement avec l'idole d'Arsenal. Et sa lecture tranche avec le discours parfois trop convenu et dithyrambique entendu ici et là sur « KMB ». Lui laisse le superflu aux autres. Pour mieux explorer en profondeur. Autant vous dire que si vous passez une heure avec Arsène Wenger, vous vous endormez moins bête le soir.

Quid de Kylian Mbappé, alors ? « C'est une Formule 1 avec un turbo en plus dans le moteur, mais s'il désire poser son empreinte sur l'histoire du football moderne, il doit se préparer à une vie monotone, presque monacale. Le très haut niveau n'accepte pas les faibles », me confie l'homme qui a vu passer de sacrés clients pendant ses plus de deux décennies chez les Gunners. Tout le monde pense à Thierry Henry, mais il y a aussi Dennis Bergkamp, David Seaman, Patrick Vieira, Tony Adams, Sol Campbell… Des cadors. Des grandes gueules. Et pour certains, des mythes. Bref, le technicien sait de quoi il parle.

D'autant plus qu'il a espéré recruter Kylian Mbappé quand celui-ci était à Monaco, se déplaçant même à Cap-d'Ail pour s'entretenir avec ses parents, Wilfried et Fayza. En vain. Ce qui n'a pas empêché les deux parties de rester en contact.

Notamment à travers l'association Premiers de cordée, qui vient en aide aux enfants malades, dont Kylian Mbappé est le parrain et pour laquelle Arsène Wenger donne aussi de son temps libre. Avant toute chose, l'ancienne idole d'Highbury met en avant le contexte familial et éducationnel, source d'épanouissement indispensable du gamin de Bondy. « Ses parents sont très présents à ses côtés, le fait qu'ils soient dans la même ville aide forcément, mais ce n'est pas la seule raison. Ils aident aussi à lui remettre les pieds sur terre quand il le faut. Sa maman a connu le haut niveau en handball et sait l'attitude à avoir. Son papa est un fan de football, de beau football, et ça entre en ligne de compte auprès de Kylian. »

Arsène Wenger porte un regard bienveillant et plein de tendresse envers le nouveau monstre du foot français. Sans toutefois tomber dans la béatitude infinie, car lui sait à quel point de nombreux joueurs annoncés futures stars se sont brûlé les ailes avant même de s'être définitivement envolés. « Le haut niveau, c'est simple, il faut toujours être le meilleur chaque semaine, pas seulement lors des grandes affiches, mais bien à chaque rencontre », plante celui qui a vu défiler et « imploser » d'innombrables joueurs durant sa carrière. « Si Kylian veut faire partie des plus grands joueurs du monde, il devra absorber cinquante matchs de haute intensité chaque saison, pendant une quinzaine d'années. Sa réussite dépendra des sacrifices qu'il fera dans sa vie. »

Les écueils et les pièges auxquels il devra faire face sont connus de tous. À commencer par le principal intéressé, forcément. Ne pas tomber dans le piège de la starification, refuser sollicitations et tentations, se remettre en question en permanence ou encore garder intacte sa culture de la performance sans tomber dans la « melonite » aiguë… Tout un programme. Sacerdoce pour le commun des mortels, principes de vie élémentaires pour des êtres hors du temps comme Lionel Messi ou Cristiano Ronaldo au XXIe siècle. « Il refuse le compromis avec la médiocrité, assure Arsène Wenger, séduit par l'intelligence et la clairvoyance du jeune homme. Il a une capacité d'invention qu'il doit faire perdurer, c'est la marque des très grands. Dans le foot de haut niveau, il y a les bons joueurs et les très grands joueurs. Lui est de cette trempe, où vous n'avez que quelques millièmes de seconde pour que l'information rentre dans votre système nerveux. On l'a ou on ne l'a pas, ce n'est pas quelque chose qui s'acquiert avec le temps. C'est un don. À lui de le magnifier, car il a la créativité et la vitesse d'analyse. »

Avant de conclure l'échange, Wenger souhaite appuyer sur un point qui dépasse largement le cadre du terrain. Mais que Kylian Mbappé ne peut pas omettre s'il souhaite entrer dans la légende de ce sport, qui plus est à l'heure des réseaux sociaux et de la médiatisation XXL. « Aujourd'hui, nous sommes dans une société de starification à outrance qui ne favorise pas l'humilité, et porter de lourdes responsabilités sur un terrain peut parfois pousser à l'individualisme, précise-t-il comme une mise en garde. C'est le piège et l'écueil qu'il devra éviter. Il doit corriger les frustrations, ça fait partie du métier de les maîtriser. Ça se travaille. La flatterie permanente à laquelle Kylian est souvent sujet vous fait parfois oublier les recettes du succès et les valeurs de la vie. Pour lui, ce n'est pas le cas, déjà parce qu'il arrive à prendre du recul, et aussi parce que ses parents sont là pour le lui rappeler. Sa famille a compris ça. »

Et l'Alsacien de comparer le Français à une légende du sport, avec de réels axes de progression alors que l'année 2019 débute à peine. « On vit dans une société d'image. Le football a une responsabilité et on veut des personnalités fortes, pas lisses, mais aussi des exemples. Regardez Federer, il a travaillé là-dessus. Avant, il cassait des raquettes, s'énervait. Maintenant, il n'a plus d'émotion sur le court. C'est un travail de champion. Kylian doit s'en inspirer. C'est un garçon qui a trouvé un bon équilibre entre le football et sa vie en dehors du terrain. C'est déjà une star mondiale, suivie par des millions de gens, très sollicité, et il arrive à garder la tête froide. C'est une des conditions de la longévité de sa carrière. »

Pour conclure près d'une heure de discussion fine et brillante, il ajoute : « Aujourd'hui, il y a plus d'argent autour du football que dans le football. Il a l'intelligence de comprendre cela, bien aidé par ses parents, pour ne pas se griller. C'est surprenant de voir un garçon de son âge conscient de son rôle, de sa responsabilité sociale et de son poids dans la société. Ça dénote une prise de recul de haute volée à seulement 21 ans. S'il veut écrire l'histoire, à lui de tout bien négocier. C'est un boulot de titan, avec beaucoup de candidats et peu d'élus. On fera tous le point dans quinze ans. » Rendez-vous est pris.

7

QUAND MBAPPÉ CRÉE L'ÉMEUTE… POUR DU GRUYÈRE AU SUPERMARCHÉ

2 mars 2019

La séquence fait sourire mais témoigne surtout de la nouvelle dimension prise par Kylian Mbappé depuis le titre de champion du monde et son but inscrit face à l'Argentine à l'été 2018. Ce jour-là, en Russie, l'attaquant français a explosé à la face du monde. Impossible désormais pour lui de se déplacer sans être sollicité, poursuivi, interrompu, voire harcelé. Preuve en est avec cette scène somme toute banale vécue début 2019 pas très loin de son domicile de l'ouest parisien. À cette époque, le jeune Français vient à peine de souffler ses vingt bougies et se repose chez lui, avec quelques amis. Quand le football et ses activités se mettent en pause, outre sa famille avec qui il passe beaucoup de temps, il profite aussi de ses amis, restés les mêmes depuis de nombreuses années. Jusque-là, rien d'anormal.

Lui prend l'envie de descendre au supermarché du quartier pour faire quelques courses en vue du dîner : gruyère, nuggets de poulet et tiramisu, ses petits péchés mignons. Casquette sur la tête, pull dernier cri, pantalon et baskets, le voilà parti pour quelques emplettes rapides. Sauf que rien ne se passera comme prévu. Une fois sur place, une personne, puis deux, puis trois le reconnaissent, avant finalement de provoquer un attroupement dans le magasin, et même à l'extérieur de celui-ci. Rapidement, plusieurs personnes s'amassent autour du champion du monde et même les voitures à proximité ralentissent, avec des conducteurs curieux de découvrir la raison d'un tel fourmillement dans un quartier plutôt calme et tranquille de la capitale. Pas tous les jours que la star du football français se fait alpaguer lors de ses courses de proximité.

Plutôt cool et jamais le dernier à répondre favorablement à une demande de photo ou d'autographe, Kylian Mbappé ne se départit pas de son sourire habituel et se plie à l'exercice. « Il était surpris et ne s'attendait pas à ça, témoigne l'un de ses proches, étonné par son calme. Mais cet épisode a agi comme un électrochoc et depuis, il fait beaucoup plus attention à se montrer discret au moment de sortir ou de fréquenter des lieux publics. » La rançon de la gloire.

8

PISTACHE, POULET BASQUAISE ET KOUIGN-AMANN : DIDIER DESCHAMPS L'ÉPICURIEN

5 mars 2019

Vous le connaissez taquin, rancunier, têtu ou encore pragmatique, mais une fois micros éteints et caméras coupées, Didier Deschamps ôte son costume de sélectionneur pour enfiler celui de mari et de père. Mais aussi de bon copain. Avec des teintes bien différentes de ce que le grand public perçoit. Il s'en explique. « Deschamps est le personnage public, que tout le monde connaît, apprécie ou pas, souffle-t-il au moment de fendre – un peu – l'armure. Didier, c'est Didier. À savoir, ma vie privée, mon socle, ma vie de famille. Cela n'a rien à voir, même si les deux sont entrelacés. Tous les gens qui peuvent dire qu'ils me connaissent, c'est uniquement à travers ce que je dis, ce que je renvoie comme image ou ce que je veux laisser transparaître dans ma fonction aujourd'hui et celle d'hier sur le terrain. Ce n'est pas totalement moi. Juste une partie. »

Mariés depuis 1989 après une rencontre à Nantes quatre ans plus tôt (« Ça a été un coup de foudre, comme dans les films »), Didier et sa femme Claude ont un fils, Dylan, né en 1996 et qui habite toujours chez eux début 2019, dans la maison familiale du sud de la France. « Avec eux, comme avec mes amis, je suis naturel et sans retenue », précise-t-il, bien loin de l'image et de la médiatisation qui sont les siennes depuis plus de trente ans, entre sa carrière de joueur à Nantes, Bordeaux, Marseille, Turin, Londres ou Valence et celle de coach qui l'a emmené à Monaco, à nouveau Marseille et Turin, puis l'équipe de France depuis 2012.

Son épouse Claude, bretonne pure souche, dit de lui qu'il n'est pas autoritaire une fois à la maison. « Elle a raison, plaisante le sélectionneur dans un éclat de rire, mais vous savez, même auprès des joueurs, je ne suis pas qu'autoritaire. Je varie les plaisirs. Je ne suis pas sélectionneur à la maison, c'est une certitude. Je suis un mari et un papa, mon rôle est différent. » À la question de savoir qui est le « chef » au sein du domicile des Deschamps, « DD » lève les yeux au ciel et s'exclame : « Oh que oui, c'est elle. Ma femme a pris les décisions pour la maison et aussi, en grande partie, pour l'éducation de mon fils. Heureusement, parce que je n'ai pas toujours été là. Après, on discute beaucoup ensemble, mais il y a certains domaines qui sont plus de son ressort que du mien. »

Sans tomber dans le cliché, le Deschamps hors football se sait peu solide sur ses appuis quand il s'agit d'évoquer les arts de la table. « Je suis une catastrophe en cuisine et j'ai totalement renoncé sur ce point. Il y a des combats perdus d'avance, celui-ci en fait partie », raconte-t-il sans se départir de son sourire. Comme cette soirée où il a voulu bien faire en préparant des canettes aux pruneaux pour sa femme. « Ce fut non concluant et même un vrai désastre, plaisante-t-il sans retenir son fou rire. Je prends plus de plaisir à déguster qu'à faire déguster. »

Ce n'est pas pour autant que le sélectionneur, visage émacié et taille fine à plus de cinquante ans, ne possède pas un bon coup de fourchette. Bien au contraire. « J'adore manger, mais la cuisine et moi... En revanche, je suis admiratif du travail et du temps passé pour préparer des plats fabuleux qu'on déguste en quelques minutes. La créativité et l'inventivité des chef(fe)s m'impressionnent. Je suis originaire du Pays basque, j'adore les produits de la ferme, le foie gras, le confit de canard, les cèpes, le poulet basquaise. Je suis un bon mangeur, un vrai gourmand, j'apprécie les plaisirs de la table et de la chair. »

Tout en faisant attention à sa ligne. À l'époque où il dirigeait l'OM, entre 2009 et 2012, face au stress, à un rythme effréné (« J'étais dans une machine à laver avec une disponibilité 24h/24, mon corps en a pris un coup »), à la pression tous azimuts dans la cité olympienne, il avait pris du poids. De façon conséquente. Sa femme a mis le holà. Avant de retrouver une sacrée ligne quelques années plus tard. « Avec l'âge, je fais attention à ce que je mange, à la façon dont je dors. Ça contribue à un bien-être, de ne pas avoir de problème de digestion. La base de l'équilibre, c'est l'alimentation, mais je suis gourmand. » Depuis maintenant plusieurs années, il s'adonne, chaque jour sans y déroger, à sa fameuse séance de gainage. « À chaque fois, il sort le coup du gainage, c'est du flan, plaisante Bixente Lizarazu, son ancien partenaire en Bleu, toujours aussi proche de lui. Plus sérieusement, malgré son âge avancé, on aperçoit quelques abdominaux. Monsieur vieillit bien. »

Attaqué, Deschamps contre-attaque et dévoile son secret minceur. « Je prends beaucoup de plaisir avec le gainage, ça m'apporte un bien-être total. J'en fais une heure par jour, c'est mon moment à moi. » À quoi pense-t-il ? Qu'écoute-t-il ? « J'ai du monde dans ma tête, j'ai toujours différents sujets qui m'accompagnent. Je réfléchis. J'écoute de la musique, ça m'aide un peu, soit les tubes du moment, même si je ne comprends pas toutes les paroles, soit de la variété française. J'aime bien Sardou et Cabrel. » Et le voilà qui se met à chantonner « La maladie d'amour »…

Tant qu'on y est, plutôt sucré ou salé, le patron des Bleus ? « Impossible de choisir. Je suis peut-être l'un des rares en France, mais j'adore la pistache et si vous voulez me faire plaisir, c'est glace ou dessert pistache, sourit-il. N'oubliez pas que je suis du Pays basque et j'ai un petit faible aussi pour le gâteau basque. C'est un régal. Grâce à ma femme et ses attaches bretonnes, je fonds aussi devant un bon kouign-amann. Ils doivent mettre un produit dedans, car quand j'en mange un peu, je suis obligé de le finir. Sur ce point, je n'ai pas de mental. » Vous voyez, même Didier Deschamps a des failles. Rassuré ?

9

DUJARDIN, MBAPPÉ ET LE TOUT-PARIS : SACRÉE SOIRÉE À L'OLYMPIA

1er avril 2019

Les terrasses de café sont bondées du côté du boulevard des Italiens. L'air printanier et les ultimes rayons du soleil incitent les Parisiens à étirer encore un peu plus une soirée douce et paisible. En plein centre de la capitale, sur les coups de 19 heures, les quelques privilégiés affluent devant l'Olympia et sa fameuse devanture aux lettres rouges. Pour y voir un concert ? Non. Une lecture de Fabrice Luchini ? Non. Le spectacle du dernier humoriste à la mode ? Encore raté. Tout sauf un poisson d'avril, l'ancien entraîneur et icône d'Arsenal, Arsène Wenger, prend possession d'une des salles les plus mythiques de Paris. Sur une idée de son ami, confident et ancien partenaire à TF1 Christian Jeanpierre, l'ancien manager des Gunners fait salle comble ce soir-là, devant plus de 1 300 personnes.

Au milieu de cette foule avide de boire pendant plus de deux heures, de façon quasi-religieuse et évangélique, les paroles d'un homme brillant, pertinent et incisif – si vous estimez que j'en fais trop, passez du temps avec Arsène Wenger et on en reparle après –, se glissent de nombreuses personnalités. Des grands patrons de presse, d'industrie, des stars du cinéma comme Jean Dujardin, d'anciens footballeurs (Didier Drogba, Abou Diaby), des rugbymen tels Vincent Clerc, Gaël Fickou, Yoann Maestri, ou encore son homologue Gérard Houllier, mythique entraîneur de Liverpool pendant six ans (1998-2004) avec lequel Wenger a bataillé sur les pelouses anglaises plusieurs saisons, et malheureusement décédé le 14 décembre 2020.

Tous sont là pour admirer la prestation de haute volée de la star du soir. Tous sauf un, qui tarde à pointer le bout de son nez et que tout le monde attend. Du moins ceux qui sont au courant de sa venue. La lumière s'éteint, le rideau s'ouvre pour la première partie de Nathalie Péchalat, l'ancienne patineuse et future présidente de la fédération des sports de glace, mais aussi compagne de Jean Dujardin, qui doit évoquer la gestion du doute… C'est le moment choisi par Kylian Mbappé, accompagné de deux amis, pour se glisser en catimini dans la pénombre de l'Olympia, juste à côté de ses parents Wilfried et Fayza. La star du Paris SG et des Bleus, alors âgée de 20 ans, ne passe pas inaperçue. Bien que la représentation ait commencé, toutes les personnes placées à ses côtés se retournent, observent et constatent sa présence. Conscient de son arrivée quelque peu ratée niveau discrétion, le champion du monde lève subrepticement la main pour remercier l'accueil chaleureux de ses voisins du soir. LA star est là. Elle n'est pas sur la scène mais dans les gradins. La soirée peut enfin débuter.

Le spectacle commence et sur scène, Arsène Wenger régale l'assistance, entre anecdotes savoureuses (« Vous m'auriez dit que Thuram allait avoir 144 sélections, j'aurais souri »), moments sincères (« Je ressens une forme de tristesse et de manque depuis mon départ d'Arsenal ») et vision stratégique (« Je suis le dernier manager, dans le foot aujourd'hui, il y a trop d'argent pour qu'un seul homme gère tout »). Pendant plus de deux heures, entre réponses construites et détaillées, sérieux et vrai sens de l'humour, l'Alsacien maîtrise son sujet à la perfection. Sous les yeux d'un Kylian Mbappé qui ne rate pas une miette de cette démonstration d'éloquence et d'intelligence.

Une fois le spectacle terminé, après une longue et intense *standing ovation* d'un public conquis, direction les coulisses pour certains privilégiés. Kylian et ses parents, Jean Dujardin et les anciens joueurs de football et de rugby se retrouvent à proximité de la loge de la star du soir, qui reprend ses esprits. « Le pari est réussi, souffle Wenger sans cacher sa fierté. Quand j'ai vu mon nom sur l'affiche, je me suis demandé s'ils ne s'étaient pas trompés. Si les gens ont apprécié, tant mieux. C'est toujours délicat de mettre des mots justes sur des émotions. » Relancé sur ses impressions d'après-spectacle, le coach historique des Gunners se livre un peu plus. Tout en pudeur et sincérité. Fidèle à son image. « Je ne me sens pas comme un artiste, mais comme quelqu'un qui sort de scène, avoue-t-il, assailli de toute part devant sa loge pour des photos ou des autographes. Ça vide un peu, mais ça n'a rien à voir avec des matchs de haute intensité. Ce n'est pas la même puissance de fatigue. J'étais surpris de la chaleur et de la bienveillance du public. Dans un stade, tu as certaines personnes qui sont contre toi, et là j'ai joué à domicile. Ça fait chaud au cœur. » Pour la petite histoire, tous les fonds obtenus lors de cette soirée ont été reversés à l'association Premiers de cordée, dont l'attaquant du PSG est le parrain.

Retour dans les coulisses. Entre champagne, cocktail de fruits, petits fours et service cinq étoiles, chacun converse dans son coin. C'est la première fois que le clan du champion du monde échange avec la star du cinéma français. Plutôt fan de l'Ovalie et du XV de France, l'acteur oscarisé pour *The Artist* en 2012 ne boude pas son plaisir, tout comme les parents de la star du foot français, qui l'invitent même à un prochain match au Parc des Princes. « Venez, vous serez bien reçu, on s'occupera de vous », plaisante même le père, Wilfried, fan de cinéma. Moment singulier qui témoigne aussi d'une chose : le passage dans une autre galaxie de Kylian Mbappé, après sa Coupe du monde qui l'a fait connaître dans le monde entier et lui a ouvert toutes les portes au sein de la société française. Sans faire de bruit, le buteur de 20 ans échange, discute, plaisante avec les convives et finit par s'éclipser discrètement. Enfin, c'est ce qu'il croit. Désormais, il ne passe plus incognito nulle part.

10
« JE CONNAIS DÉJÀ TOUTES LES QUESTIONS » : DESCHAMPS ET L'EXERCICE DE LA CONFÉRENCE DE PRESSE

10 septembre 2019

C'est un passage obligé dont certains entraîneurs et sélectionneurs se passeraient bien. Non pas pour le contact avec les médias qui permet, d'une certaine façon, de rester en phase avec la réalité, mais surtout pour éviter de se retrouver en difficulté. Sur ce dernier point, Didier Deschamps ne se fait pas de cheveux blancs. L'homme est expérimenté, a tout vu et tout connu en tant que joueur et désormais dans le costume du technicien. Alors affronter une trentaine de journalistes, voire plus lors des grands événements, lors de ses traditionnels points presse, ne l'empêche pas de dormir. Bien au contraire. Il ne s'en cache pas, d'ailleurs. « Je connais déjà presque toutes les questions, plaisante-t-il après un entretien réalisé avec lui pour *Le Figaro* en septembre 2019. Ce sont les mêmes sujets qui reviennent, je suis habitué. » L'homme est solide sur ses appuis. Sûr de sa force. Mais pas infaillible non plus.

À l'heure du « media training » (mis en place par les clubs pour préparer les joueurs ou membres du staff à intervenir devant les médias, mais sans que ce soit toujours gage de réussite), Didier Deschamps s'avance à chaque fois en confiance devant la presse. Pour des interventions savamment millimétrées. Sur le fond et sur la forme. Où rien n'est laissé au hasard. Pas le style de la maison. Lors d'un rassemblement classique avec deux matchs au programme, le sélectionneur fait face aux nombreux médias à six reprises. Lors de l'annonce de sa liste au siège de la Fédération française de football le jeudi qui précède les retrouvailles avec ses troupes. Le lundi à Clairefontaine pour lancer la semaine. Puis avant et après chaque match. En costume bleu nuit et chemise blanche impeccable ou en survêtement de l'équipe de France, derrière un pupitre et accompagné de son attaché de presse attitré, Raphaël Raymond. Les vêtements peuvent changer, la maîtrise reste la même.

Le sujet Karim Benzema, même s'il s'en défend, l'a profondément agacé

L'exercice, retransmis en direct sur les chaînes sportives et sur le site officiel de la FFF, dépasse rarement les trente minutes. Un laps de temps suffisant pour aborder tous les sujets. Le rituel est toujours le même. Le journaliste désireux de poser une question fait un signe à l'attaché de presse qui le note sur son calepin, puis attend sagement son tour. Une fois le micro tendu, il décline son identité ainsi que celle du média représenté. À force, Didier Deschamps connaît quasiment tous les journalistes qui lui font face. Le vouvoiement laisse parfois place au tutoiement en fonction de l'interlocuteur. Avec la multiplication des médias, et donc des suiveurs, le sélectionneur se fait malgré tout plus méfiant dès qu'un « nouveau » débarque. Ce fut le cas notamment avec nos confrères de *Quotidien* et leurs questions décalées. Qu'il renifle désormais à des kilomètres, une fois la période d'apprivoisement terminée. « Ah, *Quotidien* », rit-il avant chaque intervention du journaliste envoyé au feu pour interroger le sélectionneur sur le régime des retraites ou le nom des joueurs du Luxembourg.

Malgré tout, depuis sa prise de fonction en 2012, le sélectionneur se montre au fil des années plus ouvert, plus taquin, plus léger, mais tout aussi intransigeant et capable de rabrouer le journaliste si la question ne lui plaît pas. Sans état d'âme. C'est aussi le poste – le plus exposé pour un technicien dans le sport français – qui veut ça. Deschamps le sait, la moindre hésitation, erreur ou sortie de piste peut faire les gros titres de tous les médias quelques secondes plus tard. Il a connu ça en 2015. Pour une déflagration totale. Et des conséquences encore perceptibles aujourd'hui.

Après la mise en examen de Karim Benzema dans l'affaire de la « sextape », avant l'Euro 2016, le point de non-retour avait été franchi lorsque le Madrilène avait considéré, dans des propos rapportés par la presse espagnole, que Didier Deschamps l'avait écarté après avoir « cédé à une partie raciste de la France ». On connaît la suite du feuilleton. L'ancien Lyonnais a beau être un fabuleux footballeur et éblouir les supporters du plus grand club du monde, le Real Madrid, Deschamps se veut intransigeant. En 2019, le débat « KB9 » en équipe de France n'existe quasiment plus.

Sa famille a été touchée, sa maison en Bretagne taguée du mot « raciste », et le sujet a tendu le sélectionneur de nombreux mois. « Il ne pardonnera jamais à Benzema ces propos et les garde en travers de la gorge, me souffle l'un de ses anciens partenaires de France 98 en cette fin d'année 2019. Il s'est senti attaqué en tant qu'homme, sur ses valeurs, et le point de non-retour, ça a été de voir que sa famille était touchée. Benzema a déconné, il en paiera les pots cassés jusqu'à la fin de sa carrière… »

Depuis, lors des conférences de presse, le sélectionneur s'est fixé un cadre et se promène à l'intérieur de celui-ci. Sans jamais déroger à une règle : protéger l'équipe de France et donc les éléments qui la composent. Coûte que coûte. Quitte à parfois basculer dans la langue de bois la plus rugueuse. Vous ne le verrez jamais descendre l'un de ses joueurs sur la place publique avant ou après un match, comme il a pu le faire en tant qu'entraîneur de club, notamment à l'OM ou lors de ses débuts à Monaco (2001-2005). Il sait mieux que personne qu'en sélection, la caisse de résonance n'a aucun équivalent. Une phrase peut détruire la carrière d'un homme.

« Je ne suis pas là pour donner du grain à moudre et nourrir les débats, admet Deschamps. Je sais une chose, c'est que tout ce que je vais dire sera soumis à interprétation. Je fais en sorte de répondre aux questions en pesant mes mots. Il y a une chose dont je suis certain, c'est que personne ne réussira à m'énerver, même si des fois, ce n'est pas l'envie qui me manque. La dernière chose que je ferais, c'est de régler mes comptes en direct. Beaucoup ne comprendraient pas. Je n'ai pas que des questions intéressantes en conférence de presse, je réponds, malgré ce qu'on peut dire, je réponds toujours. Cet exercice a pris beaucoup de place dans ma fonction, ça ne me coûte pas d'énergie, avec l'expérience, j'ai cette capacité d'être en totale immersion et insensible à tout ce qui peut être dit, écrit sur moi et mon équipe. Je suis serein et tranquille. Quoi que je puisse dire, faire, répondre, il y aura toujours des gens pas d'accord avec moi. Et comme souvent, la minorité qui est contre se montre plus expressive. On ne peut pas plaire à tout le monde et heureusement d'ailleurs. Je ne veux pas avoir que des amis, le plus important, ce sont ceux qui m'aiment. »

En revanche, quand on le cherche, on le trouve. Lorsque Adrien Rabiot remet en cause son autorité de technicien avant la Coupe du monde 2018, il lui répond avec vigueur. Micros ouverts. Ça ne l'empêchera pas de rappeler deux ans plus tard le milieu de la Juventus, à la surprise générale, tordant le cou au portrait de l'homme borné campant sur ses positions et fermé à toute idée de repentance que certains avancent à son sujet.

Bousculé parfois, tancé de temps en temps mais rarement pris au dépourvu. Et quand il l'est, ça se voit de suite. Sa mâchoire se tend, ses sourcils se froncent, il touche sa montre, se frotte les mains ou regarde son attaché de presse. Des signes perceptibles d'agacement. Sur le sujet Karim Benzema, il l'était de moins en moins, la question se faisait plus rare au fil du temps. Comme si la caravane médiatique s'était faite à l'idée que le cas Benzema n'était plus un sujet. « Vous reprenez les enregistrements, je ne vais pas vous redire les mêmes choses. La matière ne change pas. » Voilà en substance le fond de son message sur ce thème explosif. Pour tenter de mettre à mal le sélectionneur, il faut parfois rivaliser d'ingéniosité avec des formules détournées. Comme fin août 2020, lorsque mon confrère Loïc Briley, de RMC, évoque un retour de Benzema après le rappel surprenant du paria Adrien Rabiot. Ce qui a provoqué dans un premier temps le sourire de Deschamps. « Celle-là, je l'attendais, elle est bonne. » Avant que le sourire ne laisse place à l'ignorance. « On finit sur cette dernière question, s'interroge-t-il faussement en se tournant vers son chef de la com'. Elle est bien amenée celle-là, magnifique. Magnifique. Il y en a une autre ? » Avant de mettre fin à la conférence de presse.

Quand un sujet l'embarrasse ou s'il n'en maîtrise pas suffisamment les contours, il sort sa réplique fétiche : « Je ne vais pas commenter, on a un match à préparer. » Imparable. « Didier est un malin et sait sur quoi il peut s'exprimer, sur quoi on l'attend et où il ne doit pas mettre les pieds, témoigne l'un de ses proches. Son expérience n'a pas de prix dans ce type d'exercice. » Ce qui ne l'empêche pas, parfois, de dévoiler son agacement. En novembre 2020, à la veille d'affronter la Suède au Stade de France pour le dernier match de l'année, il est questionné sur le conflit qui oppose son homologue de l'équipe de France féminine, Corine Diacre, à sa capitaine emblématique Amandine Henry. Cette dernière, dans une interview au *Canal Football Club*, n'a pas hésité à remettre en cause publiquement la gestion et le management de sa sélectionneuse. Pour grossir les traits, c'est comme si Hugo Lloris avait mis le feu à la sélection en taclant Didier Deschamps dans un entretien aux médias. Chose impensable aujourd'hui.

Interrogé sur ce point, « DD » sort les griffes envers mon confrère de la chaîne cryptée, Louis Vix. « Vous osez (*poser la question*). Vous faites le service après-vente pour votre chaîne ou quoi ? » assène-t-il, presque agressif, avant de reprendre son calme puis de défendre Corinne Diacre et de délivrer ses éléments de langage connus de tous et son fameux : « Je reste à ma place. » L'art de l'esquive poussé à son paroxysme. Un des pans du style Deschamps. Pour durer, impossible de faire autrement. Quelques mois plus tard, ce sera une autre histoire…

11
UNE ANNÉE 2019 QUASI PARFAITE… FACE À DES ADVERSAIRES DE SECONDE ZONE

5 novembre 2019

On ne va pas se mentir. Si les Bleus sont repartis très fort avec des matchs contre des cadors (Allemagne et Pays-Bas) en fin d'année 2018, l'exercice 2019 fut d'un tout autre acabit. La « faute » à un calendrier international proposant le début des éliminatoires de l'Euro 2020 et une poule relativement faible pour les champions du monde. À chaque fois, c'est la même rengaine. Quand vous êtes tête de série, ce qui arrive très souvent à l'équipe de France, les groupes de qualification ne sont pas sexy pour un sou. Ce qui ne veut pas dire que les Bleus se baladent, loin de là. En 2019, ce ne sont pas les affiches grandioses qui ont fait saliver les supporters français au moment de se rendre au stade ou devant leur télévision. Regardez par vous-même. Moldavie, Andorre, Albanie, Islande et Turquie… Difficile d'exciter les foules avec un tel casting.

Autant vous dire que les hommes de Didier Deschamps se sont promenés, avec un bilan plus que positif de huit victoires, un nul et une défaite. Deux accrocs face à la Turquie, la meilleure nation de ce groupe H très faiblard, avec un revers à Konya le 8 juin (2-0) – le deuxième après le titre mondial et celui subi à Rotterdam fin 2018 – dans un match à sens unique, et un partage des points (1-1) quelques mois plus tard, le 14 octobre, dans un Stade de France envahi par les fans turcs.

En cette année 2019, derrière les cadres habituels que sont Olivier Giroud (meilleur buteur de la sélection avec 6 unités), Antoine Griezmann (joueur le plus utilisé et présent à tous les matchs), Paul Pogba ou encore N'Golo Kanté, Raphaël Varane et Hugo Lloris, d'autres éléments s'installent en équipe de France. Titulaire à Barcelone, Clément Lenglet a repoussé Samuel Umtiti sur le banc. Sans faire de bruit, Presnel Kimpembe, Corentin Tolisso, Kingsley Coman ou Wissam Ben Yedder prennent un peu plus d'épaisseur dans le groupe France et gagnent la confiance de « DD ». Les petits nouveaux comme le Lyonnais Léo Dubois et le Lillois Jonathan Ikoné fêtent leur première sélection. La France est deuxième au classement FIFA au moment de boucler 2019 et de se tourner vers 2020 pleine d'ambition. Le rêve de doublé est dans toutes les têtes. Avant qu'un certain virus vienne tout bousculer sur son passage.

12
« ON VA VOIR SI LE SÉLECTIONNEUR DORT » : EN IMMERSION À LONDRES AVEC GUY STÉPHAN, L'ŒIL DE DIDIER DESCHAMPS

25 février 2020

« Je ne vous cache pas que je suis inquiet, le virus prend de l'ampleur, la peur s'installe et il y a même une petite suspicion sur la tenue de l'Euro. » Mardi 25 février 2020, à Londres, Guy Stéphan, 63 ans, adjoint fidèle de Didier Deschamps, ne dissimule pas ses craintes. La suite est connue de tous, avec une planète chamboulée par la pandémie mondiale du Covid-19 aux conséquences désastreuses sur tous les pans de notre société. Le sport, comme les autres, n'y a pas échappé, avec une mise à l'arrêt totale pendant plusieurs semaines.

En cette soirée de février, sous le froid crachin londonien, l'œil avisé du sélectionneur se trouvait en « repérage », tel un espion à la recherche d'informations. Si ce n'est que Guy Stéphan n'a rien de Sean Connery et que sa mission consistait en une simple observation des internationaux présents sur la pelouse ce soir-là. Son rapport servirait à établir une liste de joueurs prévue trois semaines plus tard en vue d'un ultime rassemblement en mars, censé figer quasi définitivement la sélection des 23 élus pour l'Euro.

Chose inédite, le staff de l'équipe de France, Didier Deschamps en tête, m'a autorisé, pour *Le Figaro*, à suivre à la trace Guy Stéphan lors de ses pérégrinations au pays de Shakespeare. Le temps d'une soirée et d'un huitième de finale aller de la Ligue des champions entre Chelsea et le Bayern Munich à Stamford Bridge ; une affiche choisie pour la présence de nombreux Français sur la feuille de match (Olivier Giroud et Kurt Zouma côté Blues, Kingsley Coman, Lucas Hernandez, Corentin Tolisso, Benjamin Pavard chez les Bavarois). Une ouverture des portes rare dans le sacro-saint de la sélection, mais qui témoigne aussi de la volonté des Bleus d'en dire un peu plus sur ce qu'il se passe en coulisses (tout en gardant une certaine forme de contrôle, il faut en être conscient) et de lever aussi le voile sur les méthodes de travail du staff. Dans notre jargon journalistique, c'est une belle « exclu » et d'un point de vue personnel, un sacré reportage sur le terrain. Ce n'est pas tous les jours que l'équipe de France dévoile un peu de ses « entrailles » en dehors de ses canaux de communication habituels que sont le site officiel de la FFF ou les réseaux sociaux.

« L'œil du patron »

Rendez-vous est donc donné à 17 h 15, dans le hall d'un hôtel proche de l'aéroport d'Heathrow, avec le technicien breton, vainqueur de l'Euro 2000 aux côtés de Roger Lemerre et champion du monde en 2018 avec Didier Deschamps. « GS » a ses petits rituels et dort toujours au sein du même établissement, surtout pour des questions pratiques. « Comme les vieux cons, j'ai mes habitudes et je n'aime pas trop en changer. Tu verras quand tu auras mon âge », rigole-t-il.

Son programme est tout tracé : arrivée à Londres, présence au stade le soir même et retour très tôt le lendemain matin en France. Stéphan n'est pas là pour flâner à Notting Hill ou profiter des *fish and chips* de la capitale anglaise. Boulot boulot.

Costume bleu nuit, chemise blanche et imper de saison, Guy Stéphan débarque incognito à notre rencontre avant le trajet de quarante-cinq minutes prévu jusqu'à Stamford Bridge, théâtre de la soirée. Taquin, quand il me voit, veste-chemise-basket, sans cravate ni blazer, il ne peut s'empêcher de me chambrer. « Tu ne vas pas pouvoir rentrer au stade, c'est très select ici », me lance-t-il avant de voir si sa blague prenait. Raté. Le bras droit de « DD » arrive directement de Nice, lui qui réside sur la Côte d'Azur, non loin du domicile du sélectionneur. Voisins sur le banc de touche, dans le vestiaire, à Clairefontaine et même dans la vie de tous les jours. Si ce n'est pas de l'amour… ça y ressemble.

Dans le staff des Bleus, il est l'adjoint qui effectue le plus de déplacements pour observer chaque saison la cinquantaine d'internationaux qui figurent sur les radars de la sélection. En plus des rencontres qu'il visionne chaque semaine, à savoir plus d'une quinzaine. C'est « l'œil » du patron des champions du monde. « Du vendredi au dimanche soir, j'ai l'iPad et la TV branchés, avec parfois trois matchs en même temps. Ma femme sait qu'on ne peut pas trop bouger le week-end. Ça fait quarante ans qu'elle est là, elle me supporte encore », sourit-il avec bonne humeur. Du Guy Stéphan dans le texte, chambreur mais aussi très souvent dans la bienveillance.

Tout au long du trajet vers le stade, il passe en revue ses « cibles » du jour et dévoile les contours de sa venue. Pour lui, comme pour tous les fans de football, rien ne remplace un match au stade. La vue, l'ambiance, l'odeur… Vous ne voyez pas la même chose une fois sur place que devant votre écran où, malgré tout, vous êtes influencé par les choix du réalisateur ou les commentaires des journalistes et des consultants. Au stade, vous êtes livré à vous-même, pour une expérience unique. « Se rendre au stade, c'est incomparable, explique-t-il. Si je n'ai pas accès aux ralentis sur place, je possède une vision périphérique que tu n'as pas dans ton canapé. Le langage corporel, le positionnement, les déplacements, les systèmes de jeu, l'activité, l'état d'esprit… Je suis attentif à tous les détails et là, on ne peut pas tricher. »

Carnet noir de la FFF sous le bras, le fidèle compère du sélectionneur (onze ans de collaboration, trois à l'OM, huit en sélection) égrène les noms des protagonistes présents ce soir sur la pelouse, qui noircissent déjà les pages de son cahier et n'attendent plus que ses observations. À cette époque de l'année, Olivier Giroud (« J'espère qu'il va enchaîner ce soir ») refait peu à peu surface avec Chelsea après des semaines passées sur le banc des remplaçants. Les Munichois, quant à eux, dominent leur championnat, bien aidés par les belles prestations de Kingsley Coman (« On prie pour qu'il ne se blesse pas, car son profil de joueur explosif nous plaît ») ou de Benjamin Pavard, tandis que Lucas Hernandez et Corentin Tolisso se trouvent plus en retrait. Concurrence féroce oblige au sein des futurs champions d'Europe, vainqueurs quelques mois plus tard du PSG en finale de la Ligue des champions.

À chacun de ses déplacements, l'ancien milieu de terrain breton qui porta dans les années 1970-1980 les couleurs de Guingamp, Rennes, Le Havre, Orléans ou Caen, ne prévient jamais directement les joueurs concernés. Une règle qu'il s'est fixée avec le sélectionneur et avec laquelle il ne transige jamais. « Si le joueur sait que tu viens le voir, qu'il fait un bon match et qu'il n'est pas pris après, il peut ne pas comprendre. D'autres vont dire qu'ils ont mal à la cuisse, à la jambe, pour tenter d'expliquer un mauvais match. D'où notre discrétion, précise-t-il. Voir les joueurs après les matchs est difficile aussi en termes d'organisation car ils repartent le plus rapidement possible avec leur club, ou alors ils sont en famille. Ça ne présente pas beaucoup d'intérêt de débriefer à chaud, et vis-à-vis de Didier, c'est bien aussi. Tu ne peux pas avoir deux discours avec le joueur et le sélectionneur. On oscille entre proximité et distance, ça me va très bien, chacun doit rester à sa place. » Avec la fidélité à « DD » en bandoulière. Ce qui est le cas, vous le verrez, pour tous les adjoints du sélectionneur. Ça ne fait pas de lui un gourou ; mais un guide, pour beaucoup au sein du groupe, certainement.

Aucun contact, donc, avec les joueurs, ce qui n'empêche pas le staff des Bleus de prendre fréquemment des nouvelles des internationaux en difficulté ou blessés, comme pour ne jamais rompre le lien qui s'est tissé et renforcé depuis le sacre mondial en Russie. Rien n'est laissé au hasard dans le travail minutieux d'observation de la bande de Deschamps. La cinquantaine de joueurs observés est répertoriée dans un fichier Excel par le « M. Vidéo » des Bleus, Thierry Marszalek, où figurent les minutes jouées par chacun et toutes les statistiques imaginables en fonction des postes (buts, passes décisives, duels remportés, ballons récupérés, qualité du jeu aérien...). Et Stéphan d'expliquer par une boutade : « Derrière une stat', il y a toujours quelque chose. Le général de Gaulle disait : "Les stats, c'est comme les minijupes, ça donne des idées, mais ça cache l'essentiel", ça résume un peu la chose. » Content de sa blague, il sourit alors que notre chauffeur s'agace du trafic londonien.

« Je sens Olivier moins bien sur ses appuis, Benjamin et Kingsley m'ont fait bonne impression »

L'arrivée au stade se précise, et une fois les billets en poche, direction l'un des salons cossus de l'enceinte des Blues pour avaler un dîner express avant d'assister à la rencontre. Au menu, soupe, risotto et tarte au citron, agrémentés d'une bière locale. Dans le brouhaha de la salle de réception où s'est retrouvée la bourgeoisie londonienne fan de Chelsea, jeunes trentenaires et papys se côtoient sans distinction, écharpes des Blues autour du cou. De son côté, Guy Stéphan, qui passe sans problème incognito, reste concentré sur sa mission. Comme investi d'un rôle qu'il adore depuis toujours. Entre deux gorgées de bière, il attend les compositions d'équipe et consulte les ultimes informations sportives sur son smartphone. Une habitude pour lui, très au fait de ce que raconte la presse. « Je lis beaucoup d'articles et regarde pas mal d'émissions sportives, témoigne-t-il. C'est bien d'entendre ce qu'il se dit, mais ça n'a aucune influence sur nos décisions. » Parfois, il va même plus loin et envoie quelques sms au journaliste concerné. « Pour rectifier une information ou lui donner mon avis, toujours dans la courtoisie et l'échange », souffle l'homme qui connaît le mieux Deschamps en dehors de sa famille.

Les compositions tombent, Olivier Giroud, Kingsley Coman et Benjamin Pavard sont titulaires ; Kurt Zouma, Lucas Hernandez et Corentin Tolisso sur le banc des remplaçants, sans surprise. L'horloge de la salle « *so british* », avec moquette d'époque et de nombreuses tables aux nappes blanches éclatantes, indique 19 h 15 : le moment est venu de se diriger vers les tribunes avant l'arrivée des joueurs sur la pelouse. Les VIP, eux, continuent de festoyer bien au chaud pendant que nous débarquons dans la tribune vide de Stamford Bridge. Comme un gamin, jamais blasé, Guy Stéphan s'impatiente et s'esclaffe avant de me dévoiler sa méthode de travail. « J'adore regarder l'échauffement, c'est très important. Sur la foulée, la manière de bouger les bras, de frapper le ballon, on peut voir dans quel état sont les joueurs. Par exemple, les attaquants finissent leur échauffement avec des frappes, et en les voyant, je sais s'ils sont en forme ou non. Ce sont des petits détails ultra-importants. C'est pour ça que j'aime arriver tôt au stade. »

Les joueurs entrent sur la pelouse, « GS » n'a d'yeux que pour les Français. Trente minutes plus tard, les premières observations noircissent le carnet noir. « Je sens Olivier moins bien sur ses appuis, le Bayern a été plus tonique sur l'échauffement. Benjamin et Kingsley m'ont fait bonne impression. » Dans le même temps, Didier Deschamps, de son domicile azuréen, sera branché sur Naples-Barcelone, l'autre affiche de la soirée, avec notamment Antoine Griezmann sur le pré. Un débriefing est prévu après la rencontre entre le sélectionneur et son adjoint. Une autre de leurs habitudes. Tel un vieux couple.

La rencontre débute dans un stade plein à craquer. Giroud perd un premier ballon, Stéphan fait la moue et s'empresse de le noter. Activité des joueurs, placement sur le terrain, utilisation du ballon, attitude corporelle, tout est disséqué et retranscrit dans la foulée par l'œil de « DD » qui ne laisse rien passer. Pavard réussit un contrôle et enchaîne. Stéphan acquiesce : « Il est facile et en confiance, ça se voit dans son attitude corporelle. » Première grosse occasion du match pour Coman, qui se rate. « Il a du peps, mais ne fait pas le bon choix. Il doit marquer. » L'arbitre siffle la mi-temps. 0-0. Le cahier est déjà bien rempli. « Le lendemain, j'ajoute les stats qui confirment ou non mon impression. » Retour dans la salle de réception pour se réchauffer. L'action de Coman passe en boucle sur les écrans de télévision. Un verre d'eau pétillante pour se désaltérer, l'œil rivé sur son smartphone pour s'enquérir du match de Barcelone, et il est déjà l'heure de repartir pour la seconde période.

À peine le temps de s'installer et le Bayern ouvre le score. Puis double la mise. « C'est une machine à broyer, ça va trop vite pour Chelsea », concède-t-il, impressionné. Quasiment au même moment, les écrans du stade annoncent l'égalisation de Griezmann à Naples. Il s'empresse de consulter son portable et confesse : « Ça va lui faire du bien à la tête. » Dans la foulée, Giroud cède sa place sous les applaudissements des supporters des Blues. « Il n'a pas démérité dans une équipe dominée. Son match est rassurant. » À peine les ultimes observations notées, Stéphan ferme son carnet et s'inquiète pour Coman, allongé sur la pelouse après une douleur à la cuisse. Le joueur est remplacé dans la foulée. « C'est terrible, terrible, terrible », répète-t-il, très inquiet pour la santé d'un joueur pas épargné par les graves blessures. Pendant quelques secondes, l'adjoint des Bleus est comme K.-O. Muet. Le match continue et le Bayern marque à nouveau (0-3), Pavard rassure, Tolisso grappille quelques minutes de jeu en fin de match (« Pas avec ça qu'on va se faire une idée ») et la rencontre se conclut.

Rapidement, l'enceinte se vide et Stéphan attend de sortir pour appeler Didier Deschamps. « On va voir si le sélectionneur dort », plaisante-t-il. Il est plus de 22 heures ; au bout du fil, le patron des Bleus attendait l'appel. Pendant dix minutes, chacun dévoile ses impressions. Avec une fiche détaillée pour chacun des joueurs observés. Le physique de Coman (« C'est la tuile »), Giroud (« Peu de ballons, mais a fait le boulot »), Pavard (« Sûr de sa force »)… Tout est passé en revue, dans une discussion à bâtons rompus. Le cas Griezmann, buteur mais en difficulté avec Barcelone, est aussi évoqué. Les deux hommes raccrochent. « *Job is done* », diraient les Anglais. Dans le taxi du retour vers l'hôtel, Guy Stéphan refait le match, disserte sur les choix des joueurs et dévoile ses craintes avec la montée du Covid-19 alors que la rencontre Lyon-Juventus est annoncée le lendemain avec de nombreux supporteurs turinois. « C'est de la folie », s'inquiète-t-il, sans imaginer la suite. 23 heures, arrivée à l'hôtel, extinction des feux et retour en France le lendemain pour d'autres observations. Avec, à l'esprit, une flopée d'informations emmagasinées. Qu'il compilera dans l'un de ses nombreux carnets. Et partagera avec le staff de l'équipe de France. Hors terrain, c'est aussi ça, la vie des Bleus.

13
PAS D'EURO 2020, ON REMBALLE

17 mars 2020

Sans surprise, le couperet tombe le 17 mars 2020. Murmuré depuis des semaines au regard de la propagation de la pandémie sur la Terre entière, le report de l'Euro est officialisé ce mardi après-midi via un communiqué dévoilé par l'UEFA. Initialement, le championnat d'Europe devait avoir lieu du 12 juin au 12 juillet 2020. Raté.

« La santé de toutes les personnes impliquées dans le jeu est la priorité, ainsi que d'éviter de mettre inutilement sous pression les services publics des pays impliqués dans l'accueil des matchs, explique le président slovène de l'UEFA, Aleksander Ceferin. C'est un grand sacrifice. Ce report aidera toutes les compétitions domestiques, actuellement suspendues en raison du Covid-19, à être achevées. » Ce qui ne sera pas le cas partout, avec notamment l'arrêt définitif et très controversé de la Ligue 1 en France. Ceferin estime aussi que « nous ne pouvions pas accepter de célébrer un championnat d'Europe avec des stades vides et des fan zones désertes pendant que le continent était assis à la maison, à l'isolement, et sans joie. »

Du côté des Bleus, même son de cloche. Que ce soit Noël Le Graët ou Didier Deschamps. Le patron des champions du monde commentera cette information, qu'il connaissait depuis plusieurs jours, à travers un communiqué envoyé aux médias. « C'est une sage décision, au regard des ravages que le Covid-19 est en train de causer sur l'ensemble de la planète. Pour nous tous, la priorité est ailleurs. Pensons à ceux qui souffrent et à tous ceux qui, malheureusement, risquent de souffrir dans les jours ou les semaines qui viennent. Il convient, plus que jamais, d'avoir le sens des priorités, des responsabilités, du civisme. Le seul match à gagner, c'est celui que nous livrons actuellement contre le coronavirus. Plus que jamais, nous devrons tous faire preuve de solidarité, de rigueur, de discipline. Ce match nous concerne tous et pas seulement les professionnels de santé. Tous ceux qui sont actuellement mobilisés pour sauver des vies méritent non seulement notre gratitude mais aussi notre soutien. Pour les aider, commençons par respecter scrupuleusement les consignes qui nous sont données. Protégez-vous, en restant autant que possible chez vous. Vous protéger, c'est aussi protéger les autres. » Rendez-vous dans un an, en 2021.

14

CERTAINS BLEUS SABRENT LE CHAMPAGNE, QUAND D'AUTRES ACCUSENT LE COUP

18 mars 2020

Le bonheur des uns…

Blessure, méforme, statut fragilisé… Pour plusieurs champions du monde, la saison 2019-2020, mise sur pause en raison du coronavirus, avait des airs de chemin de croix. Avec, comme douloureux aboutissement, une absence plus ou moins inexorable de la liste des 23 de Didier Deschamps pour l'Euro.

Celle d'Ousmane Dembélé était actée. L'attaquant du FC Barcelone, dont le dernier match en Bleu remonte à novembre 2018, se remet doucement d'une rupture du tendon du biceps fémoral de la cuisse droite survenue début février. Son retour à la compétition ne se fera sans doute pas avant cet été. « Dembouz » a donc un an devant lui pour retrouver la forme et enchaîner enfin les matchs sans rechute. Au Barça ou ailleurs, puisque son avenir en Catalogne reste en suspens.

Le 6 mars dernier, Florian Thauvin disputait face à Amiens ses premières minutes en Ligue 1 depuis début septembre.

Son opération de la cheville lui a coûté six mois de football et sans doute sa place à l'Euro. Le Marseillais a désormais du temps devant lui pour retrouver son niveau d'il y a deux ans qui en a fait un champion du monde.

Un statut qui n'a rien d'un blanc-seing, y compris pour les bien portants. En rejoignant l'Atlético de Madrid après le sacre russe contre 70 M€, Thomas Lemar espérait prendre une nouvelle dimension. Deux ans plus tard, le compte n'y est pas pour l'ancien Monégasque, qui peine à convaincre sous les ordres d'un Diego Simeone soufflant le chaud et le froid à son propos. Malgré des performances en dents de scie et de nombreuses minutes sur le banc, Lemar a gardé la confiance de Deschamps jusque-là. Mais une récente blessure à la cuisse a mis en péril sa présence dans le groupe bleu pour les amicaux de mars. Sa place à l'Euro n'était clairement plus garantie.

En septembre dernier, Didier Deschamps avait prévenu Alphonse Areola : « S'il ne joue pas du tout, cela peut devenir problématique. » Depuis, le remplaçant de Thibaut Courtois a disputé une douzaine de matchs avec le Real Madrid où il est prêté jusqu'à la fin de la saison. La blessure de Hugo Lloris lui avait permis de rester à Clairefontaine cet automne à un poste de doublure du revenant Steve Mandanda. Mais la menace Mike Maignan pour le troisième strapontin chez les gardiens était réelle.

Ils ne sont pas champions du monde mais pour eux aussi, le report de l'Euro n'est pas si négatif. Héros malheureux de l'édition précédente, Moussa Sissoko venait tout juste de reprendre l'entraînement avec Tottenham après une blessure au genou et entamait une course contre la montre pour monter dans le train bleu. Idem pour Aymeric Laporte, victime d'une rechute avec Manchester City en février et qui aura un an de plus pour convaincre enfin Deschamps de miser sur lui. Et puisque cette saison n'a rien non plus d'un long fleuve tranquille pour des cadres comme N'Golo Kanté, Lucas Hernandez, Paul Pogba ou Antoine Griezmann, le sélectionneur pourrait finalement voir, lui aussi, d'un bon œil ce report.

... fait le malheur des autres

Un homme, en premier lieu, a accueilli la nouvelle du report de l'Euro avec une pointe de déception : Dimitri Payet. S'il n'a plus joué en sélection depuis presque deux ans (11 octobre 2018 contre l'Islande), le Marseillais (33 ans fin mars 2020) espérait créer la surprise avec sa présence dans la liste des 23 au mois de mai suivant. Pour y croire, le Réunionnais avait à son crédit des prestations de haute volée avec l'OM (9 buts, 4 passes décisives) et des concurrents directs dans le dur (Dembélé, Lemar, Thauvin...). Il pouvait raisonnablement penser au casse du siècle. Désormais, une participation en 2021 relèverait du parcours du combattant.

Cadre de la sélection (97 capes, 39 buts) et troisième meilleur buteur des Bleus, Olivier Giroud avait fait de l'Euro 2020 son objectif de la saison. Malgré son transfert avorté cet hiver à l'Inter Milan, il était revenu sur le devant de la scène avec Chelsea ces derniers jours, enchaînant titularisations et buts. Deux interrogations subsistent à son égard. Où sera-t-il la saison prochaine – son contrat s'arrête en juin avec les Blues – et quel sera son état de forme, lui qui aura 34 ans à l'été 2021 ? Pour la première question, lui-même n'a pas la réponse. Pour le reste, malgré sa mise à l'écart de Chelsea ces derniers mois, il a toujours su garder la forme physique. Ce qu'il peut reproduire la saison prochaine. Le jeu en vaut la chandelle pour un garçon qui souhaite par-dessus tout dépasser Michel

Platini (deuxième avec 41 réalisations, derrière les 51 buts de Thierry Henry) au classement des meilleurs buteurs de la sélection.

Parmi les autres trentenaires du groupe France, Blaise Matuidi (34 ans à l'Euro 2021) a aussi fait du grand raout européen l'un de ses objectifs. Rencontré à Turin il y a peu, ce dernier refusait d'affirmer que l'Euro serait son ultime rendez-vous en Bleu. Son maintien en sélection, en dépit d'une énorme concurrence au milieu de terrain, passera par une seule chose : rester performant avec la Juventus. C'est le cas d'un autre « gardien du temple » de Deschamps. Revenu à son meilleur niveau avec l'OM cette saison, Steve Mandanda (35 ans le 28 mars 2020) avait sa place assurée de numéro 2 derrière Hugo Lloris cet été. Il devra faire lui aussi une saison aboutie pour participer à l'Euro 2021. Ses concurrents se nomment Maignan, Lecomte ou Areola. Aujourd'hui, il n'y a pas de débat ; dans un an, tout redevient possible.

15
LE COUP DE FIL DE MACRON À DESCHAMPS

28 avril 2020

Branle-bas de combat dans les coulisses du football français. Si le report de l'Euro d'une année a été annoncé le 17 mars dernier sans provoquer de vague de contestations, on ne peut pas en dire autant de l'arrêt des saisons de Ligue 1 et Ligue 2. Pendant des semaines, les dirigeants des clubs professionnels ont dévoilé un spectacle de piètre niveau. Pour ne pas dire ras du caniveau. Mensonges, défense des intérêts personnels, coups bas… Une vraie et pathétique cacophonie où tous les coups furent permis. Une situation qui a débouché sur un arrêt définitif de la saison le 28 avril 2020 avec une fin de récréation sifflée par Noël Le Graët, le président de la FFF. À 78 ans – à l'époque – et contre l'avis de beaucoup de dirigeants, le patron de la plus grande et puissante fédération de France a suivi les ordres du gouvernement, notamment après une allocution du Premier ministre, Édouard Philippe, à l'Assemblée nationale.

Le couperet n'est pas tombé comme ça, sans consultation aucune, bien au contraire. Et tout s'est décidé au plus haut sommet de l'État. Dans pareille situation, Emmanuel Macron, qui avait bien d'autres dossiers à gérer au plus fort du premier confinement, n'a pas perdu son temps à écouter tout le monde. Pas l'envie, pas son rôle… Et la ferme intention d'aller à l'essentiel. De son bureau de l'Élysée, il a décroché son téléphone au cours du mois d'avril pour appeler trois personnes. Pas plus. Noël Le Graët, le patron du foot français. Didier Deschamps, le boss des champions du monde dont la voix porte et trouve écho au sein du couple Emmanuel et Brigitte Macron. Et Pierre Ferracci, le président du Paris FC (Ligue 2), dont il est proche puisque son fils fut le témoin de mariage… du président de la République. Autant dire que ce dernier, même s'il n'a cessé de le nier, a été écouté.

Au cours de leur entretien téléphonique, le chef de l'État et le sélectionneur de l'équipe de France, qui échangent des sms de temps en temps, notamment avant une grande compétition ou un match des Bleus – n'oubliez pas qu'Emmanuel Macron est un grand fan de l'OM, dont « DD » reste le capitaine qui a décroché la Coupe des Clubs champions en 1993 mais aussi le titre de champion de France 2010 en tant qu'entraîneur –, ont longuement évoqué le contexte sanitaire. Macron a demandé à Deschamps son avis sur la question d'arrêter ou non la saison. Et le champion du monde 1998, sur la même ligne que son président à la FFF, n'a pas tourné autour du pot. Pour lui, il était logique que le ballon rond s'arrête en France le temps de retrouver une situation plus adéquate.

À cette époque, le coronavirus semblait incontrôlable, la situation sanitaire ne cessait de s'aggraver partout dans le monde et les vaccins semblaient encore très loin… « Le président tient en haute estime Deschamps et sa position pèse dans les débats et sur ce genre de questions, précise un membre de l'Élysée. Une fois qu'il avait eu son avis, la décision était pliée. La Ligue 1 allait s'arrêter. Quand Deschamps parle foot, Macron boit ses paroles. »

Avec en toile de fond un discours partagé par tous pour expliquer un tel choix au grand public. La santé des joueurs avant tout. Une tendance confirmée par le Haut Conseil de la santé publique qui stipulait à l'époque que la pratique des sports collectifs pouvait être source de propagation du virus. Symboliquement et en termes de communication, à l'heure où le pays souffrait et la polémique enflait, un privilège accordé aux « nantis » du foot serait passé pour une faute politique. Macron voulait l'éviter. Et Deschamps, depuis sa prise de fonction à la tête des Bleus en 2012, n'a cessé de rester fidèle à sa ligne du politiquement correct. Surtout, que rien ne dépasse. L'exécutif pensait aussi à ce moment-là que les autres grandes nations européennes, touchées par le Covid-19, emboîteraient le pas de la France. Raté. La polémique sur l'arrêt définitif de la Ligue 1 n'a cessé d'occuper l'espace médiatique pendant de longues et interminables semaines.

16
LE SPLEEN D'ANTOINE GRIEZMANN

2 juillet 2020

Barcelone. Dans les bureaux de l'un des plus grands clubs du monde se joue une partie de l'avenir d'Antoine Griezmann. Lors d'une réunion au sommet, qu'on l'on pourrait même qualifier de réunion de crise, tous les personnages clés du dossier sont présents pour évoquer le sujet brûlant du moment. Avec une question sous-jacente et susceptible de provoquer un séisme en Catalogne. Quel avenir pour le champion du monde, placardisé par son entraîneur et ombre de lui-même ces dernières semaines, au FC Barcelone ? Coup de bluff ? Promesses mensongères ? La réunion tant attendue aura tenu toutes ses promesses et en dit long sur le quotidien d'un joueur de ce niveau.

La raison de ce grand raout ? Depuis plusieurs semaines, l'international français, débauché par le FC Barcelone à l'Atlético Madrid à l'été 2019 contre 120 millions d'euros, ne joue plus que les faire-valoir dans la rotation mise en place par l'entraîneur de l'époque, Quique Setien. Utilisé à tous les postes et surtout pas au sien, comme en équipe de France, à savoir dans un rôle de neuf et demi, de deuxième attaquant ou de faux meneur de jeu, le Mâconnais se retrouve désormais sur le banc. Ça fait cher le salaire de plus de 20 millions d'euros par an pour un joueur de son calibre… Malgré sa carte de visite et son statut de star dans le vestiaire des Blaugrana, l'ancien Madrilène ne jouit pas de la confiance de son coach qui le placardise et le méprise depuis plusieurs rencontres. Neuf minutes de jeu par-ci, une entrée en seconde période par-là… Le Français n'entre pas dans les plans et connaîtra une humiliation totale le 30 juin 2020 avec une entrée en jeu à la 90e minute lors du choc face à son ancienne équipe de l'Atlético Madrid. Si le principal intéressé se tait publiquement, prend son mal en patience et manie la langue de bois face aux médias, ce n'est pas le cas de tous ses fidèles.

Ce soir-là, devant leur télévision, les proches et la famille du gaucher ne comprennent pas la tournure des événements. La presse espagnole se déchaîne et l'avenir de Griezmann à Barcelone fait la une de tous les journaux. De son côté, le principal intéressé fait peine à voir, erre sur le terrain, telle une pâle copie de l'original, mais n'en pense pas moins en privé. Même s'il ordonne à ses proches de ne pas s'épancher dans la presse, son père, Alain, ne peut s'empêcher de dévoiler sa colère sur les réseaux sociaux en relayant un article de presse dans lequel Quique Setien assure ne pas vouloir « présenter ses excuses » au Français pour sa gestion. Le feu couve entre le clan Griezmann et le FC Barcelone, un club empêtré dans une inhabituelle crise sportive.

Quand son entourage demande des comptes au Barça

Face à la situation d'urgence, qui survient après déjà plusieurs mois à Barcelone et une acclimatation délicate, le meneur de jeu des Bleus consulte ses proches et notamment sa sœur, Maud, sa confidente, agent et en charge de sa carrière sur bien des plans (sportif, médiatique, marketing et sponsoring). Après plusieurs échanges, et en voyant que les rapports avec son coach, Quique Setien, sont inexistants – les deux hommes ne se parlent pas, n'échangent sur rien –, voire proches du néant, Antoine et son agent décident de marquer le coup et réclament une entrevue avec les patrons du Barça pour éclaircir une situation qui ne satisfait personne.

Face à l'insistance du clan Griezmann, les dirigeants blaugrana acquiescent et valident l'idée d'un rendez-vous. L'objectif, pour les proches du joueur : prendre la température, mais surtout obtenir des explications. Avec un message clair : à son âge, Antoine Griezmann n'a pas le temps d'attendre et n'est pas là pour cirer le banc. Il se plaît à Barcelone, prend ses marques, mais ne peut pas tout accepter et surtout ne pas jouer du tout. S'il reconnaît qu'il n'est pas à son meilleur niveau, il estime aussi ne pas en être le seul responsable.

Basée à Mâcon, comme ses parents et son autre frère, Théo, après avoir habité à Paris du temps où Antoine évoluait à l'Atlético Madrid, Maud Griezmann prend donc début juillet, alors que l'Europe souffle un peu entre deux confinements dus au Covid-19, un avion direction Barcelone, bien décidée à trouver une solution pour son frangin. L'entretien a lieu dans les locaux du club. Face à elle, parmi les dirigeants catalans, Éric Abidal, secrétaire technique du club à l'époque. Le président, Josep Bartomeu, que la sœur de Griezmann souhaitait rencontrer, est excusé. L'échange dure plusieurs minutes, chacun expose sa vision des faits et la sœur de Griezmann ne décolère pas. Avec une question, simple mais claire, en suspens : « Que fait-on pour Antoine ? »

La discussion est cordiale, mais vive. Maud réclame des explications face au traitement de son frère, qu'elle juge disproportionné et surtout difficilement compréhensible. Chacun défend ses positions et face à l'insistance de l'agent, le clan catalan fait un pas en avant. Avec une idée directrice bien précise à laquelle ils ne dérogeront pas. « On compte sur Antoine, c'est un moment difficile, mais il est hors de question de parler de départ. La situation va s'arranger et on va discuter avec l'entraîneur pour améliorer les choses. » Pas forcément convaincue mais désireuse de l'être, la sœur de Griezmann quitte les lieux dans l'expectative, mais prévient qu'elle sera très attentive à la suite et notamment la gestion de son frère lors des prochaines semaines par Quique Setien. Un vrai coup de pression qui portera, un peu, ses fruits.

D'une part parce que le Français rejouera plus souvent, et d'autre part parce que Quique Setien finira par prendre la porte, remplacé par Ronald Koeman au cœur du mois d'août 2020. Le coach paye ses mauvais résultats et sa gestion calamiteuse du vestiaire. La perte du titre aux dépens du rival historique madrilène et l'humiliation face au Bayern Munich (2-8) en quart de finale de la Ligue des champions à Lisbonne auront scellé l'avenir de l'ancien entraîneur du Betis Séville, âgé de 61 ans à l'époque. Ce soir du 14 août 2020, Antoine Griezmann, remplaçant au coup d'envoi, entrera à la mi-temps, alors que la rencontre était déjà pliée en faveur des futurs champions d'Europe qui menaient 4-1 après 45 minutes de jeu. Une nouvelle humiliation vécue par le Français, qui verra d'un bon œil le départ d'un technicien avec lequel il ne se sera jamais entendu. Que ce soit sur ou en dehors du terrain. Un épisode qui témoigne aussi de la vie d'un international en club. Même quand on s'appelle Antoine Griezmann, rien n'est acquis d'avance. Surtout à ce niveau.

17
« GAGNER L'EURO APRÈS LA COUPE DU MONDE, C'EST IMPOSSIBLE SI TU N'ES PAS SÉRIEUX » : FABIEN BARTHEZ ET BIXENTE LIZARAZU REJOUENT LA FINALE DE L'EURO 2000

12 juillet 2020

L'Euro 2020 devait avoir lieu du 11 juin au 11 juillet, mais le Covid-19 a changé tous les plans. Pour les médias, avant une grande compétition internationale, il est de bon ton, mais pas forcément aisé, de dénicher des angles pertinents et des interviews de premier plan, que ce soit avec des joueurs actuels ou d'anciennes gloires. Quand on vous dit Bixente Lizarazu et Fabien Barthez, la magie opère forcément auprès du grand public. Et renvoie tout le monde à des moments fastes, comme cette fameuse soirée du 2 juillet 2000…

Un moment unique, à Feyenoord, au cours duquel les Bleus sont entrés à nouveau dans l'histoire en dominant l'Italie grâce au but en or de David Trezeguet (2-1) en finale de l'Euro. Avec, à la clé, un doublé inédit Coupe du monde-Euro. Vingt ans après, les souvenirs restent tenaces. Ancrés dans l'esprit de tous. Acteurs majeurs de ce titre de champions d'Europe, Fabien Barthez (49 ans, 87 sélections) et Bixente Lizarazu (50 ans, 97 sélections) prennent le temps de rejouer la finale et d'étirer encore un peu plus un moment éternel.

Pandémie du Covid-19 oblige, la rencontre s'est finalement déroulée par écrans interposés. « Liza », tee-shirt noir et teint hâlé, depuis son bureau au Pays basque, « le divin chauve », lunettes de soleil et écouteurs vissés aux oreilles, dans son jardin à Toulouse. « Ça fait vingt ans qu'on a vécu ça et j'ai l'impression que c'était hier », plaisante l'ancien gardien en préambule. Un entretien qui en dit long, aussi, sur la difficulté de durer au plus haut niveau.

Quelle est la première image qui vous revient à l'esprit de ce 2 juillet 2000 ?

Fabien Barthez : Plusieurs surgissent en une fraction de seconde (*rires*). C'est plus un ressenti et je me souviens d'un match tendu. Avec une atmosphère lourde. J'ai longtemps été crispé, comme bloqué par quelque chose, avec cette phrase dans ma tête : « ça pue ». Comme si on le savait avant le match, dans le tunnel, la Marseillaise, la première mi-temps... Pour moi, cette finale de l'Euro était plus dure que de gagner la Coupe du monde.

Bixente Lizarazu : Tu as raison, c'est aussi ce qui a failli nous coûter cher pendant cet Euro. Ça jouait bien au foot et on pensait faire la différence sur notre talent et nos qualités offensives. On a oublié qu'on jouait contre l'Italie en finale. La façon dont on a abordé cette équipe en 1998 (*en quart de finale*) était meilleure qu'en 2000. Tactiquement, ils ont mieux joué le coup que nous.

Étiez-vous plus stressé contre les Italiens en 2000 que face aux Brésiliens en 1998 ?

F.B : Ah oui, moi je l'étais, c'était les Italiens, une équipe solide... Mais cette forme de stress nous a permis de rester dans le match et d'y croire toujours.

B.L : Je n'ai pas ressenti plus de stress ce jour-là qu'en finale de Coupe du monde. Pour moi, 1998, même si on l'a super bien abordé, qu'on souriait le matin et qu'au fond on ne s'est pas mis une pression énorme, ça restait une finale au Stade de France, dans ton pays, une première pour des matchs de dingue. Ce qui a été stressant en 2000, c'est le match. De se dire : « Ces Italiens nous cassent les c... » C'était énervant. Fabien dit tendu, moi je pense à « frustrant ».

Quand avez-vous pris conscience que ce match est entré dans la légende ?

(*Ils sourient tous les deux*)

F.B : Quand tu as le but de David (*Trezeguet*), tu te dis : « Putain, c'est énorme. » Honnêtement, le scénario de ce match, tu fais un film là-dessus, tu ne vas même pas le voir tellement tu te dis que c'est trop gros. On a fait ça pour une finale de l'Euro, avec un vrai retournement de situation. Ce n'était pas une finale de Coupe de France ou de Coupe de la Ligue... À ce niveau, c'est invraisemblable. Le summum.

B.L : Des choses inexplicables se produisent dans le foot. Parfois ça te sourit, parfois non...

F.B : Oui, ça, je te le confirme (*fou rire*).

B.L : Fabien a l'inspiration de faire l'énorme dégagement qui est dévié par David (*Trezeguet*) et un autre défenseur pour finir sur Sylvain Wiltord qui ajuste (*il regarde à nouveau le but sur son ordinateur*).

F.B : Je gratte quelques mètres pour le dégagement, c'est de bonne guerre. Non mais regarde la frappe de Sylvain, quand tu vois où passe le ballon, ça se joue au millimètre entre les jambes de l'un, le bras de l'autre... Sur ce coup, je me dis : « Vise David et la zone des 18 mètres », car si on repart de derrière avec trois, quatre passes, les Italiens vont péter le jeu comme ils le font si bien et l'arbitre sifflera la fin du match. Ce coup franc, c'était un corner, quelque part.

Que se passe-t-il dans vos têtes après ce but égalisateur de Wiltord ?

F.B : Tu es en transe et tu sais que tu vas gagner. On ne sait pas pourquoi, mais on le sait (*sourire*). Tu es fort, eux sont démontés. Les mecs, tu les massacres sur le coup.

B.L : À l'égalisation, c'est réglé. Ils étaient tellement sûrs de leur victoire... En plus, une équipe italienne ne lâche jamais le score, c'est pas possible de remonter des Italiens quand ils mènent 1-0 en finale. C'est impossible. L'égalisation, c'est comme si on en avait marqué deux. C'est ce que j'ai ressenti, ils mesuraient trois mètres et tout d'un coup, ils sont redescendus à un mètre. C'est nous qui faisions trois mètres (*rires*).

F.B : Tu le voyais dans leur attitude, ils marchaient avec la tête baissée, comme s'ils avaient perdu.

Tout le monde se souvient des Italiens, debout sur le bord du terrain, prêts à fêter la victoire avant le but de Wiltord...

F.B : Moi, je ne vois que ça. Je les avais à ma droite, ça s'agitait vachement, certains s'enlevaient le haut de survêt' pour entrer sur le terrain avec le maillot, j'avais le kop italien derrière moi, j'étais en plein cœur. Je ressentais de la colère et la haine de perdre.

B.L : Quand je suis remplacé par Robert Pirès et que j'arrive sur le banc, je sens que c'est hyper tendu, tous les mecs sont énervés car les Italiens n'arrêtent pas de chambrer. Plus on se rapproche de la fin, plus ils nous chambrent. Quand on a égalisé, autant vous dire que sur le terrain, ça s'est vécu avec

passion, mais sur le bord de touche aussi. Avec des regards et des mots échangés avec le banc italien (*rires*).
F.B : Obligé !

Quel sentiment prédomine après le but en or de David Trezeguet ?
F.B : La libération. Tu cours, tu ne sais pas où tu vas, le premier qui arrive, tu lui sautes dessus.
B.L : Pour moi, le but de Sylvain a encore plus d'importance car il casse la tête des Italiens, mais celui qui scelle définitivement notre victoire et qui reste dans notre mémoire, par sa beauté et son exécution, c'est le but de David. Tu as beau faire tous les changements tactiques que tu veux, à un moment il y a surtout l'inspiration d'un joueur qui déclenche quelque chose. Robert l'a eue, il déstabilise la défense italienne à lui tout seul, après il y a le déplacement de David, sa reprise, son talent devant le but, pied gauche... Quand tu regardes sa reprise, c'est fabuleux et beau. Un but à jamais dans l'histoire.
F.B : Toute l'action est du football pur. De l'amusement, des mecs qui s'éclatent. Si tu penses trop à l'événement, le joueur peut se bloquer et ne pas tenter ce qu'a fait Robert. On se serait cru à l'entraînement.
B.L : C'est le but en or, en plus. Vous imaginez la pression de folie que l'on a sur le terrain avec cette règle !
F.B : Tu ne penses qu'à ça ! À tout moment, ça peut finir. En même temps, il faut faire en sorte de ne pas déjouer.
B.L : C'est ultra-compliqué à gérer. On parle souvent du dépassement de fonction, mais si tu prends des risques, que tu es contré et que tu perds… tu dois y réfléchir à deux fois. Ça nous a été favorable en demi et en finale, on ne va pas s'en plaindre, mais je préfère les timings précis que ce truc-là qui est vraiment très dur pour les nerfs. C'est pire que la séance de tirs au but.

À quoi pensez-vous à ce moment-là ?

F.B : Après le but, j'ai pensé à Roger (*Lemerre, le sélectionneur*), que j'avais eu au Bataillon de Joinville à 20 ans, j'étais hyper heureux pour lui, c'est drôle. J'avais beaucoup d'affection pour lui. Un an avant l'Euro, on avait discuté tous les deux, j'avais besoin d'air et de couper. Il y avait eu pas mal d'enchaînements depuis 1998, j'avais joué tous les matchs en club et avec les Bleus. Je lui avais demandé une coupure. Il m'a dit : « Fabien, tu ne peux pas me demander ça, c'est pas possible. » Avec le recul, la Coupe du monde, ça avait été lourd. Je le ressentais au plus profond de moi, encore plus quand tu as 30 ans et que tu commences à bien te connaître. Je lui avais dit : « Fais-moi souffler, on va péter un Euro de folie et le gagner. » Il m'a écouté.

B.L : Faire le doublé, pour moi, c'était la confirmation du talent d'une génération. Rester en haut durablement, gagner encore et prouver que ce n'était pas un « coup de cul » (*rire*). Pendant quatre ans, on a été la meilleure nation du monde. Un sentiment incroyable nous habitait, on était sûr de gagner, cette équipe dégageait cette force. On se sentait invincible, c'était fantastique. Bon, après c'est parti en sucette à la Coupe du monde 2002 : élimination au premier tour (*rires*).

F.B : On avait beaucoup d'humilité, mais au fond de nous on possédait une confiance énorme. On était des mecs matures, autour de la trentaine, parents pour certains en dehors, ça joue aussi.

B.L : Le déclic s'est opéré quand on a été champions du monde. À partir de ce moment, tu te dis que tu peux tout gagner. Attention, ça veut dire être exigeant et discipliné, mais tu peux le reproduire. Après 1998, on pouvait regarder toutes les grandes nations dans les yeux, nous les Français, on n'avait rien à leur envier. Le fait d'être partis pour la plupart à l'étranger, dans les grands clubs, on a appris cette fameuse « culture de la gagne » qui existe trop peu dans les clubs en France.

F.B : Tu as raison. J'étais encore à Monaco avant l'Euro et je suis parti à Manchester en 2000, mais quand je vous écoutais parler du Bayern, de Milan, on ne faisait pas le même métier. Quand je vous voyais bosser après les entraînements, ça n'existait pas en première division. En France, on était des amateurs. Je m'en suis rendu compte quand je suis arrivé à Manchester. Je voyais aussi qu'ils avaient évolué, dans leur façon de bosser, de manger. De 1993 à 2000, j'ai vu leur évolution. Pas vrai Liza ?
B.L : C'est plus sur la rigueur, l'exigence de tous les jours qui était plus grande qu'en France. Les méthodes d'entraînement, je ne trouvais pas de différence fondamentale. Niveau mentalité ou structure de clubs, là oui, c'était bien plus « cool » en France. Au Bayern, si tu perdais, c'était tremblement de terre et remise en question. Tu vis avec ça en permanence.
F.B : J'essayais de faire partager ces infos à Monaco. Les exercices, la façon de manger… Mais en France, ils ne voulaient rien savoir, ils étaient fermés. De vrais amateurs. Deux mondes à part. Ce qui a fait la force des Bleus, c'est de partir à l'étranger. Sans ça, impossible que l'équipe de France soit allée aussi haut.
B.L : Si on était tous restés dans les clubs français, on n'aurait pas eu ces résultats.
F.B : Impossible.

Que diriez-vous sur la gestion de Roger Lemerre, qui avait succédé à Aimé Jacquet ?
B.L : Il y avait une continuité avec 1998, un esprit qui perdurait encore. Roger nous a fait confiance avec une certaine liberté. L'effet Coupe du monde a continué jusqu'en 2000 et la mémoire de Jacquet était toujours respectée. Son esprit plus que jamais présent.

Était-ce une forme d'autogestion ?
B.L : Non, n'exagérons pas, mais on était des adultes, plus des

enfants. C'était une équipe d'hommes et de patrons.
F.B : On arrivait tous à la trentaine, c'est un élément important. Chacun se prenait en main. On avait le même état d'esprit. Avec sérieux, et le plaisir de vivre ensemble.

Une séquence avait fait jaser ce soir-là : la discussion sur le terrain entre Roger Lemerre et Didier Deschamps (*le sélectionneur tentait de faire changer d'avis son capitaine, désireux de prendre sa retraite internationale*)...
F.B : Ça, c'est du vent (*il souffle*). Ils auraient pu attendre le vestiaire et parler à ce moment-là.
B.L : Mais grave, c'était lunaire. Ils n'avaient pas à faire ça à ce moment-là. Je ne sais pas qui a initié cette discussion, mais j'ai une petite idée (*sourire*).
F.B : Moi aussi.

L'après-match de 2000 était-il plus fou que celui de 1998 ?
(*Ils se marrent*)
F.B : À quel niveau ?
B.L : On ne va pas parler de ça, en 1998 on ne sait pas où Fabien est passé.
F.B : Même en 2000 j'ai disparu (*rires*). À force de manger des carottes et des betteraves, de boire 15 litres d'eau par jour, dès que tu bois un verre avec quelques degrés, tu le sens passer. Mais c'était une soirée sympathique.

Après 1998, vous étiez des rock stars, en 2000 vous êtes passés dans la case des dieux vivants...
B.L : On a vécu des moments de folie à tous points de vue, sur le terrain, mais aussi à titre privé.
F.B : Peut-être que pour d'autres personnes, c'était des trucs du quotidien, mais pour nous c'était irréel. On n'a jamais joué au football pour ça. On l'a tous pris dans la gueule.
B.L : Nos vies ont changé et basculé dans une autre dimension.

On aurait pu exploser après 1998, c'était la folie. Mais deux ans après, on gagne l'Euro. C'est impossible si tu n'es pas sérieux.

F.B : J'irai plus loin en disant qu'on réalise cet exploit en étant tous meilleurs. Faire la « rock star », je m'en fichais, je voulais gagner et prendre du plaisir avec mes potes.

B.L : Moi, c'est le Bayern qui m'a recadré direct. Ils m'ont offert une magnifique montre et à chaque match de Bundesliga, je recevais un bouquet de fleurs de l'équipe adverse. En Allemagne, champion du monde, c'est respect à vie. Mais dans la foulée, le Bayern m'a dit le passé est le passé, maintenant il faut faire la même chose avec nous. Je me suis donc remis tout de suite dans le bain.

Vingt ans après, évoquer ces moments-là vous procure quel sentiment ?

F.B : Comme si c'était hier. C'est notre vie, c'était notre quotidien. On s'est régalé. Bien sûr qu'il y a de la nostalgie.

B.L : Ça m'évoque de la sérénité, une paix intérieure. Après ça, tu peux dormir tranquille. Tu es fier et ce pour le restant de ta vie, c'est quand même un sentiment agréable. Le faire avec des amis que tu estimes, c'est encore plus beau. Quand on se voit, on ne se raconte jamais des histoires de match.

F.B : Tu as vu, jamais ! On n'a pas besoin de se téléphoner tous les mois, certains je ne les verrai pas pendant deux, trois ans... Mais quand on se revoit, c'est comme si c'était hier.

B.L : On a été au combat ensemble et on sait qui est qui. Ça ne triche pas. L'entraide a été mutuelle, ce fut notre force. Entre nous, il n'y avait pas de mystère. Se jauger dans un contexte d'ultime pression, c'est là où tu vois si tu peux aller à la guerre avec ces mecs-là ou non. Tu vois celui qui s'échappe ou celui qui est là.

F.B : Comme la jalousie, personne n'était envieux d'untel ou d'un autre. On se fichait de la tête de tout le monde. On était loin de tout ça. C'était une bande de potes de village. Sauf qu'on était sur le toit du monde (*rires*).

À votre sujet, le grand public se souvient aussi de votre proximité lors de la Marseillaise avec les Bleus…
(*Ils explosent de rire*)
B.L : Vous touchez quelque chose, là… Ça me manque, bien sûr. J'avais Lilian (*Thuram*) d'un côté et Fabien de l'autre.
F.B : Lilian te chopait les poignées d'amour, je ne vais pas dire les obliques, ça fait prétentieux (*sourire*).
B.L : J'avais besoin du sérieux de Lilian, qui était à 3000 %, et de la relaxation, du sourire ou de la petite connerie de Fabien. Une relaxation apparente car c'est un perfectionniste. Pendant cinq secondes, on sortait du match, ça nous faisait du bien.
F.B : Vous aviez tous les deux ce truc de défenseurs, de guerriers, vous étiez (*il mime*)… Avec Liza, c'était une façon de s'équilibrer pendant la Marseillaise. Le petit regard, un mouvement de tête et on se comprenait. La pression, je l'avais autant qu'eux, mais je la vivais différemment.
B.L : J'ai su après qu'il avait besoin de ça pour être relax, mais qu'il n'était pas ce gars insouciant à qui tout passe au-dessus de la tête.
F.B : Ça arrivait aussi pendant le match. On évacuait la pression et Liza était réceptif là-dessus. On se comprenait bien, le réseau était nickel (*rires*). Une Marseillaise, c'est énormément d'émotion, ça peut te bloquer la respiration. Il ne fallait pas que je l'écoute trop, sinon je risquais de ressentir le genre d'émotion qui te pète les jambes. Quelque part, quand Liza me serrait sur le côté, ça me faisait du bien.
B.L : Je t'ai laissé des traces ?
F.B : T'as vu les bras et les avant-bras que tu avais ?
B.L : La Marseillaise, pour moi, c'était un peu comme le haka, mais je ne voulais pas me retrouver en larmes. Quand tu te laisses dépasser par l'émotion, c'est chaud. Fabien me rééquilibrait avec un mot décalé, une bêtise.

F.B : Je pouvais te parler d'un mec dans la tribune… Ça, avec « DD », je ne pouvais pas le faire. Didier, il avait la tête droite, il était déjà coach ! (*Les deux explosent de rire.*) Avec Liza, on était complices, on est deux gars du terroir, pourtant on avait deux fonctionnements opposés dans notre vie à l'époque.
B.L : Je m'aperçois aujourd'hui qu'il y a des similitudes dans notre vie. Les passions sportives, l'envie d'indépendance, de liberté, on se retrouve là-dessus.
F.B : Maintenant on se met à parler de VTT, c'était inimaginable il y a vingt ans.

Aviez-vous une approche différente des matchs ?
F.B : Du matin jusqu'au soir du match, j'avais les mains moites. À dix heures du matin, le 2 juillet, j'étais comme ça. Je ne m'endormais même pas la nuit avant ces matchs. Dans ta tête, tu te fais des actions, c'est une forme de concentration, tu as du mal à dormir. Putain, qu'est-ce qu'elles étaient longues, ces journées ! Une fois sur le terrain ou dans le vestiaire, ça va mieux, tu es dans ton élément.
B.L : J'ai toujours détesté le jour du match, car c'était trop long. La collation, la sieste… L'enfer.
F.B : Tu te dis : « Putain, je n'ai pas assez dormi, je vais le payer ce soir. » Il était deux heures du matin, je calculais mes heures de sommeil. L'après-midi, pendant la sieste, à nouveau je ne dormais pas assez, je ne voulais pas manquer de jus pour le soir. Ça n'arrête pas.
B.L : Tu vois, ça on se le dit maintenant, mais jamais on ne se le disait quand on jouait.
F.B : Oui, mais on avait chacun notre égo, plus ou moins fort, et il en faut pour ce niveau-là. On était fier. On n'a jamais dit qu'on avait mal quelque part. « Tutu », quand il me regardait me préparer, il hallucinait. Et j'étais aussi concentré que lui.
B.L : C'est aussi ça, l'intelligence de cette équipe, on se respectait malgré nos différences.

F.B : On était sain, on n'avait pas de faux culs, sans ça, ça ne peut pas marcher. Quand il fallait se crier dessus, on le faisait. « Zizou », quand il ne recevait pas le ballon, il te le faisait comprendre. C'était naturel. La chance qu'on a eue, c'est de se retrouver tous au bon endroit au bon moment. Je ne sais pas s'il faut dire merci à nos parents de nous avoir conçus à ce moment-là (*sourire*)...

Rendez-vous dans dix, vingt ans, pour un nouvel anniversaire ?
F.B : Si on est toujours là, avec plaisir.
B.L : Avec plaisir aussi. Fabien m'a fait découvrir la conversation WhatsApp à trois personnes. Bluffant.
F.B : Tu as vu si j'ai évolué un peu à 49 balais ? (*rires*)

18

ADRIEN RABIOT, LE RETOUR INATTENDU DU PARIA

5 septembre 2020

Une sacrée surprise. Qui a pris tout le monde au dépourvu. D'habitude, il y a toujours des informations qui filtrent de ci de là avant une liste de Didier Deschamps : un retour inattendu, la convocation d'un nouveau, la mise à l'écart d'un titulaire pour telle ou telle raison… Chaque journaliste active ses sources et ses réseaux pour dénicher la bonne information. Pas cette fois. Pour un coup que personne n'avait envisagé. Sauf le principal intéressé et son adjoint, Guy Stéphan, bien entendu dans la confidence. Preuve aussi qu'à plus de cinquante printemps et près de dix ans à la tête des Bleus, le sélectionneur reste capable de surprendre observateurs, suiveurs et supporters. Avec en toile de fond une idée qui balaie tout : comment et avec qui rendre l'équipe de France plus forte.

Le 27 août 2020, règne dans l'auditorium de la Fédération française de football à Paris comme un air d'été indien. Le patron des Bleus, frais et bronzé, impeccable et « fit », égrène les noms des 23 joueurs retenus pour les matchs face à la Suède et la Croatie en Ligue des Nations pour la rentrée des champions du monde. Stupeur et étonnement dans l'assistance quand le nom d'Adrien Rabiot sort de la bouche de « DD ». Une erreur ? Une bêtise ? Un poisson d'avril en plein mois d'août ? Un bug ? La vingtaine de journalistes présents se regardent pour être certains d'avoir bien entendu. Oui, c'est officiel. Le retour du paria. Du pestiféré. De l'homme qui avait dit non à Deschamps pour figurer dans la liste des suppléants à la Coupe du monde 2018. C'est acté.

Ce non avait eu comme conséquence une longue traversée du désert en équipe de France et une mise au placard qui durait depuis… le 27 mars 2018, date de son dernier match amical avec la sélection en tant que titulaire, en Russie. Plus de deux ans et demi loin des Bleus. Pour les raisons que tout le monde connaît. Petit rappel des faits pour les retardataires.

En mai 2018, avant le début de la préparation à la Coupe du monde, « DD » dévoile une liste des 23 et une autre, composée de « suppléants ». En gros, des réservistes qui ne sont pas invités au château pour la préparation mais doivent se tenir prêts en cas de pépins divers. Ils sont onze dans ce cas : Wissam Ben Yedder (Séville), Kingsley Coman (Bayern Munich), Benoît Costil (Bordeaux), Alexandre Lacazette (Arsenal), Lucas Digne (FC Barcelone), Mathieu Debuchy (Saint-Étienne), Anthony Martial (Manchester United), Adrien Rabiot (Paris-SG), Mamadou Sakho (Crystal Palace), Moussa Sissoko (Tottenham), Kurt Zouma (Stoke City). En clair, sauf blessure, ils ne verront pas le pays de Vladimir Poutine.

Adrien Rabiot figure dans ces onze recalés. Sauf que le Parisien, âgé de 23 ans à l'époque, fera la une des journaux en refusant d'en être. Titulaire au PSG, bien en place en sélection (quatre titularisations sur ses six dernières sélections), il estime ne pas mériter ce qu'il considère comme une rétrogradation. Au moment de dévoiler ses choix, Deschamps, qui a préféré Corentin Tolisso et Steven Nzonzi au Parisien, s'explique sur cette mise à l'écart : « Les performances d'Adrien en équipe de

France ne sont pas du tout du même niveau qu'avec le PSG. » En fait, le staff a des doutes sur les capacités du Parisien à s'intégrer au groupe pendant plus de six semaines. De plus, Deschamps a été échaudé par ses déclarations au terme d'une prestation en demi-teinte lors du match des éliminatoires face à la Bulgarie, en octobre 2017. « C'était assez dur parce qu'il faisait froid, je n'étais pas chaud, avait-il justifié après le match à Sofia. C'est compliqué. J'avais aussi la peur de me blesser. »

Quand Deschamps sort la sulfateuse

Fier, orgueilleux et compétiteur, Adrien Rabiot n'acceptera pas les explications du sélectionneur et dévoilera le fond de sa pensée à travers une lettre, rendue publique quelques jours plus tard, dans laquelle il remettra en cause le fondement des choix de Deschamps. En clair, il ne comprend pas, considère qu'on lui manque de respect et s'estime lésé. Mais surtout meilleur footballeur que les joueurs sélectionnés à sa place. Un comportement qui ne plaît pas du tout à Deschamps, qui a cherché à le joindre pour s'expliquer et n'a jamais réussi à échanger avec lui. Du coup, en conférence de presse à Clairefontaine avant le Mondial, le champion du monde 1998 sort la sulfateuse. Et réaffirme sa position. « Je peux comprendre l'immense déception, mais de là à prendre une telle position… On parle d'un jeune joueur de 23 ans avec peu de sélections, il s'auto-exclut, assène-t-il passablement énervé. J'ose espérer que ça lui permettra de mûrir, de réfléchir. Je suis convaincu qu'il a fait une énorme erreur. » Et Deschamps d'adresser un cinglant et péremptoire : « Il n'y a pas de place pour les états d'âme au très haut niveau. » Avant de conclure sur une éventuelle fracture indélébile entre Rabiot et la sélection : « Je n'ai jamais pris de décision radicale. Il se met à la faute, point barre. Je n'ai rien eu à lui reprocher en termes de comportement. C'est pour ça que ça me surprend encore plus. Je n'avais pas le moindre signe... L'équipe de France est au-dessus de tout. À lui d'assumer, j'espère qu'il va apprendre. »

Depuis, Adrien Rabiot a vécu une fin de parcours compliquée au PSG lors son ultime saison dans son club formateur, entre 2018 et l'été 2019. Mis au placard les six derniers mois de son contrat car il refusait de prolonger l'aventure au sein de la capitale, sanctionné pour des retards, mis à pied ou encore contraint de s'entraîner avec les jeunes, le milieu de terrain international vit également des moments très difficiles à titre privé avec le décès de sa grand-mère et celui de son père, début 2019. Ce dernier souffrait d'un locked-in syndrome – qui le paralysait totalement et ne lui permettait plus de s'exprimer autrement que par le battement de ses paupières – suite à un accident vasculaire cérébral datant de 2007. « Tant qu'on ne vit pas cette maladie, on ne se rend pas compte, expliquait Rabiot en 2016. Je me bats sur le terrain pour lui aussi. » Désireux de couper le cordon avec Paris, son club, et d'écrire une nouvelle page de sa vie personnelle et sportive, il s'engage le 1er juillet 2019 avec la Juventus Turin, formation de Cristiano Ronaldo et de… Blaise Matuidi, qu'il a « sorti » du PSG quelques mois plus tôt.

« M. Le Graët est un menteur »

Après une entrée en matière délicate de plusieurs mois dans le Piémont, le « Duc », son surnom à Paris pour son élégance balle au pied et son port altier, fait profil bas, se terre dans le silence. C'est sa mère et agent, Véronique, qui fait parler de lui, lorsqu'elle traite le président de la FFF, Noël Le Graët, de « menteur » sur la chaîne L'Équipe au mois de janvier 2020. Ce dernier assurait avoir sollicité Adrien Rabiot pour une explication dans son bureau suite à son refus d'être suppléant lors du Mondial 2018. « Et c'est madame Rabiot qui a répondu en disant qu'elle voulait venir d'abord elle toute seule au rendez-vous. Je lui ai dit qu'il n'en était pas question, même en rêve », raconte Le Graët. « Il y a eu ensuite un deuxième contact, où elle nous a indiqué, cette fois-ci, qu'elle viendrait avec son fils. Ce n'était pas ce que je souhaitais, donc il n'y a pas eu de rendez-vous. » Ce que réfute Véronique Rabiot. « Je sais que les journalistes disent que j'ai eu des contacts avec M. Le Graët, ce qui est faux. Aujourd'hui, tout à fait droit dans mes bottes, je vous dis : M. Le Graët est un menteur. Je n'ai en aucune manière parlé avec lui. » Ambiance.

Discret et muet, le principal intéressé se gardera bien de s'exprimer publiquement sur le sujet, désireux de revenir un jour ou l'autre en équipe de France. « Après le comportement du fils, celui de la mère ne nous a pas aidés, reconnaît un proche des Bleus. Ça aurait été plus facile dans d'autres circonstances… » « J'ai évolué, avancera Rabiot par la suite. En tant que footballeur forcément, et en tant qu'homme aussi. Partir d'un endroit où on est bien, dans un certain confort, ça vous change. En deux ans, j'ai vécu beaucoup de choses dans ma vie, et pas forcément toujours sympas, alors ça m'a fait grandir. »

Une fois tout cela dit, on en revient encore et toujours au pragmatisme de Deschamps. Un terme parfois utilisé à l'emporte-pièce au sujet de « DD », mais qui témoigne surtout d'un état de fait. S'il déteste que l'un de ses joueurs sorte du cadre ou lui manque de respect, Deschamps est le premier, une fois sa fierté et sa rancœur ravalées, à prendre du recul et se poser une question simple : avec X ou Y, l'équipe de France sera-t-elle plus forte ? C'est en tout cas ce qu'il pense au sujet de Rabiot, qu'il estime capable, par son volume de jeu, sa technique et son profil « hybride », d'apporter un vrai plus dans l'entrejeu. Banco. « La première raison de son retour, c'est que ça allait mieux à la Juve, témoigne Guy Stéphan qui sait tout des décisions du patron des Bleus. Didier a toutes les infos de là-bas et ça montre que personne n'est condamné. Il ne faut pas chercher plus loin. Blaise (*Matuidi*) partait aux USA à ce moment-là, ce ne sont pas des clones, mais ils se ressemblent sur certains points. »

Quelques jours après son rappel, Adrien Rabiot retrouvera le maillot de la sélection en tant que titulaire face à la Suède (0-1), le 5 septembre 2020. « On a discuté, échangé, on s'est dit les choses avec le coach, avance l'ancien Parisien au terme de ce rassemblement synonyme de deuxième chance. J'ai apprécié cette conversation et ça a permis de nous libérer chacun de notre côté. » Rabiot se projette désormais sur le long terme avec les Bleus : « Je ne lâcherai cette place pour rien au monde : je n'ai pas envie de sortir de ce groupe. »

19

JOIES, PLEURS, RELIGION, « RIVALITÉ » AVEC BENZEMA : L'ALBUM SOUVENIRS D'OLIVIER GIROUD

6 octobre 2020

Olivier Giroud et l'équipe de France, c'est une histoire d'amour qui dure. S'il n'a pas marqué lors de la Coupe du monde en Russie, la « belle gueule » des Bleus n'en reste pas moins un cadre et un homme sur lequel Didier Deschamps compte. Longtemps, sa place en sélection fut au centre du débat public, avec en toile de fond sa rivalité avec Karim Benzema. Certains, qui font fausse route et se trompent de sujet, lui reprochent même d'être l'un des artisans de la longue mise à l'écart de l'attaquant du Real Madrid.

À 34 ans, celui qui a porté les couleurs de Grenoble, Tours, Montpellier, Arsenal et Chelsea, a bourlingué en équipe de France. Une relation débutée en 2011 face aux États-Unis alors que Laurent Blanc était encore le sélectionneur. Il a tout vu et entendu sur la maison de la sélection, pour en être aujourd'hui l'un des vieux sages. Alors, avant d'affronter l'Ukraine en amical le 7 octobre 2020, il a pris le temps de retracer le fil de sa carrière en Bleu pour sa centième cape et son intégration dans un cercle très fermé.

À ce moment-là, seuls huit joueurs le devancent. Et non des moindres. Didier Deschamps (103), Patrick Vieira (107), Zinédine Zidane (108), Marcel Desailly (116), Hugo Lloris (116), Thierry Henry (123) et Lilian Thuram, recordman incontesté chez les Bleus avec ses 142 capes. Du beau monde, non ? Ça vous pose un homme et la longévité d'un joueur sans cesse critiqué pour ses prestations, ratés ou performances en dents de scie. Délit de belle gueule ? Pas la carte ? « Bourreau » de Benzema ? Les raisons diffèrent mais l'essentiel est ailleurs. Quand il arrêtera sa carrière chez les Bleus, ses pourfendeurs se rendront forcément compte de sa trace indélébile dans l'histoire de l'équipe de France.

« Ça me branche bien, ton idée de sujet, je vais passer pour le vieux con, mais allons-y. Cent sélections, ça pèse quand même, non ? » Au bout du fil, il est séduit en deux minutes par l'entretien que je lui propose. « Appelle-moi après la sortie d'école des enfants. » Rendez-vous est pris pour ouvrir l'album souvenirs et se livrer sur ses joies, ses peines, ses peurs, ses doutes, le poids de la religion dans son parcours, les critiques, la rivalité avec Benzema ou la fin de sa carrière au plus haut niveau. Pour une séquence nostalgie où il sera coupé, parfois, par l'émotion et les souvenirs qui remontent à la surface. Tel un écorché vif, impassible de prime abord mais finalement très sensible.

Quelques jours plus tard, il inscrira un doublé contre les Ukrainiens (victoire 7-1), ce qui fait de lui le deuxième meilleur buteur de l'histoire de la sélection, devant un certain Michel Platini. Toujours surcoté, Olivier Giroud ?

Le début de l'histoire d'amour avec les Bleus : « J'ai dû me faire cinquante fois la partie dans la tête »

« Au Stade de France, contre les États-Unis, en novembre 2011, je m'en souviens à la perfection. À l'époque, j'enchaînais les bonnes performances et les buts avec Montpellier. Quand j'ai appris ma sélection, j'étais comme un fou, un vrai rêve de gosse qui se réalisait. Je me souviens de la nuit avant le match, j'ai dû me faire cinquante fois la partie dans la tête, comment il fallait célébrer le but si je marquais… J'étais un peu tendu. C'était un contexte à des années-lumière d'aujourd'hui, l'équipe de France devait regagner le cœur des supporters (*après l'épisode de Knysna lors de la Coupe du monde 2010 en Afrique du Sud*), Laurent Blanc était le sélectionneur et j'ai en mémoire l'ambiance très froide à Saint-Denis. Rien à voir avec les communions d'aujourd'hui. »

Son premier but en sélection : « On dirait que j'embrasse Debuchy sur la bouche »

« Dans la foulée de ce match, je marque mon premier but pour ma première titularisation à Brême en février 2012 face à l'Allemagne. Laurent Blanc, en l'absence de Karim Benzema, m'avait fait confiance alors que je n'avais aucun vécu en Bleu. En plus c'est Debuch' (*Mathieu Debuchy*) qui me fait la passe décisive, le futur parrain de mon premier fils. Je m'étais fait chambrer parce que, sur un certain angle, on dirait que je l'embrasse sur la bouche car j'avais pris sa tête entre mes mains. Tous les gars m'avaient charrié. Inoubliable pour plein de raisons. Mon histoire avec les Bleus était lancée. »

Sa plus belle soirée : « Une magnifique péniche et du bon vin après l'Argentine »

« Sans hésiter, après notre victoire en huitième de finale de la Coupe du monde 2018 contre l'Argentine. Une belle soirée pour décompresser sur une magnifique péniche, à boire du bon vin, tout était là avec les potes. Je suis un épicurien, j'adore ça. Après on rentre au camp de base à Istra, on fait les cons, notamment avec l'histoire de l'extincteur d'Adil (*Rami*). Mais je me souviens de fous rires avec Lucas (*Hernandez*) et Hugo (*Lloris*) et d'une soirée terminée dans la piscine de notre hôtel. Un moment mémorable. »

Le jour où il s'est senti invincible : « Tu bombes le torse »
« Mon triplé contre le Paraguay à Rennes (*5-0, 2 juin 2017*). Au bon endroit, au bon moment, c'est la plénitude absolue. Dans une période où j'étais encore remis en cause, comme toujours… Dans ces cas-là, tu bombes le torse, tu roules des mécaniques. »

Le match qui lui laisse le plus de regrets : « On aurait tous annulé la défaite en Ukraine »
« J'en ai deux, pour des raisons différentes. Sur le plan personnel, pendant la Coupe du monde, contre la Belgique, c'est le match où j'ai le plus de situations de marquer et je m'en suis voulu. Après, je n'étais pas au fond du trou non plus car on avait gagné et on se retrouvait en finale de la Coupe du monde, ma déception a rapidement été balayée par la joie collective. Pour des raisons collectives, je me souviens aussi d'Ukraine-France (*novembre 2013, défaite 2-0*) en éliminatoires de la Coupe du monde 2014. Celui-là, on aurait tous voulu l'annuler. Un match horrible, on n'a rien réussi. Une purge. Après, on les balaie au Stade de France avec une soirée de folie (*3-0*). Le début de notre histoire commune. »

Sa plus émouvante Marseillaise : « Je donnerais cher pour revivre ce moment »
« La finale de la Coupe du monde contre la Croatie. J'étais très ému, tout proche de pleurer. L'événement, la fierté d'être là, le jour J… Je pense à ma famille, à mes proches, au parcours accompli jusque-là. Comme tous les gosses, un jour tu te dis que tu vas être footballeur et champion du monde,

je me suis repassé cette scène dans ma tête. Quelle sensation extraordinaire. Ça aussi, je donnerais cher pour le revivre. »

L'impact de la religion dans son parcours en Bleu : « J'échange souvent avec le Christ »

« La foi m'a accompagné toute ma vie et ça continue aujourd'hui. Elle me fait relativiser beaucoup de choses, surtout quand elles sont défavorables. Elle m'aide à me surpasser. En octobre 2019, je joue et je marque contre l'Islande ; le match d'après, le sélectionneur me met sur le banc contre la Turquie. Forcément, je ne le prends pas très bien et je suis déçu. Si on gagne le match, on se qualifie... Je me souviens d'avoir prié et je me suis dit que c'était à moi de rester concentré et de ne pas m'éparpiller. Je rentre, je marque et je remercie le Christ. Sur ce match, j'y ai vu un signe, comme l'impression d'avoir été entendu. Ce serait trop facile si ça allait à chaque fois dans le bon sens (*rires*). Pendant la Coupe du monde, j'ai demandé ce but qui n'est jamais arrivé, mais en contrepartie on a été champions du monde, je ne vais pas me plaindre (*sourire*). Le Christ m'accompagne et sa place est claire dans mon esprit. Si je n'avais pas eu cette foi, je ne sais pas si j'aurais fait la même carrière. Ça peut paraître étrange mais j'échange souvent avec lui, il me délivre des signes, fait agir sa volonté par rapport aux gens qui nous entourent. Ça m'apaise. »

Sa relation avec Deschamps : « Tu as plutôt intérêt à suivre son avis »

« Pendant toutes ces années, on a appris à se connaître, à s'apprivoiser et on a eu beaucoup de discussions ensemble. Il a dû faire des choix importants me concernant, et plusieurs fois on a discuté de ma situation pour que je puisse aller à la Coupe du monde. Notamment en octobre-novembre 2017, c'était chaud, il m'a mis en alerte. Le problème s'est réglé car j'ai signé à Chelsea en janvier. Le coach est un homme qui donne son avis, après tu en fais ce que tu veux, mais tu as plutôt intérêt à le suivre (*sourire*) et à le prendre en compte. Il est toujours dans un discours pour le bien du joueur et de l'équipe, jamais dans l'affrontement. »

Ses amis pour la vie en sélection : « Écouter du Goldman dans la chambre »

« Un groupe est né lors de l'Euro 2016 et j'avais des potes qui ont largement dépassé le cadre de la sélection. On se retrouvait dans les chambres à écouter du Jean-Jacques Goldman, on jouait aux cartes et au Mölkky ensemble. Il y avait Hugo (*Lloris*), Lolo (*Laurent Koscielny*), Ben (*Benoît Costil*), Dédé (*André-Pierre Gignac*), Momo (*Morgan Schneiderlin*), Yoyo (*Yohan Cabaye*), Jaja (*Christophe Jallet*). Ce sont des amis pour la vie, un vrai groupe de petits vieux (*sourire*). On a passé des grands moments. Aujourd'hui, on s'adapte à la nouvelle génération, on ne veut pas passer pour des vieux cons avec Hugo, mais on est largués côté musique. »

La critique qui lui a fait mal : « Jamais eu de contentieux avec Benzema »

« Quand je marque à Nantes contre le Cameroun avant l'Euro 2016, une petite partie du stade m'a sifflé quand je suis sorti. Avec toujours en toile de fond cette rivalité supposée avec Karim (*Benzema*). Certains me reprochaient d'être la cause de son absence, comme si je lui avais volé sa place alors que ça n'avait rien à voir avec ça. Je n'ai jamais rien fait de tel et je n'ai jamais eu de contentieux avec lui, mais l'histoire a voulu qu'on nous oppose. On peut voir ça comme un gâchis. Le lendemain, *L'Équipe* titre “Le mal aimé” à mon sujet en une. Tout ça m'a fait mal. Après coup, mes potes en Bleu s'en sont amusés et me chambraient, ils chantaient le titre de Claude François… Mais au fond de moi, c'était vraiment une période compliquée. Je ne ferai jamais l'unanimité et il faut l'accepter. Ça fait quatre ans mais je n'ai pas oublié. »

« Le » moment qu'il voudrait revivre : « Le coup de sifflet final du Mondial 2018 »
« La finale de la Coupe du monde et tout ce qu'il s'est passé après. Tout a été trop vite, je n'ai pas assez profité de ces moments-là. Je voudrais revivre le coup de sifflet final, la délivrance et l'euphorie des jours suivants. Je suis nostalgique de ce moment-là. Après, je suis passé dans l'essoreuse, avec une vie qui défile à 100 km/h. »

Sa plus grande cicatrice en équipe de France : « Des larmes de tristesse »
« La finale de l'Euro 2016 perdue face au Portugal (0-1). J'en ai pleuré à chaudes larmes, des larmes de tristesse. À la fin du match, je me souviens avoir explosé en sanglots, la pression retombe, avec la coupe qui nous tendait les bras. On se dit qu'on a raté la chance de notre vie. Mon pire moment en Bleu. »

Sa fin rêvée en équipe de France : « L'Euro 2021 et dépasser Michel Platini… puis Thierry Henry »
« Gagner l'Euro 2021 et cerise sur le gâteau, dépasser la légende Michel Platini (*72 sélections, 41 buts*) et, soyons fou, le grand "Titi" Henry (*123 sélections, 51 buts*). C'est un rêve. Si tout se passe bien, il peut y avoir dix ou quinze matchs d'ici la fin de l'Euro 2021, sur un malentendu ça peut marcher. Si ça ne se passe pas comme ça, on verra (*pour la Coupe du monde au Qatar en 2022*). J'ai encore quelques belles années devant moi, je ne me fixe aucune limite… »

20
MASTERCLASS À LISBONNE

14 novembre 2020

Les champions du monde ne sont pas morts. Du moins pas encore. Entre deux compétitions internationales, il y a des rendez-vous qui en disent bien plus long que de grandes tirades. Des moments à ne pas rater, qui dévoilent une vérité et vous permettent d'en savoir plus sur les forces et les faiblesses de votre équipe. Surtout quand vous avez atteint le sommet deux ans plus tôt et qu'il faut désormais l'assumer. Le 14 novembre 2020, du côté de Lisbonne, l'équipe de France était (très) attendue et a rassuré tout son monde. Mieux, la bande à Deschamps a envoyé un message fort au reste de l'Europe et du monde : non, les Bleus ne sont pas rassasiés, oui, il faudra compter avec eux pour le titre à l'Euro en 2021.

Trois jours après la bouillie livrée par les Bleus face à la Finlande et une défaite au Stade de France (0-2) – avec une équipe de France B –, les champions du monde ont diffusé l'impression d'un retour en Russie avec des ingrédients entrevus durant toute la campagne de la Coupe du monde. Un mois plus tôt, les deux nations s'étaient quittées sur un match nul et vierge sans saveur dans un Stade de France aux allures de cimetière. Au stade de la Luz, ce fut tout l'inverse. Avec une courte et précieuse victoire (0-1), sur un but de N'Golo Kanté, portant la marque des champions du monde.

À peu de choses près, on avait retrouvé les Bleus de Russie. Conquérants, sûrs de leur force, jamais enclins à négliger les tâches obscures et guidés par un même état d'esprit : marquer l'adversaire au plus profond de sa chair. Le contenir. Pour définitivement l'étouffer. Sur le terrain, dans le 4-4-2 asymétrique cher à « DD » avec Adrien Rabiot à la place de Blaise Matuidi, Kingsley Coman au lieu de Kylian Mbappé, Presnel Kimpembe pour Samuel Umtiti et Anthony Martial pour remplacer Olivier Giroud, les Bleus ont sans doute rendu la plus belle, forte et riche copie depuis la Coupe du monde. Pour une masterclass qui, à moins d'un an de l'Euro, a rassuré tout son monde. En premier lieu son boss. « Mes joueurs ont prouvé que l'équipe de France était toujours une grande équipe », lâche même Deschamps ce soir-là, heureux d'une telle démonstration de force face à un adversaire que les Bleus retrouveront dans leur poule lors du premier tour du championnat d'Europe.

Dans le vestiaire, une effusion de joie différente régnait parmi les champions du monde, sans pour autant grimper au plafond, conscients que l'Euro serait le véritable test pour un groupe désireux d'égaler les glorieux aînés de 1998-2000 et leur exploit du doublé Mondial-Euro. « C'est une victoire d'hommes, de frères et de combattants », consent ainsi un Paul Pogba métamorphosé entre ses performances en club et avec la sélection. Signe aussi que, plus de deux ans après le triomphe moscovite, l'esprit, l'ambition et le sérieux de cette équipe n'ont pas pris une ride quand le niveau le réclame. Quand ça se répète, ce n'est plus du hasard.

21

2020 : UN BILAN POSITIF MALGRÉ TOUT… LA MISE AU POINT DE DD

17 novembre 2020

Il y a des attitudes qui ne trompent pas. Comme celle d'un Didier Deschamps souriant, taquin et désireux de faire passer un message ce soir-là. Mardi 17 novembre 2020, l'horloge affiche bientôt minuit dans un Stade de France sinistre et privé de supporters. C'est donc ça, le fameux monde d'après Covid-19… Les Bleus viennent d'éconduire sans aucune difficulté la Suède (4-2) grâce à un doublé d'Olivier Giroud (ses 43e et 44e buts en Bleu, à sept unités de Thierry Henry) et des buts de Benjamin Pavard et Kingsley Coman. Du travail bien fait pour clôturer une année 2020 raccourcie et dénuée de toute rencontre internationale entre janvier et septembre en raison de la crise sanitaire. Comme le veut la formule traditionnelle : « l'essentiel est fait. »

Face aux journalistes ce soir-là, Didier Deschamps, outre le fait de décrypter la rencontre et de basculer sur 2021 avec l'Euro en ligne de mire, avait, dans un coin de sa tête, envie d'apporter une précision. Et de mettre un tacle aux critiques sur le jeu des Bleus ou encore l'ennui évoqué par certains observateurs. Nouveau signe que, s'il avance à longueur d'interview ne pas lire ni écouter ce qu'il se dit sur son groupe et les individualités qui le composent, « DD » est au courant de tout. « C'est un malin et il adopte parfois une posture médiatique, mais ne vous inquiétez pas, rien ne lui échappe. Vous seriez même étonné de tout ce qu'il sait », souffle un proche d'un international avec le sourire. Deschamps nous mentirait donc ? Humour. Et second degré.

Revenons au Stade de France. Une fois les affaires courantes expédiées, ce 17 novembre 2020, le patron des Bleus a tenu à mettre en avant son bilan. Et, à défaut de faire taire les critiques, livrer un avis bien tranché sur la question. Chiffres à l'appui. « On a pris 16 points sur 18 (*5 victoires et 1 match nul en 6 matchs*), aucune équipe en Europe n'a fait mieux, et on avait dans notre groupe le vice-champion du monde (*la Croatie*) et le champion d'Europe en titre (*le Portugal*) », rappelle « DD », friand de statistiques avant de délivrer un regard factuel sur le parcours des siens en Ligue des Nations. « Tout n'a pas été parfait, on ne va pas fanfaronner, mais j'essaie toujours d'être lucide sur la situation, et là il faut apprécier ce qu'on a été capable de faire. »

Traduction : critiquez-nous tant que vous voulez, les résultats parlent pour mon équipe. Quel entraîneur n'aurait pas usé des mêmes ficelles en pareilles circonstances ? Et au final, difficile de lui donner tort. Dans l'assistance, tout le monde se regarde et un léger sourire parcourt le visage de mes confrères, qui ne s'attendaient pas à la mise au point du patron de la sélection.

Soyons honnêtes, malgré tout. En 2020, ces Bleus ont largement fait le job. Une qualification pour le carré final de la Ligue des Nations, après un match XXL au Portugal, des nouveaux ou des revenants qui ont pointé le bout de leur nez en vue de l'Euro (Camavinga, Thuram, Rabiot, Digne), des cadres jamais aussi forts que lorsqu'ils retrouvent la sélection

(Giroud, Griezmann, Pogba, Kanté, Varane, Lloris)... Bien sûr, on n'occultera pas la bouillie face à la Finlande (défaite 0-2 le 11 novembre) en amical qui a passablement agacé le sélectionneur. Mais au final, pour une séquence de septembre à novembre plombée par le Covid-19, des tests PCR à répétition et des stades vides transformés en mouroirs, les Bleus ne s'en tirent pas trop mal. Très bien, même.

Plus que les résultats et les découvertes, ce qui impressionne dans cette équipe, cela reste sa propension à faire perdurer des valeurs immuables de travail, d'intransigeance, de respect de l'autre et de sacrifice. Des ingrédients classiques, parfois désuets pour les uns, mais essentiels dans la quête de succès. Ici réside LA réussite de Deschamps et de son staff, jamais aussi forts qu'au moment de chasser un éventuel embourgeoisement ou un début de « melonite » d'individualités séduites par leur nouveau statut. « Ce sont des tops joueurs, et ils ont un super état d'esprit, lance-t-il au moment d'en finir avec 2020. Les cadres ont un rôle important, même si ponctuellement ils sont moins bien en club, quand ils sont là ils savent pourquoi. Ils le disent souvent, c'est un peu comme une famille. Ils ont cette force collective, et la qualité est là, avec une émulation en interne. L'état d'esprit ne fait pas gagner les matchs, mais quand on ne l'a pas, comme ça peut encore nous arriver, on se fait rappeler à l'ordre. » Sur ce point, les Bleus, à force de se l'entendre rabâcher, ont retenu la leçon. Reste à savoir si ça suffira pour 2021 et la quête de l'Euro.

22
COMMENT RABIOT A « RETOURNÉ » DESCHAMPS

17 novembre 2020

Retour au Stade de France en ce mardi 17 novembre 2020. L'horloge affiche 23 h 45 et le ballet des taxis se termine dans les coursives sombres et désertes de l'enceinte dionysienne. À bord des véhicules, point de spectateurs heureux du succès des champions du monde contre la Suède (4-2) pour clôturer une année 2020 parfaite (six victoires, un nul et une défaite), mais bien les protégés de Didier Deschamps, désireux de rejoindre au plus vite leur domicile. Londres, Barcelone, Madrid, Munich, Turin... Des avions privés, affrétés par leurs clubs respectifs, attendent sur les tarmacs du Bourget, de Cergy-Pontoise ou de Roissy-en-France la plupart des internationaux pour un retour express aux quatre coins de l'Europe. Signe que chaque minute compte pour les clubs du gratin européen, soucieux de récupérer leurs éléments dans les meilleures conditions. Si l'ensemble des joueurs a déjà déserté depuis plusieurs minutes le glacial Stade de France et son ambiance mortifère ce soir de novembre, un homme ne boude pas son plaisir et discute avec le staff des Bleus : Adrien Rabiot.

Le milieu de terrain de la Juventus, tout sourire, détendu, profite de chaque instant et taille le bout de gras avec Didier Deschamps, Guy Stéphan et d'autres membres de l'encadrement. « Il ne voulait pas partir, souffle un témoin de la scène dans les sous-sols d'une enceinte déserte. Tu sens qu'il prend un plaisir fou à être ici, ce n'est plus le même homme. » Le staff est sous le charme, heureux de découvrir un jeune homme apaisé, simple, jovial, bien loin de l'image de joueur ingérable parfois renvoyée. Le voir apprécier ce moment et retarder au maximum son départ du Stade de France est tout sauf anodin.

Sa vie à Turin, les souvenirs de Deschamps à la Juventus, son plaisir de retrouver la sélection… Autant de sujets abordés en petit comité, le temps d'un moment suspendu, et qui témoignent d'un Adrien Rabiot transfiguré depuis son retour en équipe de France en septembre dernier, deux ans après sa traversée du désert loin des champions du monde. À 26 ans, le « titi » parisien né à Saint-Maurice dans le Val-de-Marne se sait verni d'avoir obtenu une deuxième chance. Et profite de chaque instant, savoure, même si l'heure du retour a sonné. « C'est un autre homme, avance Guy Stéphan sous le charme. Dans la tête, le corps et les jambes, ce n'est plus le même. Pour notre plus grand plaisir. Ce n'est pas un expansif, mais un affectif qui passe plutôt bien dans le groupe, n'a pas de gros souci d'attitude. Ça tranche avec l'image hautaine que peut avoir de lui le public. Ici, ce n'est pas le Duc ! Il peut être très agréable dans l'échange. Il a sa personnalité, mais ce n'est pas un sale type. »

Trois jours plus tôt, lors de la masterclass des Bleus au Portugal (0-1), Adrien Rabiot a sorti un match XXL. Dans un rôle hybride sur le côté gauche façon Blaise Matuidi – avec plus de technique –, il a mis tout le monde d'accord et enfin prouvé au grand public qu'à ce niveau, il avait largement sa place chez les champions du monde. Une prestation qui en a surpris plus d'un, sauf le sélectionneur, heureux de voir s'épanouir l'ancien paria, qu'il a toujours considéré comme un excellent joueur, moins comme un bon mec à même de s'intégrer dans un vestiaire rempli d'égos pas toujours simples à gérer.

L'hommage de Deschamps

En conférence de presse d'après-match à Lisbonne, Deschamps a été très clair sur le sujet. Et dans son phrasé habituel, il a tenu des propos forts au sujet de Rabiot. « Ce n'est pas un retour en grâce, il s'est passé ce qu'il s'est passé, il a évolué… La fin de son histoire avec le PSG a été compliquée, tout comme ses débuts avec la Juventus. Je ne vais pas dire qu'il s'est transformé, mais ce n'est pas le même. On a discuté, et dans son utilisation, il ne se pose pas la question de savoir aujourd'hui s'il est un peu trop bas, trop haut, trop à gauche, trop à droite… Je sais où il est (*à la Juventus*). Quand on passe là-bas, on ne se plaint pas. On fait ou on ne fait pas, mais si on ne fait pas, on n'y reste pas. Et lui faisait peut-être moins au départ, maintenant il fait, ce n'est pas pour rien qu'il est dans un grand club comme la Juventus Turin. Il est attaché à l'équipe de France. Je ne vais pas effacer ce qu'il s'est passé. Je lui fais confiance et je considère qu'il doit être sur le terrain. »

Dans le langage Didier Deschamps version sous-titrée, on appelle ça un hommage grandiloquent. Très rare sur la place publique et pas forcément dans ses habitudes. « DD » n'aime pas s'épancher trop souvent face aux micros, mais sa sortie appuyée témoigne de son ressenti du moment. Son joueur a mûri, simplifié ses rapports et ne se prend plus pour une diva, un statut que son CV ne lui octroyait pas. S'il doit jouer latéral droit en équipe de France, il le fera. Ce qui n'était pas le cas il y a deux ans. C'est aussi ça la réussite de Deschamps et la force de son management. S'adapter face à une autre génération, bien loin de celle qu'il a connue, avec ses codes et sa façon de faire. « C'est le maître-mot pour un sélectionneur », souffle-t-il à longueur d'interventions médiatiques. Un discours et une méthode dont il a usé pour remettre dans le bain Adrien Rabiot, après s'être bien renseigné, via ses nombreux « informateurs » et relais, sur le changement de mentalité du principal intéressé.

Alors forcément, après son retour en Bleu remarqué en 2020 et sa prestation énorme face au Portugal, Rabiot s'est autorisé un discours moins convenu et plus sincère face aux médias. Nouvelle preuve d'un joueur en confiance et à nouveau considéré par le boss du football français. Quand Deschamps vous aime, vous n'êtes plus le même... Sur M6 et TF1, l'ancien joueur du PSG n'a pas caché sa joie au moment d'en finir avec 2020, impatient à l'idée de tout casser en 2021 avec les Bleus. « Les gens, je les laisse parler, je les laisse dire ce qu'ils veulent, ce n'est pas ça qui m'importe. Je sais que cette équipe de France, je l'aime beaucoup. C'est vraiment une fierté de porter ce maillot. Le passé, c'est le passé. Je suis ici, je joue avec grand plaisir, avec détermination. J'espère continuer de cette façon-là. Je suis vraiment très heureux, épanoui. » De paria à titulaire indiscutable, voilà comment Adrien Rabiot a retourné les Bleus en quelques mois. Sur et en dehors du terrain. Du grand art.

23

TACLÉ POUR SA GESTION DU DOSSIER BENZEMA, DESCHAMPS RIPOSTE GAIEMENT

9 janvier 2021

C'est une petite phrase qui a fait du bruit et passablement agacé Didier Deschamps. Nous sommes le 9 janvier 2021 et les élections à la Fédération française de football ont lieu le 13 mars de la même année. Ôtons tout de suite un faux suspense, Noël Le Graët, 79 ans, sera réélu en atomisant ses adversaires avec 73,02 % devant Frédéric Thiriez, crédité de 25,11 % (ancien président de la LFP, énarque et moustachu), et Michel Moulin, bon dernier avec 1,87 %. Revenons à notre sujet, qui concerne le dernier personnage cité et le sélectionneur des Bleus.

Le créateur de ParuVendu – un journal de petites annonces – et du média sportif *Le 10 Sport*, par ailleurs éphémère dirigeant du PSG en 2008, a choisi *Le Figaro* pour lancer sa campagne. Personnalité truculente, peu sérieuse aux yeux de la FFF qui se moque aisément de son accent chantant et de quelques-unes de ses casseroles dans ses anciens clubs, il décide de se lancer dans la course à la présidence de la plus puissante fédération sportive de France.

Et pour faire du bruit, outre son programme, ses relais et son bagout, Michel Moulin tape fort sur Didier Deschamps au sujet de Karim Benzema. Impossible de trouver meilleur sujet pour être repris partout dans les médias et lancer sa campagne avec pertes et fracas. Avec une petite phrase – dont il sait la portée –, il mettra « DD » en colère. « Sur la gestion de Karim Benzema, qui est un grand attaquant, Didier Deschamps, c'est un salarié de la FFF. Si au-dessus de lui, on lui dit de faire jouer Benzema, il doit le faire jouer. » Autrement dit, lui président de la 3F, il ordonnera à Deschamps de reprendre le pestiféré, qui performe chaque semaine depuis des années avec le Real Madrid et se trouve blacklisté par le champion du monde 2018 depuis octobre 2015.

Quelques jours plus tard, le 14 janvier, j'avais un entretien prévu de longue date avec le sélectionneur. Pour évoquer son actualité, l'Euro en juin et d'autres sujets. Forcément, je lui ai demandé de rebondir suite à l'attaque à peine voilée de Michel Moulin, qui plus est sur un sujet tabou. Et pour une fois, à ma grande surprise, le sélectionneur des champions du monde, souriant et détendu, n'a pas esquivé. Bien au contraire. Si son visage s'est fermé, il a tenu à répondre sans détour. De façon virile mais correcte. « Il y en a qui aiment faire le buzz. J'ai lu ses déclarations dans votre journal et je vais lui répondre, même si je sais qu'en le faisant j'alimente la machine médiatique, plante-t-il quelque peu agacé. Ça lui sert surtout à lui car il sait qu'il sera repris en tenant de tels propos. »

Et Deschamps d'enchaîner : « Ce monsieur aurait dû faire acte de candidature pour le poste de sélectionneur. Comme il a apparemment ses diplômes, il a peut-être une chance de me remplacer. Franchement, ce n'est pas sérieux. Et c'est mal me connaître. Je prends toujours mes décisions en mon âme et conscience, pour le bien de l'équipe de France. Regardez notre bilan chiffré sur le plan offensif. Rarement, peut-être même jamais, une attaque n'a fait preuve d'une telle efficacité que celle qui joue actuellement. Ça, c'est factuel, même si peu en parlent. » Mise au point effectuée pour « DD » et début de campagne spectaculaire pour Moulin, qui sera par la suite invité sur de nombreux médias pour évoquer son programme et surtout sa petite phrase sur le dossier brûlant de Karim Benzema.

Vous connaissez tous la suite de l'histoire, avec le rappel inattendu de l'attaquant du Real Madrid quelques mois plus tard en équipe de France. Pour l'anecdote, Michel Moulin se fendra d'un sms savoureux à mon collègue, Romain Schneider, lors de l'annonce de la liste des Bleus à l'Euro au mois de mai. « C'est un peu grâce à moi si Benzema revient en équipe de France, ma sortie médiatique a fait réfléchir Didier Deschamps. » Fabuleux monde du football.

24
QUAND DESCHAMPS ÉCOURTE LES SÉANCES… CAR SES BLEUS SONT TROP EN FORME

29 janvier 2021

Il a beau avoir tout connu en tant que joueur et entraîneur, ne plus savoir quoi faire des trophées et distinctions qu'il reçoit, être sans cesse contacté pour participer à des colloques ou des conférences sur le management pour y délivrer la bonne parole et les recettes du succès, Didier Deschamps ne maîtrise pas tout. Et il l'avoue aussi sans fioriture. Parfois avec une petite dose de langue de bois et d'autres fois en toute sincérité, comme pour fendre l'armure. Et prouver qu'il n'a pas la science infuse.

Lors d'un entretien pour *Le Figaro* en janvier 2021, le patron des Bleus y est allé de sa petite confidence en réponse à une question sur ces fameux « détails » qui peuvent lui indiquer si ses joueurs feront ou non un bon match. Le thème de l'interview reposait sur sa culture de la gagne et sa construction dans la haine de la défaite. En posant la question, je pense forcément que le sélectionneur va me glisser quelques mots sur ses sensations durant la semaine, ses discussions avec tel ou tel joueur cadre dans l'intimité de Clairefontaine… Raté. Avec le sourire, il s'ouvre un peu et livre une anecdote. Avec en toile de fond une idée essentielle : malgré son palmarès spectaculaire, Deschamps, parfois, continue de se laisser surprendre par le foot, et par ses joueurs.

« La sensation de l'ultime séance de veille de match est la plus trompeuse qui puisse exister. Très souvent, quand vous avez un entraînement de très bonne qualité, ça vous met dans un état, et les joueurs aussi, d'euphorie. Et il n'est pas rare que le lendemain, ce ne soit pas du tout la même histoire, rigole-t-il en se remémorant certaines mises en place excellentes puis un contenu décevant en match quelques heures plus tard. Je n'arrive pas à me l'expliquer. En tout cas, ce que je sais, c'est que cette sensation n'est pas du tout significative de ce qui va se passer le lendemain. Parfois, je me dis : "Ah mince, ils ont fait une excellente séance ce soir, j'ai des craintes pour demain."

Pour les néophytes, ces fameuses veilles de match permettent au staff des Bleus de procéder à d'ultimes tests et d'affiner le onze titulaire amené à débuter la rencontre du lendemain. Toujours à huis clos, ces entraînements sont immanquablement scrutés par les journalistes, planqués sous un siège du stade, dans les toilettes ou avec des jumelles sur un balcon voisin – tout dépend du lieu –, et Deschamps sait mieux que quiconque qu'il lui est difficile de garder le secret. En clair, il n'est jamais tranquille à ces moments-là. Si cette forme d'espionnage pouvait l'agacer au début de son mandat, ou même pendant la Coupe du monde en Russie, il s'y est fait, contraint et forcé, et depuis il coordonne sa mise en place dans la semaine, le plus souvent à Clairefontaine, à l'abri des regards (encore que…), plutôt qu'au stade la veille du match.

Revenons à nos moutons et à cette anecdote. « DD » va plus loin dans ses confidences. Toujours avec le sourire, content de son effet. « Je vais te dire, avec Guy (*Stéphan, son adjoint*), quand je vois ça (*que ses joueurs sont en pleine forme*), j'ai tendance à raccourcir l'entraînement pour ne pas qu'ils laissent trop de jus. Je lui fais un signe, il me comprend et on écourte la séance. (*Il siffle*) Et à la fin, je fais en sorte de leur glisser que je les attends à ce niveau le lendemain. »

25

NOËL LE GRAËT ET LA « MAUVAISE BLAGUE » À DIDIER DESCHAMPS

2 mars 2021

Copains comme cochons. Mais capables aussi de se dire leurs quatre vérités. À longueur d'interviews, le président de la Fédération française de football et le sélectionneur des champions du monde se rendent la politesse. Le premier – qui avait refusé la candidature de Didier Deschamps en 2008 après l'Euro catastrophique des Bleus version Domenech – déroule sans cesse le tapis rouge à son technicien. Il faut dire que depuis son arrivée à la tête des Bleus, vous n'apprendrez rien, « DD » réalise un sans-faute sur le terrain, avec en point d'orgue le titre mondial en Russie, et en dehors, avec un groupe qui marche au pas. De son côté, Deschamps ne se cache pas de rouler pour « NLG » et loue sa capacité d'écoute, sa confiance et leur bonne entente. Impossible de bosser dans d'autres conditions, dit-il quand on évoque le sujet.

D'ailleurs, lors de l'élection à la présidence de la FFF en mars 2021, le sélectionneur des Bleus n'avait pas hésité à afficher publiquement son soutien au dirigeant breton. Une séquence qui avait passablement agacé les deux autres candidats, Frédéric Thiriez et Michel Moulin, revendiquant une forme de neutralité. À cette époque, le grand patron du foot français ne s'était pas encore positionné. Mais dans son bureau à la FFF avec vue sur la tour Eiffel, un étage en dessous de celui de son patron, Deschamps n'avait pas tourné autour du pot.

À la question « serez-vous derrière Noël Le Graët durant l'élection à la présidence de la 3F ? », il m'avait rétorqué sans ambages : « Ce n'est un secret pour personne, j'apprécie beaucoup mon président. Il y a une relation de confiance depuis 2012, on a fait du bon boulot sur et en dehors du terrain. Dans la période compliquée que l'on traverse, il a cette capacité à prendre les décisions et à les assumer. Il annoncera ou non sa candidature bientôt (*sourire*). Ce serait une très bonne chose, je ne vais pas dire pour moi car ce serait égoïste de ma part, mais pour le football français. Regardez où était la FFF avant son arrivée et où elle est aujourd'hui. On peut toujours faire plus, mais il faut aussi reconnaître le travail effectué. À travers les équipes nationales, mais aussi le football amateur. »

Le Breton de 79 ans et le Basque de 52 ans s'adorent. Ce ne fut pas toujours le cas, et leur « histoire d'amour » ne les empêche pas de se dire les choses et même, parfois, de s'agacer mutuellement. Juste avant l'élection, Noël Le Graët me dévoilait les coulisses d'une séquence savoureuse. Sur une relance au sujet de possible(s) désaccord(s) avec son sélectionneur, le patron n'a pas botté en touche. Pas le genre de la maison, lui l'adepte des petites phrases polémiques sur le racisme, l'homophobie ou la misogynie, et qui se contrefout de ce qu'on dit de lui sur les réseaux sociaux. Ce qui irrite et fait grincer des dents du côté de la com' de la FFF, mais n'empêche pas de dormir le principal intéressé.

« Il y a quelques années, je trouvais que Didier jouait avec trop de milieux défensifs. Un jour, il vient me voir et me montre l'équipe qu'il pense aligner pour le prochain match. Je regarde et je lui dis, un peu taquin : “À mon avis, il manque un autre milieu offensif.” Et là, vous lui en parlerez, mais sur le coup, je ne l’ai pas vu sourire. On peut même dire qu’il a fait la tête, son visage n’était plus le même. Depuis, c’est une blague entre nous. » Ça peut paraître dérisoire, mais cette anecdote est révélatrice. Avec Didier Deschamps, même si tu t’appelles Noël Le Graët, interdiction totale de remettre en cause ses choix et sa façon de diriger l’équipe. Un précepte que « DD » s’attache à faire respecter. Même avec son patron.

26

BIZUTÉ PAR LIONEL MESSI, ANTOINE GRIEZMANN RETROUVE (UN PEU) LE SOURIRE À BARCELONE

11 mars 2021

On a souvent coutume de dire que dans le football, tout file à une vitesse folle. Pour Antoine Griezmann, il aura fallu du temps avant qu'il retrouve la plénitude de ses moyens et se montre enfin sous un meilleur jour à Barcelone. Sept mois après la réunion entre sa sœur et les dirigeants catalans, la donne a changé et le Français a regagné du crédit au sein du vestiaire blaugrana, mais surtout une place de titulaire dans le onze de départ de Ronald Koeman. Ce sont en tout cas les informations qui remontent quand on se penche sur son cas, à quelques jours du rendez-vous crucial face au PSG en huitième de finale de la Ligue des champions, le 16 février puis le 10 mars 2021.

Le champion du monde de 29 ans n'est plus le même homme depuis plusieurs semaines et se présente face au club de la capitale bardé de confiance. Vorace. À des années-lumière du joueur éteint entrevu quasiment toute la saison dernière pour ses débuts au Barça. Ce n'est pas pour autant que le Barça ne prendra pas la porte après avoir volé en éclats contre la bande à Mbappé au Camp Nou (1-4) au match aller avant d'offrir une réaction d'orgueil au Parc des Princes (1-1). À l'image de ses partenaires, « Grizou » aura été absent lors de la première manche avant de se montrer incisif et précieux du côté de la porte d'Auteuil en provoquant notamment un penalty, raté par Lionel Messi.

Mais au-delà de ses deux prestations, le natif de Mâcon, sans parler de renaissance, a retrouvé des couleurs et le sourire. Plusieurs raisons expliquent ce retour en grâce. D'abord, sa relation avec Ronald Koeman, de retour en Catalogne dans le costume de coach l'été dernier et qui a pris d'emblée son téléphone pour rassurer le Français sur ses intentions. Ce qui n'empêche pas le Batave de le piquer et de le critiquer, ni de lui offrir une place de titulaire indiscutable. Mais Antoine Griezmann, qui fonctionne à la confiance pour s'épanouir pleinement dans un collectif comme c'est le cas avec Didier Deschamps en équipe de France, avait été touché par l'appel du Néerlandais avant sa prise de fonction et son discours clair. Au point d'aller contre sa nature, lui l'habituel introverti avec ses supérieurs, pour s'imposer en Catalogne.

Le grand public ne le perçoit pas comme ça, mais derrière son sourire *bright* et un salaire astronomique estimé à un peu moins de 3 millions d'euros par mois, l'ancien chouchou de Diego Simeone n'en reste pas moins un garçon qui ressent le besoin profond de s'épanouir dans un climat favorable. Le conflit, il déteste ça, ne s'en nourrit pas, pire, il l'exècre, et cela peut parfois lui faire perdre ses moyens. Quand il a débarqué à Barcelone alors qu'il avait refusé d'y signer un an plus tôt après une communication désastreuse et ce fameux documentaire, *La décision*, dans lequel il décidait finalement de rester à Madrid, le vestiaire lui a fait la tronche, Lionel Messi l'a testé des semaines, les coachs (Valverde, Setien) lui parlaient à peine, les supporters ne cessaient de le tacler... Résultat, pendant des mois, Antoine Griezmann a erré sur le terrain, pâle copie du joueur fantastique qu'il avait pu être avec les Colchoneros ou en équipe de France. Attention, lui aussi avait sa part de responsabilité, et il en a pris conscience. En changeant des choses, en se faisant mal et en allant contre son tempérament parfois docile. D'où ce retour en grâce au premier trimestre 2021.

« Dans le vestiaire, c'est la jungle »

« Ça a été compliqué au début, mais il a pris le taureau par les cornes pour changer la donne, raconte un proche du vestiaire calatan. Il provoque plus les choses qu'avant, subit moins, est plus acteur. Même s'il a une carte de visite, c'est un garçon qui a besoin de se sentir aimé, important, mais il ne réclame pas d'être indispensable. On peut dire ce qu'on veut de lui, mais il veut simplement être considéré, pas porté en triomphe, ça il s'en fout royalement et le laisse à Messi. De toute façon, il n'a pas le choix. Koeman lui offre ça et Griezmann sort la tête de l'eau. » Sur place, les observateurs pensent la même chose. « Le coach et lui sont transparents l'un envers l'autre, se disent les choses et ça fonctionne bien, admet Enrique Iglesias, journaliste de la radio Cadena Cope, basé à Barcelone. Le coach croit beaucoup en lui et sait que l'équipe est meilleure avec un Griezmann au top. » Après des prestations contrastées en début de saison, « punies » par des passages sur le banc, Griezmann jouit désormais de l'entière confiance de son entraîneur. Et ses statistiques s'en ressentent. Enfin.

Avec sept buts inscrits lors de ses dix derniers matchs (avant d'affronter le PSG), « Grizou » donne entière satisfaction. Dans un autre style que celui entrevu pendant cinq ans (2014-

2019) sous les couleurs de l'Atlético Madrid. « Il est à son meilleur niveau ici, marque des buts et participe beaucoup plus au jeu, considère Pablo Polo, reporter à *Marca*. Ce n'est pas le Griezmann de l'Atlético Madrid, mais ce sera impossible de l'être tant que Messi sera là. C'est bien de jouer avec le meilleur joueur du monde, mais ce n'est pas toujours facile, il faut accepter ses humeurs, ses caprices, sa façon de focaliser l'attention. Mais la lumière, Griezmann s'en fiche. Sur ce point, sa mentalité est exemplaire. Être un joueur "secondaire" au Barça, ça lui va très bien. » Justement, avec l'Argentin, leur relation ne fait plus la une des journaux espagnols. Tout un symbole. « Leurs échanges sont sains et Messi ne veut plus avoir de conflit avec personne ici avant sans doute de partir », témoigne Enrique Iglesias.

Sur le terrain, leur connexion se voit avec plus de vigueur, même si la marge de progression reste conséquente au regard du pedigree des deux cadors. Malgré des profils similaires sur bien des points (gauchers, désir de participer au jeu, préférence pour l'axe du terrain), l'intelligence des deux hommes a permis aussi cette nette amélioration. Ce n'est pas encore l'extase, mais le jour et la nuit avec l'an dernier. « Messi a mis du temps à l'accepter, mais il a aussi compris qu'il était dans son intérêt d'intégrer Griezmann, glisse une source proche du club catalan. Après l'avoir reniflé au début, il l'a désormais totalement accepté. Honnêtement, au départ, il n'a pas été cool avec lui, c'était une façon de lui faire payer son refus de signer au Barça un an plus tôt. Il l'a bizuté. Dans le vestiaire, c'est la jungle, chacun marque son territoire. »

Pleinement intégré au vestiaire, de retour à un niveau optimal, le principal intéressé laisse entrevoir l'image d'un homme serein et apaisé. Qui ne s'interdit rien. Sur et en dehors du terrain. Comme en témoignent ses prises de position sur des sujets sociétaux et notamment la rupture de son contrat avec Huawei, accusé de participer à la surveillance des Ouïgours, sans oublier ses déclarations au sujet du meurtre du professeur Samuel Paty ou des violences policières sur un producteur de musique. Un positionnement inhabituel pour un footballeur professionnel, qui plus est français, mais qui témoigne d'une volonté personnelle de « sortir des clous » et de s'affranchir des codes habituels où le sportif n'a pas encore pleinement trouvé sa place.

27
LA FFF, LE GRAËT, DESCHAMPS ET LES POLITIQUES

22 mars 2021

« Si les présidents de la République passent, Noël Le Graët reste en place. » La confidence, prononcée sans dissimuler un certain sourire, émane d'un homme qui sait de quoi il parle. Fan de ballon rond depuis son plus jeune âge, et notamment du club de Guingamp – le fief du patron de la Fédération française de football –, François Hollande, président de la République entre 2012 et 2017, connaît le poids et le pouvoir de cette institution qu'est la FFF. Considérée par certains comme un État dans l'État et souvent affublée du qualificatif de « premier parti de France » au regard de ses 2,1 millions de licenciés, d'un budget de plus de 230 millions d'euros, de 330 salariés et d'une vitrine sans égale, dans les bons comme les mauvais moments, avec l'équipe de France.

« Son poids et son influence sont indéniables dans la société française au regard du nombre de licenciés et de l'importance de la pratique de ce sport chez les amateurs et les jeunes, explique l'ancien chef de l'État, toujours au fait de l'actualité de cette discipline qu'il chérit tant. Le football reste le sport numéro un en France et dans le monde. Aux yeux des politiques, l'équipe de France prime, mais, pour la base, c'est le football amateur qui importe, et il est vrai qu'il n'est pas assez soutenu et souvent mal connu du monde politique. » Pour toutes ces raisons, François Hollande admet « un besoin des deux côtés », que ce soit à la FFF ou au sein de l'exécutif, d'entretenir des « rapports étroits et de confiance ». Pas étonnant de voir, par le passé mais aussi dans l'actualité récente, s'entremêler des histoires communes ou d'assister à des échanges savamment orchestrés.

« Tueur à gages »

Aisément réélu à la tête de la « 3F » le 13 mars 2021 avec 73 % des voix, un score dont rêverait n'importe quel politique, Noël Le Graët, 79 ans, en poste depuis 2011, incarne cette longévité, fort d'un bilan positif sur plusieurs volets, quoi qu'en disent ses opposants : le résultat des équipes nationales, avec en tête de gondole le titre de champion du monde ; la santé financière de la FFF malgré la crise du Covid-19 ; ou encore les contrats de sponsoring florissants…

Autant d'arguments mis en avant durant la campagne, au cours de laquelle le président sortant a usé des bonnes vieilles recettes empruntées aux politiques de tous bords pour briguer et décrocher un quatrième mandat : une prise de guerre décisive (son ancien opposant, Jamel Sandjak, patron très influent de la Ligue de Paris Île-de-France, a rallié son camp) ; des hommes clés (Éric Borghini, Albert Gemmrich, présidents des Ligues Méditerranée et Grand Est pour sécuriser les votes du monde amateur) ; sans oublier les médiatiques Jean-Michel Aulas (OL) et Marc Keller (RC Strasbourg)… Des forces vives utilisées pour conquérir un nouveau succès. Sans contestation possible. Et battre en brèche l'argument numéro un de ses adversaires, à savoir qu'il n'était plus en phase avec le football amateur. Les urnes ont délivré une réponse sans équivoque.

« Noël Le Graët est un animal politique. En coulisses, certains le voient comme un tueur à gages, témoigne un habitué des arcanes fédérales. Quand quelque chose le gêne, il l'écarte de son chemin sans scrupule. Il ne faut pas oublier qu'il fut maire de Guingamp (1995-2008), encarté au Parti socialiste : il connaît à la perfection tous les rouages et les vieilles ficelles du monde politique. » Interrogé sur sa façon de procéder, lui qui fut critiqué récemment pour ses petites phrases – qu'il a jugées « malheureuses » – sur des sujets sensibles comme le racisme, l'homophobie ou le sexisme, le président historique ne bouge pas d'un iota sur sa méthode. Se contrefichant de plaire ou non. « Un patron doit dire oui ou non, c'est ce que je fais. Vous savez, les sentiments… Mes collaborateurs ont toujours une réponse quand ils me posent une question », rétorque-t-il, sans broncher.

« Paternaliste » pour les uns, « vieille France » pour les autres, Noël Le Graët s'avance aux yeux de beaucoup comme, peut-être, le plus grand président de l'histoire de la Fédération française de football, après l'avoir récupérée en 2011 cabossée, dans les cendres du fiasco de la Coupe du monde 2010 et de l'épisode funeste de Knysna, avec la fameuse grève des Bleus de Raymond Domenech en Afrique du Sud.

Depuis son premier mandat, l'ancien président du club de Guingamp, également patron du groupe Le Graët, une holding familiale dans l'agroalimentaire en Bretagne dont il a laissé les commandes à sa fille, n'a eu de cesse d'entretenir de bons rapports avec l'exécutif, et notamment les présidents de la République, quelle que soit leur orientation politique. En privé, il se targue même d'échanger directement avec eux, sans avoir à passer par une tierce personne. « Il a entretenu ou entretient des rapports équilibrés avec Nicolas Sarkozy, moi-même ou Emmanuel Macron aujourd'hui, souligne François Hollande. Ce sont des rapports étroits, de confiance, mais, de manière générale, il noue de bonnes relations avec le pouvoir politique. Il y a un besoin des deux côtés. Pour la FFF, d'obtenir des réponses sur des dossiers ou sur le plan législatif, et, du côté de l'exécutif, de garder un bon contact avec une fédération aussi importante et dont la vitrine prend beaucoup de place à certaines périodes de l'année. Il fait ça très bien, il est courtois et républicain. »

« Roxana n'y connaît rien »

Lors de l'arrêt définitif des championnats de Ligue 1 et Ligue 2 en mars-avril 2020 au plus fort de la crise sanitaire, il avait notamment été reçu par le président de la République à l'Élysée pour évoquer ce dossier brûlant, mais aussi traiter du sujet de la pêche, en qualité de patron dans l'industrie agroalimentaire. « C'est un personnage très influent qui aime faire savoir sa proximité avec les plus puissants, mais comment ne pas l'être avec 2 millions de licenciés, s'interroge un membre du gouvernement. Ce n'est pas pour autant qu'il obtient gain de cause sur tous les dossiers. Loin de là. »

Respectueux de l'État, loyal sur des sujets majeurs mais jamais le dernier à user d'un (plus ou moins bon) mot pour livrer un message, Noël Le Graët s'est notamment « frictionné » à plusieurs reprises avec Roxana Maracineanu, l'actuelle ministre déléguée en charge des Sports. Ce qui avait donné lieu à des « échanges musclés et très tendus » entre les deux personnalités. Conscient d'être parfois allé trop loin, le Breton avait ensuite pris sa plume pour s'excuser de certains propos. Penaud. « Comme beaucoup de personnes du football, il s'était dit : “Roxana n'y connaît rien”, mais il n'est pas certain qu'il ait mieux considéré les ministres masculins avant, dit un proche du dossier. Ce qu'il aime par-dessus tout, c'est parler au président, et le faire savoir. Mais il a un parcours personnel qui sait l'importance de l'État, notamment que ce dernier ne se dérobe jamais à son rôle de pompier urgentiste. Il le sait beaucoup mieux que d'autres grâce à son expérience. »

Les plates-bandes du sélectionneur

Au-delà de son indéboulonnable patron, un autre homme symbolise la position forte de la FFF : Didier Deschamps. Le technicien dépasse largement le simple cadre de sa fonction. Ce n'est pas pour rien que Le Graët le taquine – un peu moins maintenant – pour qu'il lui succède à la tête de la 3F. « DD », on l'a vu, a été consulté par le président Macron au moment de l'arrêt des championnats. Et le chef de l'État n'hésite pas à lui envoyer des messages avant les grands rendez-vous sportifs pour s'enquérir de l'ambiance chez les Bleus.

Personnalité appréciée des Français, le sélectionneur est aussi parrain de l'opération Pièces jaunes, donc proche de la première dame, Brigitte Macron. « Lui comme d'autres à la FFF ont un vrai sens de leur mission de service public, c'est très louable, résume un proche du ministère des Sports. Deschamps a un rapport à l'État et à la ministre qui est ultra-respectueux. Sur la laïcité, le racisme, le sport à l'école, il n'hésite pas à mouiller le maillot. Pas du tout le genre à abuser de son statut alors que c'est une star du sport français. »

De l'exécutif, Didier Deschamps accepte tout, sauf une chose : qu'on empiète sur ses plates-bandes. Même si vous êtes le président de la République. François Hollande, qui l'a côtoyé notamment lors de l'Euro 2016, raconte : « Nous avions un rapport très simple, clair, transparent. Ce fut un bon partenaire de jeu. J'appréciais sa franchise et son positionnement tranché.

En substance, cela ressemblait à cela: “Ne venez pas sur mon terrain, ce n'est pas aux politiques de s'immiscer dans mes choix, cela incombe à ma fonction, et je ne veux pas qu'on politise telle ou telle décision.” » Et l'ancien chef de l'État de revenir sur le fameux épisode de la mise à l'écart de Karim Benzema: « Manuel Valls s'était exprimé sur le sujet, ainsi que les ministres des Sports, ça parlait beaucoup, je peux même dire que ça parlait trop, et j'avais recadré mes ministres en leur tenant un discours clair: “C'est au sélectionneur de faire ses choix sur le plan sportif. Et, côté éthique, n'en rajoutez pas non plus, c'est à Deschamps de trancher.” En aucun cas, je n'ai intimé à Didier Deschamps de ne pas sélectionner Karim Benzema. Jamais. »

Cet épisode, comme d'autres, témoigne de la dimension populaire du football. Au point que cette discipline planétaire truste toutes les attentions au détriment des autres disciplines sportives ? Certes non, assure le pouvoir exécutif. « C'est un sport à part, il ne faut pas le nier, mais ce n'est pas le seul dans ce cas, souffle-t-on du côté de l'Élysée. Le rugby, avec la Coupe du monde 2023 en France, et les sports olympiques, avec les J.O. 2024 à Paris, ont aussi une place à part. »

Malgré tout, la caisse de résonance, dans un passé plus ou moins lointain, a prouvé le poids du football au sein de la société française. Incomparable avec les autres sports. Sans prétendre pourtant tenir un rôle différent aujourd'hui. « Il faut se méfier de l'écume des choses, de ce déferlement médiatique qui, très ponctuellement, sur une Coupe du monde ou l'élection d'un président, peut déchaîner les passions, assure un historique de la sélection. Le soufflé retombe vite, pour laisser le football à ce qu'il est, à savoir un lieu d'éducation, de vivre ensemble. Il ne faut pas se tromper de débat. » Avis partagé par François Hollande: « Le football est un excellent miroir de notre société, mais il est important de répéter qu'il ne peut pas régler tous les problèmes de violence, de racisme ou d'homophobie. Parfois, la classe politique prend le football pour ce qu'il n'est pas. C'est important que chacun reste à sa place. »

28

« SI ON AVAIT FAIT COMME AU RUGBY, LE STAFF AURAIT ÉTÉ VIRÉ » : PSYCHOSE CHEZ LES BLEUS EN PLEIN COVID

24 mars 2021

Mars 2021. Le Covid-19 occupe toutes les discussions en France. Imaginez un peu Didier Deschamps ne pas rentrer directement à Clairefontaine, après la rencontre face à l'Ukraine, pour un déplacement personnel, rencontrer Hugo Lloris et Kylian Mbappé en train de manger une gaufre en ville la veille d'un match international, ou voyager à côté de Noël Le Graët sur un vol commercial avant que ce dernier ne retrouve la sélection au Kazakhstan… Ces séquences – entrevues avec le XV de France de rugby et qui ont fait grand bruit après le report d'Écosse-France quelques jours plus tôt, comptant pour le Tournoi des VI Nations, l'apparition de 17 cas positifs dans le groupe France et la mise en place d'une enquête par le ministère des Sports – ont suscité une forme de psychose au sein de l'équipe de France de football.

Dans les coulisses, tout a été anticipé pour éviter un fiasco. Et un scandale qui ferait mauvais effet si près de l'Euro. Un signe de plus montrant que les deux sports ne sont pas logés à la même enseigne, le monde de l'Ovalie se retranchant aisément derrière les belles et fameuses « valeurs », même si celles-ci se sont effacées depuis que ce sport a basculé officiellement dans le professionnalisme. Mais à la FFF, on est sûr d'une chose. La polémique née au cœur du XV de France, avec Fabien Galthié qui sort de la « bulle » pour voir jouer son fils – excuse officielle – alors que les Bleus sont en plein Tournoi des VI Nations, des joueurs qui se retrouvent dans les rues de Rome pour manger une gaufre à la veille d'affronter l'Italie, et Bernard Laporte, président de la FFR, qui taille le bout de gras avec des badauds à l'aéroport d'Orly avant de prendre un vol commercial direction la cité romaine et rentrer à son tour dans cette fameuse « bulle » qui n'en a jamais été une, n'aurait pas pu se dérouler au sein de la sélection de Didier Deschamps.

« S'il nous était arrivé la même mésaventure qu'au rugby, les membres du staff auraient été contraints de rendre des comptes avant, sans doute, d'être tous virés, Didier Deschamps y compris, souffle un dirigeant de la Fédération française de football. Manger des gaufres en ville, quitter le rassemblement… Même pas en rêve. Ça aurait pris des proportions énormes, nous aurions difficilement pu éviter un scandale et les politiques de tous bords ne nous auraient pas ratés au prétexte de l'exemplarité supposée des internationaux. C'est une certitude. »

Des cas de Covid dans l'hôtel des Bleus

Déjà soucieux de respecter les contraintes sanitaires – et mis sous pression par les clubs et l'UEFA – lors des rassemblements de septembre, octobre et novembre derniers, le staff des champions du monde a redoublé d'attention à Clairefontaine lors de l'ultime séquence du mois de mars. Au point de changer certaines habitudes. D'ordinaire, les internationaux disponibles retrouvaient leur liberté le dimanche de veille de rassemblement pour se rendre à Paris pour voir familles et proches ou, pour certains, profiter des chaudes soirées de la capitale. Les habitudes du fameux monde d'avant. Pas ce coup-ci. Dans l'obligation de resserrer l'étau déjà bien étroit, la sélection française a respecté à la lettre les plans de vol des 26 joueurs amenés à composer le groupe des Bleus lors de cette fenêtre internationale.

Traduction : les joueurs sont passés d'une bulle à une autre en prenant l'avion, pour la grande majorité, de leur domicile jusqu'à Paris, avant qu'un chauffeur ne vienne les rejoindre pour les conduire à Clairefontaine. « C'est ultra-cadré et les clubs veulent tout maîtriser, témoigne l'agent d'un international. Le staff des Bleus savait quand et d'où le joueur partait, puis arrivait. La psychose vient surtout des employeurs qui ne veulent prendre aucun risque avec les enjeux de fin de saison. Ce n'est pas la période pour avoir des éléments positifs au Covid-19. »

Lundi 22 mars 2021, à midi, personne ne manquait à l'appel au château parmi les champions du monde. Dès leur arrivée, ainsi que celle du staff technique (soit une soixantaine de personnes si l'on ajoute les employés sur place), deux tests PCR et antigéniques leur étaient administrés. Les premiers d'une longue série. Suivront trois autres, précisément. Jeudi, après la rencontre face à l'Ukraine au Stade de France. Dimanche, avant la rencontre face au Kazakhstan à Noursoultan, et lundi, lors de l'arrivée en Bosnie pour l'ultime rencontre de cette séquence bleue prévue le mercredi à Sarajevo.

Dans leur programme, les Bleus auraient dû passer par Enghien-les-Bains du mardi au vendredi, mais des cas de Covid-19 ont été détectés au sein du personnel de l'établissement de la cité thermale. Tôt le mardi matin, le responsable administratif des Bleus, Philippe Brocherieux, en concertation avec le staff, a dû revoir les plans. Du coup, il a été décidé de rester au sein du verdoyant château pour ne pas encourir le moindre risque.

Pendant dix jours, les hommes de Didier Deschamps vivront donc en vase clos entre Clairefontaine, le Stade de France mercredi soir, à nouveau Clairefontaine dans la foulée, puis un départ au Kazakhstan vendredi, et le déplacement en Bosnie dès lundi. Avec des déplacements collectifs en bus et en avion, désinfectés au préalable. Pour une vraie bulle sanitaire. Sans entrée, ni sortie. Déjà échaudé par les cas positifs de Kylian Mbappé ou encore de Steve Mandanda, qui avaient suscité des critiques du PSG et de l'OM, lors des précédents rassemblements internationaux, l'entourage des champions du monde tente par-dessus tout de minimiser les risques. Sans être certain du résultat. Une problématique qui dépasse largement le simple cadre du football depuis plus d'un an.

29

BOYCOTT DE LA COUPE DU MONDE 2022 AU QATAR : POURQUOI LES BLEUS SONT RESTÉS SILENCIEUX

24 mars 2021

Dans un calendrier démentiel avec des rencontres tous les trois jours – sans qu'aucune réforme ne soit mise en place par la FIFA ou l'UEFA, trop contentes de faire tourner la machine à cash, quitte à broyer les joueurs –, les sélections nationales sont soumises à une séquence de dix jours fin mars 2021. Au programme pour les Bleus, trois rencontres face à l'Ukraine, au Kazakhstan et à la Bosnie-Herzégovine, comptant pour les éliminatoires de la Coupe du monde 2022. Un calendrier alambiqué où les équipes préparent l'Euro en pensant au Mondial. Ou l'inverse. Schizophrènes s'abstenir.

Lors de cette fenêtre internationale, un sujet n'a cessé d'alimenter les discussions et les débats sur les plateaux de télévision, en France mais aussi ailleurs sur le Vieux Continent. Le thème ? Le boycott de la Coupe du monde au Qatar, prévue du 21 novembre au 18 décembre 2022. Le 23 février 2021, quelques jours avant les retrouvailles entre internationaux, notamment celles des Bleus à Clairefontaine, le très sérieux quotidien britannique *The Guardian* dévoile une longue enquête faisant état d'au moins 6 500 morts de travailleurs migrants sur les chantiers pharaoniques de ce petit pays de la péninsule arabique. Même si le chiffre a été démenti dans la foulée par les principaux intéressés au Qatar, et si les méthodes de calcul employées par le quotidien peuvent prêter à discussion, l'article n'a pas manqué de provoquer, à juste titre, une vague d'indignation partout en Europe.

Avec le début des éliminatoires du Mondial en toile de fond, le sujet est logiquement revenu sur le devant de la scène. Notamment après une contestation nationale qui a pris racine en Norvège, avant de s'étendre sur le continent avec les Allemands, les Néerlandais ou encore les Danois. Souvent via des messages faisant référence au respect des droits de l'homme, affichés sur des t-shirts ou relayés en conférence de presse. Du jamais vu, la FIFA interdisant toute déclaration politique sur les terrains. Une manière, selon le sélectionneur norvégien Ståle Solbakken, « de faire pression sur la FIFA pour qu'elle soit encore plus directe, encore plus ferme à l'égard des autorités au Qatar ».

Certains joueurs livrent même le fond de leur pensée, à l'image du milieu de terrain allemand Joshua Kimmich : « Le Mondial 2022 n'a pas été attribué cette année, mais il y a quelques années. On aurait dû penser au boycott à l'époque. Maintenant, nous devons saisir cette opportunité pour sensibiliser les gens. La question ne concerne pas seulement les footballeurs. Nous devons tous travailler ensemble. » Son compatriote Toni Kroos va encore un peu plus loin : « Je trouve que l'attribution du Mondial au Qatar n'était pas une bonne chose, pour plusieurs raisons. La première, ce sont les conditions de travail. Beaucoup travaillent sans pause, par des températures qui peuvent atteindre 50 degrés. Ils souffrent parfois du manque de nourriture ou d'eau potable, ce qui est une folie par cette chaleur, ils n'ont pas de couverture médicale, et une certaine violence est exercée contre ces travailleurs ; ce sont des points qui sont naturellement inacceptables. Sans parler du fait que l'homosexualité soit pénalisée et punie au Qatar, et aussi que ce ne soit pas un pays de football ». Malgré tout, le champion du monde 2014 n'est pas favorable à un boycott et s'en explique, estimant que « la visibilité du Mondial peut attirer encore plus l'attention sur ces problèmes » et qu'en fin de compte « un boycott ne changerait probablement pas grand-chose à la situation des travailleurs sur place ».

« La France sera présente au Qatar si elle se qualifie »

Quid des Bleus ? Sur ce sujet, les champions du monde se sont bien gardés d'investir un terrain glissant. Voire explosif. Seul le capitaine, Hugo Lloris, interrogé et envoyé au front avant le match face au Kazakhstan le 27 mars 2021 à Noursultan, a apporté une réponse convenue (« Les joueurs ont le droit de se manifester. En tout cas, il n'y a aucun joueur qui est insensible à ce qui a été dit ou écrit par rapport à tout ça »). Pour le reste, silence radio. Ce qui ne veut pas dire que les Français soient en désaccord avec leurs homologues allemands, néerlandais ou norvégiens. Loin de là. Mais ce sujet très sensible a des répercussions qui les dépassent dans les grandes largeurs.

Déjà, Noël Le Graët, le patron de la FFF – placée sous l'autorité du ministère des Sports, donc de l'exécutif, à savoir le Premier ministre et le président de la République –, avait fixé les contours de la position du pays. Sans laisser place au moindre atermoiement. À tort ou à raison, c'est un autre débat, mais sa sortie avait le mérite de la clarté. « Le Qatar a été désigné depuis longtemps par des gens responsables, on ne va pas aller sur une remise en cause à un an de l'organisation. La France sera présente au Qatar si elle se qualifie. » Difficile, pour un joueur de l'équipe de France, d'émettre une opinion différente de celle de son président.

Face à cette position tranchée, les Bleus n'ont pas bougé d'un iota sur ce sujet qui ne fut que très rarement évoqué dans le vestiaire lors de la séquence internationale de mars 2021. C'est un secret de polichinelle, la France et le Qatar entretiennent des relations étroites, et pas seulement avec l'arrivée des Qataris à la tête du PSG en 2011, la création de la chaîne de télé beIN Sports ou le rachat d'hôtels et de bâtiments parisiens. Cela va bien au-delà. D'où le mutisme des hommes de Didier Deschamps sur ce dossier. « Imaginez le problème diplomatique que cela peut causer si le sélectionneur des champions du monde fait une sortie au lance-flamme sur le Qatar, souffle un salarié de la FFF. Que les autres nations aient fait des t-shirts, que des joueurs se positionnent, c'est très bien, mais concrètement on fait quoi après ? C'est aux footballeurs de régler ce type de problème ? C'est à Ousmane Dembélé et à Paul Pogba de trouver une solution à la question du boycott de la Coupe du monde au Qatar ? Soyons sérieux. Il y a des gens formés et payés pour gérer ces problèmes géopolitiques. Que chacun reste à sa place. »

Un proche des Bleus abonde dans ce sens. « Quel besoin de dire telle ou telle chose ? Kylian Mbappé et Presnel Kimpembe, salariés du PSG détenu par le Qatar, ont-ils intérêt à avoir un avis tranché sur la question ? Rien n'a été imposé aux joueurs par quiconque, mais si tu te positionnes sur ces types de sujets, où s'arrête-t-on après ? » Fin du débat ? Pour les champions du monde, assurément. Côté politiques, l'histoire est différente. Invité à répondre à la question du boycott sur RTL le 2 avril 2021, Jean-Luc Mélenchon, patron de La France Insoumise, n'ira pas par quatre chemins pour livrer le fond de sa pensée. « Moi, je pense qu'un Français n'a rien à foutre là-bas », avance-t-il sans transiger avant d'adresser un message aux Bleus, manière malhonnête de leur mettre la pression, voire de sous-entendre qu'ils seraient de mauvais citoyens en jouant la Coupe du monde 2022 au Qatar. « Oui, les gars, je vous dis de ne pas y aller parce qu'on ne peut pas jouer au foot sur des cadavres. C'est une honte, ce qui se passe là-bas. »

Après la sortie remarquée du député des Bouches-du-Rhône, le contingent français n'a pas changé de braquet. Bien au contraire. « C'est typique des politiques de tous bords de se servir du football pour une petite phrase ou de prétendre que les sportifs doivent résoudre des problèmes qui les dépassent largement », raille un ponte de la FFF. Fin du débat. Et silence radio en équipe de France.

30
LA GROSSE COLÈRE DE DIDIER DESCHAMPS À SARAJEVO

31 mars 2021

« Les murs ont tremblé. » Les mots émanent d'un international après le succès étriqué (0-1, but d'Antoine Griezmann) acquis face à la Bosnie le 31 mars 2021, lors de la troisième journée des éliminatoires de la Coupe du monde 2022. Comme quoi tout n'est pas toujours beau et rose dans la vie des champions du monde. Signe de secousses au sein du vestiaire bleu lors de la mi-temps, Didier Deschamps a haussé le ton pour recadrer ses troupes, après un premier acte indigent et indigne de leur statut. Entre mauvais choix, déchets techniques, nonchalance ou encore non-respect des consignes, le patron des champions du monde n'a rien apprécié de ce qu'il a vu sur la pelouse du stade Grbavica de Sarajevo.

Alors, au moment de revenir aux vestiaires – le score était de 0-0 mais sans un grand Hugo Lloris, il aurait pu être largement en défaveur des Français –, « DD » n'a pas tergiversé. Et ne s'est pas privé de livrer ses vérités à un groupe carrément à côté de la plaque. « Depuis la Coupe du monde, il ne nous avait pas bougé aussi fort, le message est bien passé », reconnaît un autre membre du groupe France. Droit dans les yeux, en balayant de gauche à droite le vestiaire de son équipe face à des joueurs qui n'en menaient pas large, bien conscients d'être passés à côté des quarante-cinq premières minutes, Deschamps, d'un ton sec qui n'invitait pas à l'échange, n'a eu de cesse de secouer ses joueurs. En espérant une réaction dès le retour sur le terrain.

Avant de retrouver sa place sur le banc de touche pour la seconde période, le sélectionneur a pris deux minutes pour répondre aux questions du diffuseur officiel, M6. Au micro de la journaliste Carine Galli, on découvre un Didier Deschamps visage fermé, mâchoire serrée et peu enclin à la détente ou au second degré. Normal, il vient de passer un savon à ses joueurs et n'est pas encore redescendu de l'explication de texte du vestiaire.

À la question de savoir ce qu'il a pensé de la production de ses troupes, il ne tourne pas autour du pot. « Notre première mi-temps a été en dessous de ce que nous sommes capables de faire. J'ai vu faire des choses que je n'avais pas vu faire depuis un petit moment. La mise en route a été très difficile. » Dans la rhétorique « DD », on appelle ça un recadrage. Une vraie mise au point. Émanant d'un homme en colère et soucieux de voir son équipe assumer son statut. Face aux médias ou de manière générale, il défendra toujours ses joueurs, ne dévoilera jamais ses états d'âme sur la place publique, mais ce mercredi 31 mars 2021 à Sarajevo, il prouve aussi qu'en cas de manquements au fameux « cadre », il est là pour rappeler les fondamentaux. Peu importe que vous vous appeliez Mbappé, Varane, Pogba ou Griezmann… Tout le monde en a pris pour son grade.

La victoire adoucit les mœurs

La suite lui donnera raison. Attention, ça ne marche pas à tous les coups et « DD » s'est aussi planté certaines fois dans ses choix ou a manqué d'inspiration, comme une semaine plus tôt face à l'Ukraine (1-1), avec un coaching défaillant. Mais à Sarajevo, son coup de gueule a eu de l'effet. Pour appuyer ses propos et mettre la pression aux onze joueurs revenus sur le terrain pour la seconde période, il a même envoyé trois joueurs s'échauffer sur le bord de la pelouse (Olivier Giroud, Moussa Sissoko et Ousmane Dembélé) dès le début de la deuxième mi-temps. Une ficelle vieille comme le monde qui a pour but de glisser un message clair aux éléments présents sur le terrain : « Si vous ne changez pas de braquet, le banc de touche vous tend les bras et vos copains feront mieux le boulot que vous. »

Hasard ou coïncidence, à la 59e minute de jeu, Olivier Giroud remplace Kingsley Coman et… une minute plus tard et après un réajustement de l'équipe (Mbappé à gauche de l'attaque, Giroud dans l'axe et Griezmann juste en dessous), les Bleus ouvrent le score sur une tête d'Antoine Griezmann, qui profite de la présence de Giroud, marqué par deux Bosniens, pour libérer les siens (0-1).

Après la rencontre, satisfait du succès – le huitième de suite à l'extérieur pour les Bleus – qui consolide leur place de leader de leur groupe, Deschamps apparaît enfin plus détendu. « Ça a été mieux en deuxième mi-temps. Je suis très exigeant avec eux. Je ne veux pas leur chercher d'excuses, mais les déplacements (*lors de cette séquence internationale, les Bleus ont voyagé de Paris au Kazakhstan puis en Bosnie, avec parfois des vols de plus de six heures*), les décalages horaires, le troisième match en huit jours, c'est difficile. » Le ton et le faciès n'ont rien à voir avec ceux entrevus à la pause. La victoire adoucit les mœurs.

Dans le même registre, Hugo Lloris – toujours très pertinent et lucide dans ses analyses d'après-match, moins avant les rencontres, quoi qu'en disent certains – ne mâche pas ses mots à l'issue de la rencontre et reconnaît les faiblesses de son équipe ce soir-là. « On a mal joué, mais on a gagné avec l'état d'esprit, c'est quelque chose sur lequel on peut s'appuyer. » En clair, l'esprit Coupe du monde, avec une réaction d'orgueil collective après la remontée de bretelles du coach, reste toujours vivant. Plus que jamais. Ce qui ne doit pas faire oublier non plus les scories des champions du monde et la copie plus que fade rendue à Sarajevo. Avant de repartir en avion vers Paris, Deschamps lâche en guise de promesse : « L'Euro, ce sera autre chose. » Ce soir-là, et quelques jours plus tard, Deschamps fera le bilan de cette séquence avec son staff. L'animation et le rendement de son secteur offensif (Giroud, Martial, Mbappé, Griezmann...) ne lui ont pas donné satisfaction. C'est le moins qu'on puisse dire. Au point qu'il se demande s'il ne va pas dans le mur. L'idée d'un retour de Karim Benzema, en feu au Real Madrid, effleure même son esprit depuis plusieurs semaines. Les grandes manœuvres commencent. Pour une suite aussi inattendue qu'inespérée.

31
LA BOMBE KARIM BENZEMA : LES COULISSES DE LA SURPRISE DE « DD »

19 mai 2021

Karim Benzema. Un secret savamment gardé. En plus haut lieu. Pour le plus improbable retour d'un joueur dans l'histoire de l'équipe de France. Au-dessus même, pour sa part d'irrationnel et d'inattendu, de celui du mythe Zinédine Zidane en 2005. De Madrid à Paris, en passant par Lyon, jusqu'à quarante-huit heures avant le coup de théâtre, personne n'a rien vu venir et ne se doutait d'une telle issue. Avant que l'information ne filtre dans la journée du mardi 19 mai chez mes confrères du *Parisien*, et ne trouve son épilogue devant les caméras de TF1 et de M6 lors de la grand-messe du 20 heures.

Signe d'une grande discrétion et d'un plan qui a fonctionné à merveille. Sur ce point, Didier Deschamps a réussi son coup dans les grandes largeurs, usant de malice, parfois de mauvaise foi pour surprendre tout son monde et rappeler contre toute attente Karim Benzema dans la liste des 26 joueurs pour l'Euro. Plus de cinq ans et sept mois après sa dernière convocation en équipe de France (8 octobre 2015 à Nice contre l'Arménie). Une éternité.

Après l'orage, la tempête et l'exil, place aux retrouvailles, sourires et autres réjouissances pour le banni de la sélection de ces dernières années en raison de son implication dans l'affaire de la sextape de Mathieu Valbuena en 2015, pour laquelle il est attendu devant le tribunal correctionnel de Versailles en octobre prochain, et de ses phrases plus que maladroites envers son coach. Ce mardi soir, en conférence de presse, après avoir dévoilé le nom des 26 élus du groupe France, Didier Deschamps n'a jamais autant répondu aux questions sur Karim Benzema. Plus en trente-cinq minutes que sur les cinq dernières années. Sans pour autant lever le voile sur toutes les zones d'ombre.

Contrairement aux derniers mois où la moindre interrogation sur le Madrilène pouvait le faire changer d'expression en un quart de seconde, la plupart du temps accompagné d'un regard noir et d'une mâchoire serrée, cette fois-ci, au sein de l'auditorium de la Fédération française de football, il a répondu avec le sourire et en toute décontraction. Soirée de réconciliation oblige. Fin stratège et habitué à l'exercice médiatique depuis maintenant plus de trente ans, le patron des Bleus se savait attendu sur le sujet et a bien préparé son coup.

« Ça n'a jamais été un sujet tabou, se défend-il d'emblée sur ce point sans convaincre. J'ai l'impression d'avoir dit les choses à un moment, j'ai expliqué le pourquoi. Après, si c'est pour répéter, alimenter, vous avez le droit d'avoir des avis différents, il n'y a pas de souci, mais ma responsabilité, c'est l'équipe de France. » Une sortie de mauvaise foi, tant, de l'avis de tous les journalistes et consultants, chaque question sur Benzema ces dernières années l'agaçait au plus haut point. « Il nous a un peu pris pour des cons sur ce coup-là », témoigne un ancien international, quelque peu agacé par la tournure des événements et la fausse légèreté de Deschamps sur un thème habituellement explosif.

Quid des raisons d'un tel retour de Benzema au mois de mai, si près de l'Euro et pas en mars ou ces dernières années ? Pourquoi ? Quand ? Comment ? La conférence de presse aurait pu durer des heures sur ce thème. « Je n'ai pas la capacité de revenir en arrière et de changer quoi que ce soit », persifle « DD » comme pour calmer les ardeurs des journalistes présents ce soir-là, tous avides d'en savoir plus. « Le plus important, c'est aujourd'hui et demain. Il y a eu des étapes importantes, dont une très importante. On s'est vus. On a discuté longuement. Après, j'ai eu une longue réflexion pour prendre cette décision. Je ne vais pas dévoiler un mot de la discussion, ça ne nous regarde que tous les deux. J'en avais besoin, il en avait besoin. »

Relancé pour savoir qui des deux hommes avait fait le premier pas, le sélectionneur a préféré botter en touche. « Est-ce que ça a vraiment une importance ? L'important, c'est qu'on se soit vus. » Assurément, oui. Et la réponse pourrait témoigner d'une envie plus profonde de réconciliation du côté de Benzema ou de Deschamps. Tout laisse supposer que c'est le sélectionneur qui a fait le premier pas, bien aidé aussi par la communication positive des proches de Benzema ces derniers mois quant à un retour en sélection. « C'est une envie commune », rétorque un proche du dossier. Les deux anciens fâchés les plus médiatiques de France, très fusionnels avant la mise au ban de l'ancien Lyonnais, se sont donc retrouvés lors du premier trimestre 2021, en catimini et à l'abri des regards.

Dans le cercle rapproché de Deschamps, peu de gens étaient au courant en dehors de son fidèle adjoint Guy Stéphan et de ses proches. D'ailleurs, le rendez-vous entre Benzema et Deschamps ne s'est pas fait qu'à deux, Stéphan était aussi de la partie, pour une discussion qui a duré plus de deux heures entre les trois hommes… en France. Et non pas en Espagne, encore moins à Madrid comme évoqué au départ. Tout ce petit monde avait des choses à se dire. Et des excuses à proférer.

Plus mature et plus souriant

Ce fut le cas de l'attaquant madrilène, qui avoua notamment son désir profond de retrouver les Bleus, glissa qu'il avait changé, compris, fait des erreurs, présenta ses excuses s'il avait pu blesser, et expliqua que le fait d'être père de famille (il a trois enfants) lui avait aussi ouvert les yeux sur pas mal de choses. Il mit également en avant le fait d'avoir changé d'environnement, mais aussi de regard sur sa carrière de footballeur. Avec en toile de fond une idée simple mais qui a fait mouche dans l'esprit du duo Deschamps-Stéphan : son plaisir, son envie et son ambition de jouer au football au plus haut niveau encore quelques années.

Autre élément important, à propos duquel le patron des Bleus avait besoin de réponses : la mentalité et le comportement dans le vestiaire du principal intéressé. Sur ce thème aussi, le coach a été rassuré, face à un garçon jugé plus mature, plus souriant après plus de cinq ans sans se parler. « Sur ce point, on n'a pas été volé sur la marchandise, avouera un proche des Bleus lors de l'Euro. Karim a été irréprochable. » Didier Deschamps est sorti du rendez-vous sûr de lui, ravi des échanges et surpris par le changement de mentalité de son ancien joueur. Le retour de Karim Benzema en équipe de France était acté dans son esprit. Et devint l'un des secrets les mieux gardés du pays pendant des semaines.

Par la suite, le champion du monde 1998 a consulté son président Noël Le Graët avant de valider définitivement sa décision. Sans évoquer le sujet avec ses cadres comme Lloris, Varane, Pogba, Griezmann et Giroud, ce qui en a agacé certains. Sans échanger non plus avec le monde politique et notamment le président de la République Emmanuel Macron (qui a jugé le lendemain que Deschamps avait fait « les bons choix »). Signe qu'un pardon était donc (enfin) possible. Entre grandes personnes. « Je ne parlerai pas de notre discussion. Mais elle a été très très longue : il y a eu beaucoup d'échanges », concèdera seulement « DD » face aux médias ce soir-là.

« Tiens, je crois que je vais aller le voir »

Mis dans la confidence, Noël Le Graët avouera quelques jours plus tard au *Parisien* que son sélectionneur « y pense depuis six mois ». Soit le début de l'année 2021. Avant d'en dire plus sur ce retour: « Depuis un moment, je sentais que Didier, je ne dirais pas... flanchait, mais en tout cas avait oublié cette guerre des mots. Et puis il a été sensible à la saison fantastique de Karim Benzema et il a voulu faire la paix. Le moment est bien choisi. L'année dernière, ce n'était même pas la peine. Et un jour, Didier m'a appelé et m'a dit: "tiens, je crois que je vais aller le voir." J'aurais préféré que ça se fasse depuis un bon bout de temps, mais il était tout à fait décidé. »

Le Graët, qui a souvent fait part de son affection pour Benzema, avait annoncé en 2015 que l'attaquant n'était « plus sélectionnable » après sa mise en examen dans l'affaire du chantage à la sextape exercé sur Mathieu Valbuena... Le dirigeant breton avait même semblé avoir définitivement fermé la porte en novembre 2019 en déclarant que « l'aventure en Bleu (était) terminée » pour Benzema, qui lui avait alors vivement répondu sur les réseaux sociaux. Drôle, risible, pathétique, salvateur... Chacun aura son avis sur le sujet.

À Madrid, cette séquence a surpris aussi. Et pas qu'un peu. « On pensait que Deschamps et Benzema s'étaient eus au téléphone, mais on ne se doutait absolument pas qu'ils s'étaient vus », témoigne Pablo Polo, reporter à *Marca* et auteur de l'interview où « KB9 » avait déclaré en 2016 que le sélectionneur avait « cédé à une partie raciste de la France » pour expliquer son absence à l'Euro disputé dans l'Hexagone. « Si vous m'aviez posé la question lundi, je vous aurais répondu que Karim ne serait pas sélectionné en équipe de France, ajoute-t-il. On a appris ça pendant la journée de mardi, tout le monde était surpris et excité. » Même son de cloche du côté du Real Madrid. Interrogé sur le sujet quelques jours plus tard, Zinédine Zidane, jamais le dernier pour louer les qualités de son poulain depuis des années et militer pour son retour avec les Bleus, assure qu'il n'a pas été consulté par « DD » et se félicite d'un tel dénouement. Discours de rigueur. Pas surprenant.

« Au bout de trois minutes, tout était redevenu comme avant »

Lui aussi très discret sur le sujet et heureux de recevoir une pré-convocation avant l'annonce officielle, nouveau signe d'un retour imminent en Bleu, Karim Benzema avait annulé ses entretiens médiatiques ces derniers jours pour éviter la moindre fuite. Une semaine après la grande nouvelle, il en dira à peine plus dans un entretien à *L'Équipe* sur les coulisses de son échange avec « DD ». « Je me suis toujours bien entendu avec lui et, au bout de trois minutes, tout était redevenu comme avant. Alors que ça faisait plus de cinq ans qu'on ne s'était pas croisés, concède-t-il. On s'est dit beaucoup de choses. Des choses qu'on avait à se dire depuis un bon bout de temps. C'était une bonne explication, avec des mots importants. On n'a pas parlé que football, on a parlé de tout : de la vie, la famille... Mais à aucun moment il ne m'a dit : "Tu seras à l'Euro." La seule chose que je me suis dit après cette discussion, c'est qu'on avait fait un grand pas ensemble, et que c'était positif. »

Quand on lit tout ça et au regard de l'opération de com' des uns et des autres, une question subsiste : « Tout ça pour ça ? » Que Karim Benzema excelle à Madrid n'est pas précisément une nouveauté, c'est le cas depuis près de dix ans... Dans sa quête assoiffée de victoires et son désir de se donner toutes les chances de remporter l'Euro après la Coupe du monde 2018, Didier Deschamps estime donc à ce moment l'équipe de France plus forte avec Karim Benzema. Ce qui n'a pas toujours été le cas avant.

Au point de pardonner et de laisser derrière lui des propos et des épisodes (tags sur la maison familiale en Bretagne) qui ont fait mal à sa famille. « Tout le monde a droit à l'erreur, renchérit-il. J'ai eu des situations compliquées et difficiles avec certains joueurs (*Rabiot, Gignac, Ben Arfa*), j'ai fait en sorte de mettre mon cas personnel de côté. Ce maillot est au-dessus de tout. Ma responsabilité est importante mais ces choix sont pour ce que je crois être le bien de l'équipe de France. »

Après le rassemblement du mois de mars et les prestations bien ternes, pour ne pas dire insipides, des Bleus sur le plan offensif contre l'Ukraine (1-1), le Kazakhstan (2-0) ou la Bosnie (1-0), le sélectionneur a estimé ne pas disposer de suffisamment de certitudes dans ce secteur de jeu pour briller et surprendre à l'Euro. Pour lui, les Bleus allaient dans le mur. Cette hypothèse a même commencé à entrer dans son esprit en début d'année 2021. Même avant le rassemblement de mars. « L'idée d'un retour est née lors du premier trimestre mais c'était trop tôt pour que toutes les planètes soient alignées en mars », estime un membre de la FFF, très bien informé.

Entre Olivier Giroud placardisé à Chelsea, Antoine Griezmann plutôt neutre à Barcelone, Anthony Martial blessé et Wissam Ben Yedder jugé trop tendre pour une place de titulaire, l'armada offensive des champions du monde laissait planer quelques doutes. Que le Madrilène, monstrueux au Real Madrid et vrai leader de la formation de Zidane, est censé dissiper. « Avec ce rappel, Didier va réveiller un peu tout le monde, relancer la concurrence et rebattre les cartes dans le vestiaire », avance un proche de la sélection. Avec le risque aussi d'enrayer une dynamique qui semblait bien fonctionner, pour un groupe qui « vivait bien » et dont les feux semblaient malgré tout bien au vert.

Ce n'est une surprise pour personne, ce retour aura éclipsé, dans l'esprit du grand public, toutes les autres annonces autour de la liste des 26. Et notamment les contours d'un groupe élargi en raison du Covid, avec les présences du jeune défenseur du FC Séville, Jules Koundé (22 ans, ex-Bordeaux), appelé pour la première fois en Bleu, ou encore de Marcus Thuram (23 ans), fils de Lilian – ça ne rajeunit personne – et attaquant du Borussia Moenchengladbach. Pour le reste, peu de surprises avec les absences de Blaise Matuidi (34 ans, 89 sélections), déterminant en 2018 mais qui a grillé toutes ses chances d'être appelé en rejoignant les États-Unis et Miami, mais aussi Eduardo Camavinga (18 ans, 3 sélections), Steven Nzonzi (32 ans, 20 sélections) ou encore Anthony Martial (25 ans, 27 sélections), blessé. C'est avec quatorze champions du monde et douze « nouveaux » que les Bleus visent le sacre européen et la finale du 11 juillet 2021.

32

LES BLEUS PAS AU COURANT, LA FFF DANS L'EMBARRAS : POLÉMIQUE AUTOUR DU CLIP DE YOUSSOUPHA

19 mai 2021

Une polémique dont les Bleus, et surtout la FFF, se seraient bien passés. Au lendemain de l'annonce des 26 joueurs retenus en équipe de France par Didier Deschamps pour disputer l'Euro, la fédération a dévoilé le mercredi 19 mai un clip musical de soutien aux champions du monde pour leurs joutes continentales à venir. Si les ritournelles footballistiques signées Denise Fabre (Mondial 1982), le quatuor bigarré Sim-Carlos-Enrico Macias-Herbert Léonard (1986) ou encore Johnny Hallyday (2002) prêtaient plutôt à sourire, l'hymne du rappeur Youssoupha crée la polémique. Au point d'éclipser même par instants le retour fracassant et inattendu de « KB9 ».

La raison ? Ce ne sont pas les paroles d'*Écris mon nom en bleu* qui sont pointées du doigt, mais le choix de l'interprète, poursuivi en justice par le passé pour l'une de ses chansons. Du côté de la 3F, on évoque même un « *Youssoupha gate* » en coulisses pour un sujet qui fera jaser en interne. Avec en toile de fond des luttes intestines au sein de l'institution. « Ça a mis un bordel sans nom et avivé encore plus les tensions qu'il y a ici depuis des mois », témoigne un salarié.

Face au tollé en interne et à quelques remous dans la sphère publique, Noël Le Graët est contraint de sortir du silence. « Je crois que nous n'aurions pas dû le faire et laisser la liste être divulguée comme d'habitude, sans communication », rétropédale-t-il quelques jours plus tard dans les colonnes du *Parisien*, avant de désigner les coupables : « Ce sont nos jeunes salariés du service commercial qui ont eu cette idée pour accompagner le dévoilement de la liste des 26 Bleus. » Une remarque qui passe mal auprès de l'équipe marketing, dont le projet a été validé par la directrice générale, Florence Hardouin, sans concertation avec le grand patron. « Personnellement, je l'ai découvert. Certains aiment le rap, d'autres moins. Youssoupha est un bon rappeur qui, comme d'autres, a pu avoir des paroles déplacées, raille Le Graët. Ce morceau ne méritait pas autant de commentaires, c'est de la politique. »

En 2009, le journaliste chroniqueur Éric Zemmour avait ainsi porté plainte contre le rappeur pour « menaces de crimes et injure publique ». « Chaque fois que ça pète on dit qu'c'est nous, j'mets un billet sur la tête de celui qui fera taire ce con d'Éric Zemmour », rappait Youssoupha dans le titre *À force de le dire*. En 2011, le tribunal correctionnel de Paris l'avait condamné à une amende avec sursis et à des dommages et intérêts. Une décision infirmée un an plus tard par la cour d'appel de Paris, cette dernière évoquant « un style artistique permettant un recours possible à une certaine dose d'exagération ». Dans une autre chanson, ce sont les forces de l'ordre et les institutions qui sont visées : « Nique le proc', nique le protocole et nique la police ».

Dix ans plus tard, voir le rappeur de 41 ans choisi comme ambassadeur vocal de l'équipe de France a suscité de vives réactions. « Benzema avait un jour dit que Didier Deschamps cédait à une partie raciste de la France. Eh bien je pense qu'on a cédé aujourd'hui à une partie racaille de la France en choisissant Youssoupha », dénonce le numéro deux du Rassemblement national, Jordan Bardella. « Ça me choque qu'on choisisse quelqu'un comme cela pour représenter la France à l'Euro », a ajouté l'eurodéputé et candidat aux régionales en Île-de-France, soulignant par ailleurs des « propos extrêmement virulents » du rappeur à l'égard de Marine Le Pen. En 2006, dans l'un de ses textes, Youssoupha avait ciblé la présidente du RN avec des propos très crus : « Comme dans c'rêve où ma semence de nègre fout en cloque cette chienne de Marine Le Pen ».

Gênée aux entournures face à la résurgence de ces mots, la ministre des Sports, Roxana Maracineanu, a aussi volé au secours du projet. « Bien sûr, quand on parle d'une femme de cette manière-là, je ne peux qu'être pas d'accord. » Mais elle n'en défend pas moins la fédération qui, selon elle, a fait « un bon choix » en misant sur Youssoupha. « Ce n'est pas l'hymne de l'équipe. Le seul hymne de l'équipe de France, c'est La Marseillaise, précise la ministre quelque peu dans l'embarras. Youssoupha est un chanteur engagé qui milite contre le racisme. C'est un rappeur populaire qui parle à la jeunesse. Sa chanson et cette vidéo montrent une équipe plurielle avec des individualités, des différences que le maillot bleu rassemble. À ceux qui veulent instrumentaliser le sport, je réponds que tout le message du sport, c'est de rassembler les individus, quelles que soient leurs croyances, leurs origines, leurs opinions ou leur couleur de peau. »

Deschamps et les joueurs n'ont pas été informés

La publication sur les réseaux sociaux, par les comptes officiels de l'équipe de France, du clip vidéo où défilent les 26 joueurs façon « cartoon », a aussi fait trembler les murs de la maison bleue où l'on s'empresse de confirmer qu'il ne s'agit « en aucun cas » d'un hymne officiel pour l'Euro. Et pour cause. Ni les joueurs, ni Didier Deschamps ou son staff n'ont été mis au courant de cette opération marketing de la FFF. La capsule musicale de deux minutes a d'ailleurs été très peu – voire pas du tout – relayée par les principaux intéressés sur les réseaux sociaux dans la foulée de sa diffusion. Tout aussi problématique, Noël Le Graët n'a pas non plus eu connaissance de cette collaboration avant qu'elle n'inonde le web et ne crée la polémique. Qu'on aime ou non le clip, d'accord, que le choix de l'auteur prête à discussion, pourquoi pas, mais qu'un tel projet ne soit pas validé par le grand patron interroge sur le fonctionnement de la FFF. « On s'est planté dans les grandes largeurs et on n'avait pas besoin de ça au moment où Benzema revient en équipe de France, persifle un personnage influent de la FFF. Il fallait choisir une autre personnalité, tout simplement. Une fausse bonne idée. »

L'absence de concertation autour du choix d'un artiste, considéré par certains en interne comme trop clivant pour représenter les Bleus, a de quoi fortement agacer à Clairefontaine. Tout comme dans les bureaux de la FFF, boulevard de Grenelle, alors que le retour de Karim Benzema suffisait déjà à électriser l'atmosphère. Le tout dans un climat social délétère depuis les révélations du *New York Times* sur plusieurs cas de harcèlement moral et l'existence d'une « culture d'entreprise toxique ». Noël Le Graët avait d'ailleurs diligenté un audit sur « les dysfonctionnements et relations de travail tendues au sein de l'équipe de direction ».

En difficulté financière avec un exercice 2020-2021 qui s'annonce déficitaire, la fédération a présenté quelques jours auparavant un plan de sauvegarde de l'emploi prévoyant la suppression de 26 postes (sur 330). « On n'avait pas besoin de cette polémique futile dans un contexte déjà explosif », abonde un salarié. Les jours suivants, à Clairefontaine, les Bleus seront tous interrogés sur le sujet polémique de ce début de préparation. Entre réponses convenues, désir de botter en touche ou plaisir de l'écoute, rien de fracassant ou de pertinent ne sortira du Château. On voit que l'Euro approche, les sujets clivants sont soigneusement évités.

33
LES CONFIDENCES D'ANTOINE GRIEZMANN

4 Juin 2021

Avec son maté dans les mains et sans se départir de son sourire, Antoine Griezmann enfile son casque audio à Clairefontaine pour répondre à mes questions à dix jours du début de l'Euro. Le joueur du FC Barcelone n'éludera aucun sujet. Son influence en sélection, la connexion avec Karim Benzema et Kylian Mbappé, sa rareté dans les médias, les critiques au Barça, ses positionnements récents sur les sujets de société ou encore son rôle de père de famille et l'après-carrière, « Grizou » prend le temps de faire passer quelques messages. Signe d'une maturité affichée et d'une confiance totale.

Vous nous disiez en mai 2018 que votre obsession était de gagner une Coupe du monde, c'est fait. De quoi rêvez-vous maintenant ?

Antoine Griezmann : Gagner l'Euro ! J'espère que vous allez me porter chance et que ça marchera aussi cette année *(rires)*. J'ai encore plein d'ambitions comme celle-là et remporter la Ligue des champions, mais, surtout, kiffer le football, parce qu'avec l'année que tout le monde vient de vivre, l'Euro avec l'équipe de France peut faire du bien à tout le monde. C'est aussi notre objectif de rendre les gens heureux, de transmettre des émotions, d'avoir des échanges avec les supporters durant la compétition. À titre personnel, le Covid m'a permis de relativiser, on reste des privilégiés à faire un métier exceptionnel. Il ne faut pas oublier la chance que l'on a.

Vous êtes le leader technique des Bleus depuis 2016, n'avez-vous pas peur que Karim Benzema et Kylian Mbappé vous fassent de l'ombre cet été ?
En aucun cas, bien au contraire. Plus il y a de monde capable de bonifier l'équipe de France, mieux c'est. Vous citez Karim et Kylian, mais il ne faut pas oublier Olive (*Giroud*), Wissam (*Ben Yedder*), Kingsley (*Coman*) ou encore Ousmane (*Dembélé*) et Marcus (*Thuram*). Offensivement, on a de quoi faire de belles choses dans cette compétition que l'on rêve de gagner. À nous de bien nous entendre et de travailler chaque jour tactiquement pour avoir la meilleure équipe possible. Ce n'est pas de la langue de bois, je le pense profondément, je suis au service de l'équipe de France et de mes attaquants. Mon rôle est de les mettre dans les meilleures dispositions pour qu'ils brillent.

Les regards se tournent logiquement sur Karim Benzema, de retour pour cet Euro. Que pouvez-vous dire sur son intégration ?
Ça se passe super bien, vraiment. J'ai été surpris de son retour, comme beaucoup de gens, et je peux vous dire que je n'étais pas dans la confidence. Le coach ne m'a pas appelé pour me demander mon avis, si vous voulez tout savoir *(sourire).* C'est un vrai kiff de le revoir avec le maillot bleu, et je veux tout faire pour qu'il soit dans les meilleures conditions. Je suis vraiment quelqu'un qui ne se prend pas la tête, il n'y a pas de question d'égo ou autre. L'équipe de France est au-dessus de tout.

Vous êtes discret dans les médias malgré de nombreuses sollicitations. Comment vivez-vous votre statut de star et pourquoi votre parole est-elle si rare ?

Pour être franc, ça dépend des jours. Des fois, je le vis bien, d'autres fois, c'est plus compliqué. Beaucoup de choses sont dites sur moi et je ne vais pas sortir du silence à chaque fois que l'on parle de moi en bien ou en mal. Sinon je passerais mon temps à ça. Je n'ai jamais été un grand parleur, sous mes airs de mec rigolo, je suis assez timide et je n'aime pas trop me découvrir. Autant de choses qui font que j'essaie de bien choisir le moment pour parler et faire passer des messages.

Depuis votre arrivée à Barcelone, vos faits et gestes sont commentés quotidiennement. Est-ce qu'il y a des choses qui vous font mal ?
Ce n'est pas que ça me touche ou me fait mal, ce qui me dérange vraiment, ce sont des commentaires parfois maladroits de certains journalistes ou surtout de la part d'anciens joueurs, ce qui m'agace un peu, car ils savent ce qu'est le métier. Je suis conscient que c'est la partie de la vie de footballeur qu'il faut accepter, mais je ne vous cache pas que c'est la plus embêtante aussi *(sourire)*. Il faut vraiment être costaud, car on peut te mettre le moral à plat. Ça peut devenir un cercle vicieux et, depuis que je suis à Barcelone, je m'y habitue, car ça peut parfois te déstabiliser.

Dans votre vie de tous les jours, y a-t-il des choses que vous rêvez de faire mais qui se révèlent impossibles ?
Boire une bonne bière sur une terrasse au soleil avec ma femme et mes enfants ! Un Coca pour les petits, un cocktail pour ma femme et juste profiter de la vie. Attention, je ne suis pas à plaindre, jamais de la vie. Je vais vous raconter un truc. L'autre jour, je me lève le matin, je suis avec ma femme, je devais aller chercher de la viande pour un *asado* (*barbecue argentin*) et je lui propose de boire un café en ville. Chose qu'on ne fait jamais. Elle était surprise qu'on aille boire un café dans un centre commercial, elle commande à boire, mon ami cuisinier

qui était avec nous aussi et le serveur me demande ce que je veux. Je lui réponds que je n'ai besoin de rien, car j'ai mon maté, ça montre le gars que je suis, qui ne sort jamais de chez lui et n'a plus l'habitude de ça *(il éclate de rire)*. J'étais juste super heureux de me poser et regarder les gens, derrière mon masque, pour ne pas qu'on me reconnaisse.

C'est aussi la rançon de la gloire…
Bien sûr, et j'en suis parfaitement conscient. Je suis simplement embêté parfois pour ma femme et mes enfants. Par exemple, jouer avec mon fils en attendant la sortie d'école de ma fille, je ne le fais jamais, car j'ai peur qu'on prenne des photos d'eux, on fait très attention avec ma femme sur cet aspect-là. Pour les protéger tout simplement, car nos enfants n'ont rien demandé. C'est aussi pour ça que j'aime les États-Unis et que j'ai envie d'y aller, car tu passes inaperçu, ce qui n'est pas le cas en France ou en Espagne.

Vous évoquez votre famille, il est l'heure de percer un secret. Comment faites-vous pour avoir trois enfants (Mia, Amarao, Alba) nés la même date du 8 avril à des années d'intervalle ?
Ça, c'est fou ! Je n'ai aucune potion magique pour expliquer une telle chose à part vous dire que quand tu es tranquille, détendu en vacances, sans pression ni match ou entraînement, les choses se passent naturellement *(rires)*.

Vos faits et gestes sont scrutés et commentés chaque jour en tant que footballeur. Une fois de retour à votre domicile, quel père êtes-vous ?
Je suis un papa exigeant, tout pour la gagne avec mes enfants *(sourire)*. Je leur apprends à gagner, réussir, et si tu perds, tu recommences jusqu'à ce que tu y arrives. Ma grande fille a parfaitement pris le pli et adore ça. En ce moment, elle fait de la gymnastique et commence à avoir un bon niveau, on

se challenge pour faire les meilleures roulades, on se pique. J'adore. Et mon petit mec est à fond dans le foot, il adore me voir à la télévision et tente de reproduire les mêmes gestes. C'est beau à voir. Côté scolarité, c'est ma femme qui gère au quotidien, j'aide aussi, mais je suis nul en anglais notamment. Plus sérieusement, on insiste vraiment sur le respect, l'importance de la fratrie, le travail, la persévérance pour obtenir les choses, car tu ne gagnes rien comme ça en claquant des doigts. Chez les Griezmann, il faut se faire mal pour avoir une glace ou une poupée Barbie *(sourire)*.

Kylian Mbappé disait récemment que les stars du football et du sport se devaient de s'impliquer sur les questions de société. Quelle est votre position ?
Bien sûr qu'il est important de ne pas rester hermétique à tout ça. Chacun le fait à sa façon, pour une cause ou une autre. On est parfois très ou trop attendu quand des choses arrivent et on nous demande de prendre position. Récemment, j'ai pris la parole quand ça me semblait important et je sais que ma voix porte un peu. L'idée première est d'aider. Quand je vois quelque chose sur les réseaux sociaux, j'en parle à mes proches, notamment avec ma sœur (*Maud, qui gère les affaires de son frère hors des terrains*) pour discuter de la façon dont elle voit les choses. Elle vit en France, moi en Espagne, et sa vision m'aide aussi à mieux comprendre tel ou tel sujet, mais ça part d'une initiative personnelle.

Vous avez mis fin à votre contrat avec Huawei, apporté votre soutien à Samuel Paty, Arnaud Beltrame ou au producteur de musique Michel Zecler victime de violence policière en déclarant « *J'ai mal à ma France* ». Êtes-vous attentif aux critiques à la suite de vos prises de position ?
Oui, ça m'avait rendu triste que les policiers ou les associations pensent que je mettais tout le monde dans le même sac, quand

j'ai écrit ça. Jamais de la vie je n'ai été contre les forces de l'ordre, bien au contraire. Je suis bien conscient que leur métier est difficile, qu'ils en prennent parfois plein la figure dans certains quartiers et personne n'en parle. À mon petit niveau, j'essaie de donner le bon exemple et si je peux prendre position pour mettre le curseur sur certains sujets, pourquoi pas. Je suis Français, tout ce qui se passe dans mon pays m'intéresse et des images peuvent choquer. Ma parole est écoutée, mais je dois faire attention à comment l'utiliser. Forcément, je ne peux pas répondre ou me positionner sur tous les sujets, je reste aussi à ma place.

Avant la Coupe du monde 2018, vous évoquiez le fait de débarquer aux États-Unis « *à 32-33 ans* » et « *de façon présentable* ». Est-ce toujours votre souhait ?
(Rires.) Il me reste encore trois ans à tenir. Je dois faire attention à ma ligne, car à tout moment je peux glisser... Mon contrat avec Barcelone court jusqu'en juin 2024 et après, je pense que ce sera le bon moment pour partir aux États-Unis. J'adore ce pays, cette culture, la NBA et j'ai envie de découvrir tout ça, mais j'ai aussi une famille à bouger. J'aimerais bien terminer ma carrière là-bas mais en étant bon sur le terrain et remporter la MLS (*Major League Soccer*), pas débarquer avec plus rien dans les jambes et ne ressembler à rien sur le terrain. Ça n'aurait aucun sens.

Participer aux J.O. 2024 à Paris, est-ce toujours l'un de vos objectifs ?
Bien sûr. Ce serait l'un de mes plus beaux rêves. Vous imaginez, porter le maillot de l'équipe de France, à Paris, aux Jeux olympiques, pour un rendez-vous planétaire... Ça file des frissons. Après, je ne maîtrise pas tous les paramètres entre le club où je serai, la sélection, les questions de calendrier, mais ce rendez-vous fait clairement partie de mes objectifs.

Préparez-vous déjà votre après-carrière et de quoi rêvez-vous ?
Complètement. Je commence déjà à bien préparer tout ça avec mon entourage. Je suis un dingue de chevaux et je veux créer une belle écurie, que ce soit dans le trot ou le galop. J'ai attrapé le virus avec mon père, qui est un vrai turfiste et un passionné depuis des années. Mon rêve est de gagner le Grand Prix d'Amérique avec l'un de mes chevaux, ce serait grandiose. Et j'en ai un autre, devenir entraîneur de football après ma carrière. Gérer un groupe, penser à la tactique, mettre en place des entraînements sont des choses qui m'intéressent. Ça me branche vraiment de passer mes diplômes pour être sur un banc dans quelques années. Vous voyez, c'est loin d'être fini, le football, pour moi *(sourire)*.

34

« SI ON GAGNE L'EURO, ON FÊTERA ÇA SUR UN CIRCUIT DE KARTING » : QUAND GIROUD CHAMBRE BENZEMA

4 juin 2021

Des retrouvailles attendues. Et commentées de toutes parts depuis l'annonce de la liste de Didier Deschamps. Si Olivier Giroud et Karim Benzema s'étaient croisés à Madrid et à Londres lors des demi-finales de la Ligue des champions courant avril – ils ont échangé trois mots et parlé de la pluie et du beau temps ces soirs-là –, la vraie rencontre a eu lieu à Nice, le 2 juin, avant le match amical des Bleus contre le pays de Galles.

Pourquoi une telle attente de la part du public et des suiveurs ? En raison des propos tenus par le Madrilène à l'égard du Londonien, au cours d'un live Instagram en mars 2020 (« On ne confond pas la F1 avec le karting. Et je suis gentil. Maintenant, *next*. Je parle même plus de lui. Je sais que je suis la F1 »), bien sûr. Mais aussi parce que la mise à l'écart de la sélection du premier est souvent reprochée au second. Une situation dont Olivier Giroud n'est absolument pas responsable, évidemment, mais dont il a profité, à juste titre, en empilant les buts et les sélections, au point de devenir le deuxième meilleur buteur de l'histoire de l'équipe de France. On ne va pas se mentir, les deux hommes ne partiront jamais en vacances ensemble ; ce n'est pas pour autant qu'ils ne peuvent pas s'encadrer.

Questionné sur le sujet et ces fameuses retrouvailles scrutées par le public français, le principal intéressé répond avec le sourire. Et une certaine distance. « Il n'y a aucune raison de se taper dessus avec Karim, plaisante-t-il. Les déclarations qu'il a eues sur moi m'ont fait marrer plus qu'autre chose. Je l'ai pris avec beaucoup de recul à l'époque et encore plus aujourd'hui. » Conscient de devoir évacuer le sujet avant d'aborder l'Euro en toute sérénité avec les Bleus, le buteur de Chelsea n'élude pas les questions. « Je ne vais pas rentrer dans les détails mais quand tu t'exposes à ce type de vidéos en direct, on te taquine et parfois tu peux dire des choses qui dépassent ta pensée. »

Assis à la même table que Karim Benzema lors des repas quotidiens à Clairefontaine – une volonté du sélectionneur pour aplanir d'entrée de jeu la situation –, Giroud s'estime « en paix » sur ce point. Beau joueur. « Karim est de retour, c'est une force supplémentaire pour l'équipe de France, un joueur à part entière de l'équipe et il a été plutôt content de l'accueil qu'on a pu lui réserver, et du mien aussi. Je me mets à sa place, ce n'est pas facile de faire son retour comme ça. Encore une fois, il faut savoir pardonner et ne pas être rancunier, ma foi me le permet. » Relancé une ultime fois, sur le ton de la boutade, en cas de succès en finale de l'Euro le 11 juillet à Londres, sur un défi qu'il pourrait lancer à son compère en sélection, Olivier Giroud ne peut s'empêcher de sourire. « Vous ne lâchez pas l'affaire par rapport à ça. On ira fêter ça tous les deux sur un circuit de karting, ça fera une belle photo. »

35

QUAND CLAIREFONTAINE A DE FAUX AIRS D'ALCATRAZ

Juin 2021

N'allons pas jusqu'à dire que Clairefontaine ressemble à Alcatraz. Mais sur certains points, des similitudes sont perceptibles entre le cadre verdoyant de la forêt de Rambouillet et la fameuse prison de la baie de San Francisco. Depuis le 26 mai, l'équipe de France a pris ses quartiers dans ses habituels appartements pour préparer l'Euro, qui a débuté à Rome par la nette victoire de l'Italie sur la Turquie (3-0), le 11 juin. Les champions du monde pourront profiter de la quiétude du lieu jusqu'au lundi 14 juin, date de leur départ pour Munich en vue du choc face à l'Allemagne le lendemain.

Personne pour les déranger à des kilomètres à la ronde. Ils n'ont pas vraiment le choix, de toute façon. Seules sorties autorisées, un court déplacement de trois jours à Nice pour battre le pays de Galles en match amical (3-0) le 2 juin et une nuit à Enghien-les-Bains pour se rapprocher du Stade de France avant leur succès contre les Bulgares le 8 juin (3-0).

Pour le reste, les hommes de Didier Deschamps ont été assignés à résidence. Le principe même d'une bulle sanitaire. Et aussi le quotidien des Bleus dans les semaines à venir, car l'UEFA ne transige pas sur les règles sanitaires. Les enjeux financiers sont énormes, et le report d'un an de la compétition ainsi que son format étendu sur onze pays posent déjà suffisamment de problèmes pour que les sélections nationales ne viennent pas en rajouter. Voilà le message de l'instance. Ça n'empêche pas des cas positifs d'apparaître, parmi des joueurs espagnols, néerlandais, écossais, russes ou encore suédois. Côté français, on croise les doigts pour éviter que le virus ne rende encore plus complexe un parcours déjà bien consistant (Allemagne, Hongrie, Portugal). Si telle mésaventure devait arriver, la « sanction » irait de l'isolement à la mise à l'écart totale du joueur.

Du coup, le staff a pensé à tout pour réduire au maximum le facteur risque. La plupart des joueurs et des membres de l'encadrement, soit une cinquantaine de personnes, sont vaccinés contre le Covid. Les tests PCR se multiplient depuis deux semaines avec, pour le moment, aucune sortie de piste. Ajoutez à cela un contrôle accru des gestes barrières (masques, gel, distanciation), que ce soit lors des repas, des déplacements ou des contacts avec les médias.

Pour entrer au château, il faut montrer patte blanche. Aucun entraînement n'est ouvert au public, contrairement aux années précédentes. Idem en compétition. Les conférences de presse se font avec Didier Deschamps ou un joueur dans l'auditorium de Clairefontaine et des journalistes positionnés à plus de cinq mètres. Les photographes, habituellement aux premières loges, ont interdiction de quitter leur fauteuil du premier rang.

« Messieurs, je suis désolé, mais respectez les règles et les distances », n'a cessé de s'époumoner Raphaël Raymond, chef de presse des Bleus, depuis le début du rassemblement. Pour les entretiens individuels avec les joueurs – la presse écrite les a réalisés à distance –, mes confrères de la télévision devaient se munir d'un test PCR négatif, et désinfecter leur téléphone ou les perches pour recueillir le son. Le mantra ? Zéro prise de risques, et vigilance totale…

« On peut tout imaginer : un livreur qui va toucher une poignée, on la touche ensuite, et ça y est, le virus est transmis. On doit tout prévoir, même l'imprévisible », explique Guy Stéphan. La fameuse « zone mixte », qui permettait aux médias radio, télé et presse écrite de récolter les impressions des joueurs après le match, a disparu. Ce sera pire dès le début de l'Euro. Tous les points médias se feront alors en visioconférence, renforçant l'idée d'une bulle plus que jamais sécurisée. Lors d'une grande compétition, des moments de détente sont traditionnellement octroyés par le sélectionneur à ses troupes, comme une sortie en ville ou l'accueil des familles. Pas en 2021. Que ce soit à Clairefontaine, Munich, Budapest, ou après, en fonction du parcours des Bleus, tout écart sera interdit. Une véritable prison dorée.

36

PETITE PHRASE, AGACEMENT, MISE AU POINT : FRITURE SUR LA LIGNE ENTRE GIROUD ET MBAPPÉ

13 Juin 2021

Mardi 8 juin, au Stade de France. Les Bleus dominent en match amical une faible équipe de Bulgarie (3-0), présente à Saint-Denis pour se dégourdir les jambes et servir de sparring-partner aux hommes de Deschamps. L'objectif est rempli à moins d'une semaine du début de l'Euro. Et si l'équipe de France n'a pas été flamboyante sur le terrain, un homme ne boude pas son plaisir : Olivier Giroud. Entré en jeu juste avant la pause après la blessure de Karim Benzema – qui provoquera une sacrée suée au sein du staff des champions du monde, inquiet puis rassuré sur la gravité de la blessure –, le deuxième meilleur buteur de l'histoire de la sélection a profité de cette sortie pour inscrire un doublé en fin de match et porter son total de réalisations à 46 unités. Ce qui le place à ce moment-là à cinq buts de la légende Thierry Henry.

Il est plus de 23 heures ce mardi soir au Stade de France et le héros du soir livre ses impressions aux différents médias, et notamment la chaîne L'Équipe. Sur une relance de mon confrère Bertrand Latour, étonné du manque de joie du buteur du soir au micro, Olivier Giroud, réputé franc et peu langue de bois face à la presse, livre le fond de sa pensée suite à une remarque sur sa discrétion lors de son entrée en jeu jusqu'à ses deux buts. Avec des propos qui plongeront, le lendemain, Kylian Mbappé dans une colère noire.

« Discret parce que des fois on fait des courses mais les ballons n'arrivent pas, après je ne prétends pas faire toujours les bons appels mais je me suis évertué à donner des solutions dans la surface, ajuste l'international de 34 ans et plus de 100 sélections au compteur. Pour le coup, avec deux bons ballons de Ben (*Pavard*) et de Wissam (*Ben Yedder*), j'ai pu bien finir mais on aurait pu marquer plus de buts si on avait été plus efficaces. Personnellement très satisfait de pouvoir aider l'équipe. (...) Vous dites qu'on ne m'a pas beaucoup vu au début mais peut-être qu'on aurait pu mieux se trouver, voilà, mais je suis très heureux d'avoir pu aider l'équipe, il n'y a aucune amertume, ne vous inquiétez pas. »

Sans le citer, le récent vainqueur de la Ligue des champions avec Chelsea vise l'attaquant du PSG, coupable à ses yeux d'un manque d'altruisme à son égard. Des propos qui témoignent aussi du changement de statut d'Olivier Giroud dans la hiérarchie de l'attaque française. Avec le retour de Karim Benzema, il se sait quasi condamné à jouer les faire-valoir, conscient que les dés sont pipés. Ce qui, comme tout joueur de haut niveau, l'agace profondément, au regard de ses états de services en équipe de France et de son rôle important en dehors du terrain. Ajoutez à cela l'excitation et l'envie non feinte de Kylian Mbappé d'évoluer avec Benzema, qu'il considère de son niveau et à qui il voue une admiration débordante... Le tout forme un cocktail explosif d'égo, d'ambition et de rancœur.

Le lendemain, le champion du monde de 22 ans, alerté par son entourage des propos d'Olivier Giroud, s'agace, réclame des explications auprès de son partenaire à Clairefontaine et demande à Didier Deschamps de passer en conférence de presse pour livrer sa position. Face à l'énervement de son jeune prodige, le sélectionneur refuse de le laisser affronter les médias. Il sait que la cocotte-minute peut exploser à tout moment. Du coup, il enverra Paul Pogba à sa place, pour déminer le terrain et calmer un climat tendu.

Le jeudi 10 juin, soit deux jours après le match amical, l'entraînement des Bleus est ouvert aux médias et Kylian Mbappé ne cache pas sa mine boudeuse, malgré les appels à l'apaisement d'Olivier Giroud, avec lequel il est associé lors de la séance du jour. Alors que l'expérimenté attaquant vient enlacer son jeune coéquipier après un but, ce dernier manifeste peu d'entrain lors d'une scène scrutée par tous les journalistes sous le soleil printanier qui accompagne la fin de journée au Château.

Quelques jours passent, la vie des Bleus suit son cours avant le début de l'Euro et le buteur du Paris Saint-Germain est annoncé en conférence de presse le dimanche 13 juin, à la veille du départ pour Munich. Tout un symbole de le voir débarquer dans l'auditorium de Clairefontaine, si près de la compétition, avec l'intention ferme de livrer son avis sur ce qu'il s'est passé, tout en évoquant avec assurance, ambition et force les sujets d'actualité. Sans surprise, la petite phrase d'Olivier Giroud est omniprésente dans les questions des médias, désireux d'en savoir plus.

« Je voulais venir jeudi mais aujourd'hui *(dimanche)* ce n'est pas moi *(qui ai décidé)*. J'ai été choisi. Je voulais venir m'expliquer, mais on a discuté avec le coach et il m'a dit que ce n'était pas le meilleur moment. Il a décidé que c'était aujourd'hui.

Alors je suis venu aujourd'hui », répond-il en introduction à une question sur son envie pressante de s'expliquer devant les médias. Avant d'entrer dans le vif du sujet. Extraits de la conférence de presse.

Les phrases d'Olivier Giroud après le match contre la Bulgarie ont fait beaucoup parler. Qu'avez-vous ressenti ? Et en avez-vous parlé avec lui ?
On en a parlé. Et ça a fait beaucoup parler peut-être parce qu'il n'y avait pas beaucoup d'autres choses à dire, parce que sur le terrain, ça se passait bien. Tout le monde sait ce qu'il s'est passé, j'ai été un peu affecté. Mais il ne faut pas en faire toute une histoire. On est ici pour représenter l'équipe de France, c'est le plus important. On a une grande compétition à préparer, ce ne sont pas des petites broutilles qui vont venir perturber notre compétition. Nous deux, plus les 24 autres joueurs, nous sommes concentrés sur le même objectif de remporter l'Euro.

Pourquoi avez-vous été affecté ? Sont-ce les propos d'Olivier Giroud qui vous ont touché ou est-ce parce qu'il les a exprimés publiquement et non en privé ?
Elle n'était pas bonne la première réponse ? *(Sourire)* Je vais expliquer. Ce n'est pas ce qu'il a dit. Ça ne me dérange pas plus que ça. Il s'est exprimé comme un attaquant. J'ai eu ce sentiment 365 fois dans un match. C'est plus de le sortir publiquement *(qui m'a dérangé).* Je l'ai vu dans le vestiaire. Je l'ai félicité pour ses deux buts et il ne m'a rien dit. Ce qu'il a dit, il n'y a rien de méchant. J'aurais préféré qu'il vienne et même qu'il soit plus virulent. Moi, quand j'ai quelque chose à dire à quelqu'un, je lui dis et ça reste dans le vestiaire. Mais ce n'est pas un problème, ce sont des petites broutilles. Je n'ai pas envie que ça vienne perturber l'équipe. On n'a pas besoin de se mettre des bâtons dans les roues.

Pensez-vous que cet épisode puisse laisser des traces au sein du groupe pour la suite ?
Bien sûr, s'il n'y a pas d'explications. Si on laisse quelque chose dans l'air, des non-dits. En revanche, si la situation est claire... C'est toujours comme ça. Le plus important est de faire passer ça après le groupe. C'est un micro-épisode. On doit se concentrer sur une seule et unique chose, l'Euro.

Comprenez-vous qu'on se pose la question de savoir si, en fonction des joueurs qui sont autour de vous, vous pouvez lâcher plus ou moins vite le ballon ?
Que sous-entendez-vous ?

Rien. C'est un peu le sens de la déclaration d'Olivier Giroud. Que vous pouvez donner le ballon plus vite si c'est Karim Benzema ou Neymar au PSG.
Ce sont des joueurs complètement différents. On parle de Neymar qui touche 150 ballons par match, Benzema qui en touche 80 et Olivier beaucoup moins de par son profil. C'est sûr que je lui ferai moins de passes, mais ça ne veut pas dire que je ne regarde pas Olivier. C'est juste que son profil est différent. Karim vient décrocher à 40 mètres pour toucher le ballon là où Olivier préfère rester dans la surface et être présent pour les derniers ballons. C'est un peu malsain parce qu'on essaye de dire des choses sans les dire. En gros, vous sous-entendez que je ne veux pas faire de passes à Giroud.

On arrive avec nos questions, vous arrivez avec vos réponses.
Je vous pose une question.

On a le sentiment que, parfois, vous donnez le ballon plus rapidement à certains qu'à d'autres.
Ça se respecte. Et moi je vous dis que ce sont des profils différents. Mais il n'y a pas de tensions, tranquille. *(Rires,*

il se retourne vers l'attaché de presse des Bleus, Raphaël Raymond, comme pour lui signifier que tout est sous contrôle.)

Pendant près de 30 minutes, Kylian Mbappé donnera le change, en toute tranquillité, même si sa gestuelle corporelle témoignera parfois d'un certain agacement face à l'insistance des questions autour du fait qu'il ne s'entendrait pas sur le terrain avec Olivier Giroud. Face aux médias, il ne pouvait dans tous les cas pas le reconnaître, encore moins à la veille du départ pour l'Euro. Mais au fond de lui, il sait l'histoire déjà en marche et que le deuxième meilleur buteur de l'histoire des Bleus ne fait pas partie de l'équation dans la compétition à venir. Cette séquence témoignera aussi du fait que dans un groupe de 26 éléments amenés à vivre en vase clos pendant des semaines, vous ne pouvez pas être amis avec tout le monde. Pas la nouvelle du siècle, mais simple confirmation d'un état de fait. La sortie et l'attitude de Kylian Mbappé ces jours-là agaceront quelques éléments expérimentés du groupe France tels que Hugo Lloris (très proche de Giroud), Steve Mandanda ou encore Moussa Sissoko, et dans une moindre mesure Antoine Griezmann. La suite du feuilleton ne fera que confirmer cette tendance.

37

MACRON, TAPIE, PESQUET, RINER, MUSSO... DIDIER DESCHAMPS LEUR RÉPOND

Juin 2021

L'idée l'a fait sourire et il ne lui a fallu qu'un court instant pour accepter le principe de notre entretien inédit. Habitué des conférences de presse ou des interviews sportives classiques, le technicien de 52 ans a été séduit par le fait d'être interrogé par des personnalités qui comptent en France. « Je ne doute pas qu'elles aient de meilleures questions que les journalistes », assene Didier Deschamps, taquin et tout bronzé, au moment de débuter notre entrevue sur la Côte d'Azur début mai, reprise par la suite avant le départ à Munich. Veste blanche dans son costume cintré, large sourire, le sélectionneur des Bleus se présente comme toujours le teint hâlé et affûté. « J'en connais certain(e)s, d'autres moins, tâchons d'être à la hauteur... »

Emmanuel Macron (président de la République) : Quelle serait selon vous la finale idéale de cet Euro ?

Didier Deschamps : Peu importe qui est en face de nous, ce serait déjà formidable qu'on soit présent à ce niveau. Évidemment on a cette ambition, cette envie de gagner l'Euro, avec l'incertitude du sport et la difficulté qui nous attend dès le départ de la compétition car on se retrouve dans un groupe composé du champion d'Europe en titre, le Portugal, et de l'Allemagne, championne du monde en 2014, sans oublier la Hongrie. Ce serait un très grand moment de vous retrouver à Londres, Monsieur le président, et ça nous rappellerait de bons souvenirs de Moscou en 2018. On fera tout pour y parvenir, soyez-en sûr.

Cyril Hanouna (animateur TV) : Didier, si tu pouvais choisir un joueur de n'importe quelle autre équipe européenne pour jouer en équipe de France, qui prendrais-tu et pourquoi ?
Personne ! Parce que je suis plus que content de la qualité dont je dispose au sein de la sélection. Vous avez vu le talent, l'expérience et la créativité des Bleus ? Je n'ai pas à me plaindre. Et je ne voudrais surtout pas offenser ou blesser un de mes joueurs. Si je prends quelqu'un d'autre à un poste, cela induit que c'est mieux que ce qu'on a… J'ai le privilège d'avoir des joueurs de top niveau qui répondent à mes attentes, je n'ai besoin de personne. Ce n'est vraiment pas de la langue de bois, encore moins une façon de prendre de haut telle ou telle personne, simplement une confiance totale dans mon équipe.

Teddy Riner (champion olympique de judo) : Après avoir glané deux étoiles, qu'est-ce qui vous excite encore ?
On veut rester dans les étoiles. Dans le sport, ce n'est pas Teddy qui va me contredire, arriver au sommet est très difficile, s'y maintenir est une tâche encore plus ardue. Il l'a fait (*champion olympique en 2012 à Londres puis en 2016 à Rio, en lice à Tokyo en 2021*) depuis plusieurs années, c'est une remise en cause permanente. Tout le monde veut prendre ta place et te faire chuter. Ce qui a été fait, et bien fait, avec le titre de champion du monde, on ne vit pas là-dessus. Je ne regarde jamais dans le rétroviseur, il y a toujours de nouveaux objectifs qui se présentent. Mes joueurs et moi, on veut tout faire pour rester en haut.

Jean-François Piège (chef étoilé) : Tu as deux étoiles, j'ai aussi deux étoiles, tu penses à la troisième, toi aussi ?
(*Rires.*) Ça veut dire que tu y penses déjà ? Je ne sais pas pour qui c'est le plus facile de glaner une troisième étoile, entre un chef cuisinier ou un sélectionneur. Là, ça ne dépend que de toi, même si tu as une équipe à tes côtés. L'étoile, quelle qu'elle soit, c'est synonyme de rêve, l'obtenir, c'est concrétiser ce rêve. Jean-François, dans ta discipline, c'est un poids très important, dans le sport, encore plus. Tu n'es pas limité par l'âge, en tant que sélectionneur moi non plus, mais dans le football, ce rendez-vous ne figure au calendrier qu'une fois tous les quatre ans. Je ne sais pas si on aura l'étoile au Qatar en 2022, mais aujourd'hui je pense à gagner l'Euro.

Kevin Mayer (champion du monde de décathlon) : La pression que vous vous mettez sur les épaules est-elle plus forte que celle que les médias et le grand public vous imposent ?
Je n'ai pas de pression. Sincèrement. Dans le sport, je ressens de l'excitation, de l'adrénaline… Je trouve la pression négative. Avec l'expérience, je suis complètement insensible à tout ce qui peut être extérieur à la vie de groupe. En interne, ce qui m'intéresse, c'est tout faire pour aller le plus haut possible et ne pas être perturbé par l'environnement extérieur. Avec l'expérience et le poids des années, je fonctionne comme ça désormais. Mon métier reste avant tout une passion, pas du tout un devoir. J'ai des devoirs bien sûr, mais aussi une grande liberté de pouvoir choisir ce que je veux faire. Personne ne me dicte mes choix, quels qu'ils soient.

Roxana Maracineanu (ministre des Sports) : Avec ce que tu as appris en tant que sélectionneur, qu'aurais-tu fait différemment pendant ta carrière de joueur ?
Je me posais cette question au début, plus maintenant… Parce que je n'ai pas la réponse exacte (*sourire*). Les deux vies de joueur

et de sélectionneur sont différentes mais complémentaires et me servent aujourd'hui dans ce que je suis et où je vais. Quand tu es joueur, tu es acteur. Sélectionneur, ça dépend aussi de toi, mais surtout de tes joueurs sur le terrain, car ils détiennent la vérité.

Vianney (chanteur) : As-tu toujours tes yeux d'enfant quand tu poses ton regard sur les prodiges contemporains, comme Kylian Mbappé ?
Ah « Vianne » (*ils sont amis*), je le reconnais bien là. Ce n'est pas un regard de gosse, mais je suis toujours admiratif de la qualité qui fait de certains joueurs des éléments hors normes. Ce sont tous des êtres humains, avec leurs faiblesses à certains moments de leur vie, ce ne sont pas des robots. J'apprécie et je reconnais la qualité de ces joueurs. Et, oui, je peux encore être subjugué par ce que je vois sur le terrain.

Yannick Bestaven (vainqueur du dernier Vendée Globe) : Comment parvenez-vous à ce qu'un joueur élevé au rang de « star » se mette au service du collectif, reste à sa place et vous écoute ?
Ma carrière de joueur et d'entraîneur donne une certaine crédibilité et une forme de respect qui est importante. Sincèrement, on pense que les joueurs top niveau comme ceux de l'équipe de France sont plus difficiles à gérer parce qu'ils ont des égos énormes, ce n'est pas le cas. Ce type de joueurs a conscience de ce qui est exigé pour rester tout en haut. Je vais vous dire, j'ai été plus souvent embêté par des éléments bons ou moyennement bons et qui pensent qu'ils sont très bons que le contraire. Le très grand joueur, au-delà de ses qualités sportives, a une dimension humaine et une intelligence qui fait que les problèmes sont rapidement résolus. Cela n'empêche pas les discussions, échanges et confrontations d'idées.

Pierre Arditi (acteur) : N'avez-vous pas de regret par rapport à des joueurs que vous n'avez pas choisis en équipe de France à une époque ? Et sur le retour inattendu de Karim Benzema, pourquoi une telle décision ?
J'ai toujours été confronté à des choix difficiles. Quand je prends une décision, l'intérêt de l'équipe de France passe toujours au-dessus de tout. C'est ma responsabilité et je l'assume, avec des informations que tout le monde n'a pas. Pour l'Euro, j'ai retenu 26 joueurs mais d'autres auraient mérité d'y être. Concernant Karim, je savais très bien, en le retenant, que cette décision allait faire beaucoup de bruit. Nous nous sommes longuement parlé en amont. Nous en avions besoin, lui comme moi. En interne, son retour est perçu comme un non-événement. Karim a retrouvé l'équipe de France, il en est très heureux et ça se voit.

Guillaume Musso (écrivain) : Les joueurs d'aujourd'hui ont-ils une bonne connaissance de l'histoire du football, de la filiation qu'ils pourraient avoir avec des joueurs d'il y a trente ou quarante ans ?
Il ne faut pas cataloguer la nouvelle génération, qui peut sembler moins passionnée. Ils vivent avec leur temps, non pas qu'ils ne soient pas au courant de l'histoire, mais c'est une question de génération. Je vais prendre l'exemple de la victoire en 1998 et de celle de 2018. Les 35-45 ans sont plus marqués par la première époque, aujourd'hui, les 15-25 ans ont un regard différent, avec ce qu'il s'est passé en Russie. L'histoire est importante, il ne faut pas la renier, elle permet de donner une dimension, une grandeur au sport, mais il ne faut pas vivre qu'avec elle, pour ne pas qu'elle te perturbe ou te handicape. Je refuse de comparer et de dire : « c'était mieux avant, c'était plus fort. » L'équipe qui a gagné a été plus forte que les autres dans la compétition, savoir si elle est meilleure que celle d'il y a dix ou vingt ans, c'est de la littérature.

Thomas Pesquet (spationaute) : En quoi l'interculturalité des joueurs d'aujourd'hui a-t-elle changé le football ?
C'est un enrichissement fabuleux à bien des niveaux. Le football permet d'être confronté à des univers, des cultures, des lieux différents auxquels il faut s'adapter. Tu n'as pas les mêmes mentalités en Italie, en France, en Espagne ou en Angleterre. L'important, c'est que mes joueurs soient confrontés aux exigences du haut niveau, de façon quotidienne. Quand je les retrouve en sélection, c'est le très, très haut niveau, et plus ils sont habitués à cette exigence, mieux c'est. On gagne un temps fou… Le terrain importe bien sûr, car ils sont dans des grands clubs qui ne visent que la gagne tous les trois jours, mais ce qui compte aussi et surtout, ce sont les fameux petits détails en dehors. Je leur dis souvent de tout faire pour performer, ne négliger aucun détail, notamment dans le travail invisible de la récupération, le soin donné à son corps. 1 % par-ci, par-là, c'est ce qui fera la différence.

Michel Bussi (écrivain) : Beaucoup d'écrivains aiment le foot… mais les footballeurs aiment-ils les écrivains ?
(*Rires.*) Il ne faut pas croire que le footballeur lit seulement des bandes dessinées ! À titre personnel, je lis, sans pour autant vraiment apprécier les romans. Je n'ai pas reçu une éducation qui m'a fait découvrir la lecture et les grands classiques. J'apprécie les ouvrages sur le management, les leçons de vie, la gestion humaine, le questionnement… Je sors du cadre sportif.

François Hollande (ancien président de la République) : Comment faites-vous, face aux polémiques, louanges, excès, sorties de route, pour garder votre calme, et quelle est votre recette magique que vous pourriez transmettre aux politiques ?
Si on commence à comparer la politique et le sport, on n'a pas fini (*sourire*). Tout ce que dit le président fait partie du

quotidien, mais je ne suis pas là pour nourrir les débats. Je sais que tout ce que je vais dire sera soumis à interprétation. Je fais en sorte de répondre aux questions en pesant mes mots. Il y a une chose dont je suis certain, c'est que personne ne réussira à m'énerver, même si des fois ce n'est pas l'envie qui m'en manque. La dernière chose que je ferais, c'est de régler mes comptes en direct. Je n'ai pas que des questions intéressantes en conférence de presse, je réponds toujours, malgré ce qu'on peut dire. Après, si la personne en face de moi n'a pas ce qu'elle voulait, ça veut dire que je fais de la langue de bois ? Non. Souvent, on n'écoute pas. Cet exercice a pris beaucoup de place dans ma fonction, ça ne me coûte pas d'énergie, avec l'expérience, j'ai cette capacité d'être insensible à tout ce qui peut être dit, écrit sur moi et mon équipe. Je suis serein. Quoi que je puisse dire, il y aura toujours des gens pas d'accord avec moi. Et comme souvent, la minorité qui est contre se montre plus expressive. On ne peut pas plaire à tout le monde et heureusement d'ailleurs. Je ne veux pas avoir que des amis, le plus important ce sont ceux qui m'aiment.

Philippe Torreton (acteur) : Apprenez-vous de vos joueurs ? Quelle est la plus grande leçon que vous ayez apprise à leurs côtés ?
Complètement, on apprend toujours et de tout le monde. Tous les jours, je me lève le matin et je ne me dis pas que je sais. Au contraire, je sais que je ne sais pas. Peu importe l'interlocuteur, on a toujours quelque chose à retenir. Au fil des années, avec mes joueurs, j'ai appris des choses, on fait les choses différemment. Ça s'appelle l'expérience. Les jeunes n'aiment pas trop ce mot-là, mais il sert beaucoup. Ça ne me sert pas forcément sur ce que je dois faire, mais surtout à éliminer ce que je ne dois pas faire.

Pierre de Villiers (général d'armée) : L'exercice de l'autorité est de plus en plus difficile aujourd'hui. Comment trouvez-

vous, avec les joueurs, le meilleur équilibre entre la fermeté et l'humanité ?
L'autorité... Il y a de plus en plus ce refus de l'autorité dans notre société. Je n'ai pas ce souci-là en équipe de France. Mes joueurs savent que je représente l'autorité, car je décide, mais ça ne m'empêche pas d'avoir un relationnel important avec eux. On met en place une relation de confiance mutuelle, ce qui ne m'empêche pas de dire les choses. Si je dois dire ses vérités à un cadre de l'équipe, un nouveau ou autre, ce n'est pas pour moi, pas pour l'équipe, mais pour lui d'abord. Il en retient ce qu'il voudra, mais je vois aussi comment il se comporte par la suite... Je ne vais pas m'interdire de dire les choses si je pense que ça peut le faire avancer.

Olivier Marchal (acteur, réalisateur) : Il arrive qu'un réalisateur choisisse pour son film un acteur qui se révèle être une personne humainement irrespirable. Le tournage ayant commencé, le réalisateur se trouve obligé de le filmer pendant plusieurs semaines en le mettant en valeur pour la réussite de son film. Vous est-il arrivé ce genre d'expérience avec un joueur ?
C'est difficile de comparer mais je fais en sorte, avant de convoquer un joueur, d'avoir suffisamment de renseignements sur l'homme. La qualité physique et sportive, que beaucoup de spécialistes peuvent analyser, importerait presque moins que le côté humain, le caractère, avec forcément des sensibilités. On peut avoir des a priori très positifs au départ, mais tant qu'il n'y a pas le contact humain et la vie de groupe, c'est difficile de juger. À chaque rendez-vous de l'équipe de France, je récolte toujours des éléments positifs ou négatifs sur les uns et les autres. Et ça, le grand public et les observateurs ne le savent pas. C'est très enrichissant. Olivier évoque ici un film, mais je pars du principe que c'est l'équipe avant tout. Si c'est l'acteur principal, il est mal barré pour son film (*rires*).

Nikos Aliagas (animateur TV) : Quelle est la meilleure école, le succès ou l'échec ? Dans quel cas apprend-on le plus ?
La meilleure école est le succès, continuer à gagner, rester tout en haut, mais je suis persuadé qu'on apprend plus dans la défaite. On n'est pas obligé de connaître des échecs pour se construire, mais on se construit beaucoup plus à travers ceux-là. Pourquoi ? Parce qu'il y a une remise en cause. C'est dans les plus grandes victoires qu'on fait les plus grandes conneries. Parce qu'on a un sentiment de surpuissance, d'être au-dessus de tout, on se rappelle moins comment on en est arrivé à gagner, et on pense que ça va continuer comme ça. Heureusement que le haut niveau nous rappelle à l'ordre.

Thierry Frémaux (délégué général du Festival de Cannes) : À Cannes, nous voyons 1000 bons films pour en sélectionner 60. Combien voyez-vous de matchs par an ?
(*Il souffle.*) Chaque week-end, avec Guy (*Stéphan, son adjoint*), on regarde chacun une douzaine de matchs. À cela, vous ajoutez les rencontres de Coupe d'Europe en semaine, sachant qu'on a une cinquantaine de joueurs présents dans une liste, ce qui ne nous empêche pas d'en regarder d'autres. On voit une vingtaine de matchs par semaine, donc on n'est pas loin des 1000 par an. Thierry sera d'accord avec moi, choisir c'est éliminer et c'est le côté le plus désagréable du métier car on fait des déçus et des malheureux.

Bernard Tapie (homme politique, ancien président de l'OM) : Avant un match de l'OM, j'avais l'habitude de certaines formules qui faisaient mouche dans le vestiaire. Et notamment une, « Ne pas être contracté et déconcentré mais plutôt… » Je te laisse ajouter la suite et me dire en quoi cette phrase est importante à tes yeux ?
(*Son visage s'illumine, ému.*) Je m'en souviens, et comment… Cette phrase est très importante et elle me reste encore

aujourd'hui à l'esprit. « Ne pas être contracté et déconcentré mais plutôt concentré et décontracté ». Ça m'a marqué. Et c'est la réalité. Ce n'est pas toujours facile, ça dépend de l'événement pour la décontraction. Quand vous jouez une finale de Ligue des champions ou de Coupe du monde, vous pouvez avoir les jambes qui tremblent, mais l'idéal c'est ça : être concentré et décontracté. Dans la génération actuelle, ils sont décontractés. Sans parler comme un vieux con, il était inconcevable d'avoir de la musique dans les vestiaires du temps de ma génération, aujourd'hui, si elle n'est pas là, c'est vu comme une atteinte à la liberté. Même dans le bus, ils la réclament ! Après, ils ont la capacité de se concentrer en faisant deux choses en même temps, j'ai appris ça. À travers mon fils (*25 ans*) aussi, qui est de cette trempe. Je suis un peu vieux jeu mais je pars du principe que je préfère faire une chose bien que deux à moitié (*sourire*).

François-Henri Pinault (PDG de Kering) : Quelle place a la créativité dans le football d'aujourd'hui ?
(*Il réfléchit et s'exclame.*) C'est ce qui fait toujours la différence ! Malgré tout, il ne peut pas y avoir que ça, mais à un moment, le joueur qui fait le geste juste te fait basculer du bon côté et gagner. Sans créativité, difficile d'avoir de grands résultats.

Ary Abittan (acteur) : Je sais que vous êtes un fan de Michel Sardou. Pouvez-vous me chantonner les trois premières phrases de *La Maladie d'amour* ?
(*Éclat de rire et il chantonne.*) « Elle court, elle court, la maladie d'amour, dans le cœur des enfants, de 7 à 77 ans… » Je m'arrête là pour le massacre. Il exagère, je ne suis pas un fan absolu de Michel Sardou, mais j'aime bien. Ça fait partie des artistes des années 1980 que j'apprécie écouter, comme Francis Cabrel. Il faut que je les cite tous ? Ça ne m'empêche pas d'écouter les musiques d'aujourd'hui, même si je ne comprends pas tout (*rires*).

Julie Gayet (actrice) : Est-ce que vous imaginez un jour entraîner au plus haut niveau une équipe féminine ?
Je ne me suis jamais posé la question, mais je ne pense pas. Beaucoup d'hommes entraînent les filles, mais malgré tout, je pense que quelque chose me gênerait parce que ça amène à des restrictions à certains moments et qu'on ne peut pas tout partager avec ses joueuses. Dans le vestiaire notamment. Entraîner une équipe féminine n'est pas un de mes objectifs, cela ne m'empêche pas de m'intéresser au football féminin.

Michel Bussi (écrivain) : Un match de foot est parfois digne du meilleur des thrillers, en termes de suspense… À quel match, que vous avez disputé comme joueur ou entraîneur, décerneriez-vous le prix du meilleur thriller ?
Il y en a tellement… J'en vois un malgré tout, parce que le scénario était particulier. Le fameux but en or de David Trezeguet, en finale de l'Euro 2000 contre l'Italie. On savait que la règle avait changé, mais il y a eu quand même dans ma tête un temps d'attente de deux secondes à me demander si les Italiens allaient refaire le coup d'envoi. Je me revois encore me poser la question. Et non, on est champions d'Europe là-dessus. L'incertitude du football, sans dénigrer les autres sports, fait qu'à la 89e minute, le match peut changer avec un poteau sortant ou rentrant. C'est fabuleux.

Guy Roux (entraîneur) : Vous avez brillamment réussi votre carrière de joueur et d'entraîneur. Dans une autre vie, dans quel domaine auriez-vous imaginé réussir de la sorte ?
Plus jeune, j'allais m'orienter vers la gestion. J'étais parti pour faire ça et le football a pris le dessus. Je ne sais pas si j'aurais eu des compétences dans ce domaine ou d'autres. Je ne me pose pas trop la question, parce qu'avec ce que j'ai vécu, je m'interdis d'être envieux. J'ai choisi un chemin et j'ai tout fait pour arriver le plus haut possible.

Élise Lucet (journaliste TV) : De quoi rêvait le petit Didier Deschamps à 6 ans ?
Certainement pas d'être footballeur professionnel. Jusqu'à l'âge de 10 ans, ce n'était pas un métier mais un jeu, une passion, un divertissement. J'avais des rêves d'enfant, mais pas axés sur le sport. Rêver, c'est croire que l'impossible devient possible, on peut rêver quand on est jeune, mais on a le droit de rêver aussi quand on est adulte. Et par moments, heureusement, les rêves se réalisent (*sourire*).

Francis Huster (acteur) : Qui souhaitez-vous comme successeur, lorsque vous partirez ? Et comment imaginez-vous la suite avec votre dauphin ?
Peu importe. Il y en aura un autre après moi, je sais que j'ai remplacé quelqu'un (*Laurent Blanc*) et ce sera pareil pour moi. J'espère juste que ce sera le plus tard possible… Je sais qu'il n'y aura pas la moindre petite pensée de ma part de dire « pourvu que ça se passe moins bien ». Évidemment, ce ne sera pas facile pour lui de faire mieux, il pourra faire aussi bien, mieux (*il fait la moue*), tout est possible. Je ne me pose pas la question, car ce n'est pas d'actualité. Il faut encore compter avec moi quelque temps, pourquoi pas même après 2022…

38

QUAND UN DES CHAUFFEURS DES BLEUS REMPLACE L'INTENDANT

14 juin 2021

La scène est cocasse. Et ne manquera pas de vous dévoiler que les champions du monde sont des gens comme les autres. Sur et en dehors du terrain. Avec de temps en temps une impréparation qui ne colle pas à une équipe de ce niveau, peuplée de stars habituées à une organisation millimétrée dans les plus grands clubs du monde. Explications.

Le 14 juin, le groupe France débarque à Munich, à la veille d'affronter l'Allemagne en ouverture du tournoi. Une personne manque à l'appel : Bachir Nehar. Ce nom ne vous dira sans doute rien, mais cet homme de 49 ans est l'intendant de l'équipe de France depuis le printemps 2015, avant de devenir numéro 1 à ce poste après l'Euro 2016. Très proche et apprécié des joueurs et de Didier Deschamps, qu'il a rencontré à Monaco du temps où ce dernier officiait en tant qu'entraîneur au sein du club du Rocher entre 2001 et 2005 et à qui « il doit tout », ce grand professionnel était absent lors du début de la compétition, et ce pendant neuf jours. La raison ? Une opération des yeux.
Face à cette situation d'urgence et pour pallier cette absence importante dans le quotidien des Bleus, il a été demandé par

Guy Stéphan de bénéficier de l'aide d'un remplaçant, pour gérer notamment l'installation du matériel avant les entraînements et d'autres tâches incombant au travail de Bachir Nehar. Une requête retoquée avec vigueur par Florence Hardouin, la directrice générale de la fédération, présente auprès de l'équipe de France pendant toute la compétition, proche de l'intendant et qui a répondu à Stéphan de se débrouiller comme il voulait, mais que personne ne viendrait de Paris pour aider le staff et remplacer le principal intéressé.

Surpris, mécontent et passablement agacé, mais respectueux de la hiérarchie, le staff des champions du monde a pris note de ce refus, qui a provoqué des problèmes organisationnels et alourdi leur travail à l'amorce de l'Euro. Contraint de s'adapter, l'encadrement des Bleus a été dans l'obligation de demander à un des chauffeurs prestataires, un dénommé Georges, de leur prêter main forte pour mettre en place le matériel avant les séances d'entraînement des joueurs. Impensable quand on évoque le quotidien d'une nation comme l'équipe de France, championne du monde en titre.

L'intendant des Bleus, en plus de subvenir à tous les besoins des joueurs – chaussures, protège-tibias ou encore le pot de gel de l'un ou le savon d'un autre –, est également chargé de mettre en place le matériel adéquat à chaque début de séance. Un travail de l'ombre essentiel dans la vie d'une sélection. On imagine facilement que, même avec toute sa bonne volonté, « Monsieur Georges », habituellement en charge d'autres fonctions, n'a pas eu la même aisance pour remplir ce rôle. Tout le monde ne peut pas s'improviser intendant des champions du monde du jour au lendemain.

Une situation qui a ravivé aussi les tensions entre une partie du staff et la DG de la FFF, également très proche de Didier

Deschamps. Pour l'anecdote, Bachir Nehar – qui est aussi employé de la société d'agents de joueurs créée par l'ex-dirigeant de l'AS Monaco Vadim Vasilyev, ce qui fait tiquer certains qui y voient un conflit d'intérêts avec son activité au sein de la sélection – a rejoint les Bleus à Budapest quelques jours plus tard… en camping-car, depuis Clairefontaine. Avec l'aide de deux chauffeurs chargés de se relayer pour faire la route jusqu'à Munich, car l'intendant ne pouvait pas prendre l'avion en raison de son état de santé. Des frais couverts par la FFF. Un traitement de faveur singulier qui a fait jaser en interne. Situation ubuesque jusqu'au bout.

39

« C'EST UNE CATASTROPHE, CETTE HISTOIRE » : QUAND LA PREMIÈRE CONFÉRENCE DE PRESSE DES BLEUS À L'EURO TOURNE AU FIASCO

14 juin 2021

Un vrai calvaire. Pour les principaux acteurs, à savoir Hugo Lloris et Didier Deschamps, mais aussi pour nous, les journalistes et suiveurs des Bleus, en charge de poser des questions aux membres de l'équipe de France lundi 14 juin à Munich avant le choc face à l'Allemagne prévu le lendemain. La raison ? Les conférences de presse mises en place par l'UEFA en visioconférence. Avant même le début de la compétition, l'exercice a tourné au fiasco. À la mascarade. Ce qui a agacé à la fois Lloris et Deschamps, mais aussi les médias et l'instance européenne.

Face à la pandémie et aux contraintes sanitaires, l'UEFA a instauré des échanges par écrans interposés entre les sélectionneurs et capitaines des nations européennes et les journalistes durant toute la compétition. Les représentants des médias se trouvent généralement dans leur chambre d'hôtel, leur voiture, le bus ou dans la salle de presse du stade, et les joueurs et les entraîneurs dans une autre salle au sein du stade (donc parfois à quelques mètres de là), ou bien eux aussi à leur hôtel. Autant vous dire que la séquence vécue par les protagonistes français ce lundi en fin d'après-midi, pour le premier point presse des Français sur le sol allemand, a tourné au risible. Comme si organiser un rendez-vous média d'avant et d'après-match dans un auditorium avec le respect des distances et un test PCR n'était pas possible pour une organisation telle que l'UEFA... Définition même de l'excès de zèle.

« C'est catastrophique », ne cesse de répéter Hugo Lloris, passé en premier devant les médias, après de multiples bugs et une absence de son. À ses côtés, Raphaël Raymond, chef de presse des Bleus, ne peut le contredire, lui qui est à deux doigts de s'arracher les cheveux devant les nombreux soucis techniques et une communication indigne d'une veille de match France-Allemagne. « Il n'y a pas de rythme, pas d'image », s'agace même le capitaine des Bleus, interloqué face à cette parodie de conférence de presse et particulièrement soulagé d'en finir après dix minutes d'exercice.

Pas mieux avec Didier Deschamps, rapidement mis au parfum par son conseiller en communication. Souriant et détendu, le patron des champions du monde prend de suite conscience de la situation. « C'est une catastrophe, cette histoire », souffle-t-il après deux tentatives de questions... sans le moindre son. « C'est qui ? » s'interroge-t-il sans savoir le nom, ni voir le visage de son interlocuteur après une interrogation sur le rapport de force à venir entre Français et Allemands. « On t'écoute, il faut connecter ton micro », tente Raphaël Raymond face à un confrère en grande difficulté, comme la plupart des journalistes ayant suivi la conférence de presse de l'Allianz Arena, depuis un bus ou leur chambre d'hôtel. « Ça ne fonctionne toujours pas », s'agace encore une fois Deschamps en jetant un coup d'œil sur sa montre, avant de souffler de dépit. Autant vous dire que personne n'a demandé du rab. La Bérézina jusqu'au bout.

Dans la soirée, le chef de presse des Bleus, conscient du problème rencontré, se fendra d'un mot d'excuses en espérant que « le système proposé devienne aussi fluide qu'à Clairefontaine ». Avant que l'UEFA ne renvoie la balle sur la mauvaise utilisation du dispositif par les Bleus et les journalistes français. Chacun défend son camp et rejette la faute sur l'autre. Magique. « Sur 24 sélections et quelque 33 conférences de presse jusqu'à maintenant, on n'a jamais eu de problème comme avec la France », souffle-t-on au sein de l'instance européenne. Du coup, à qui la faute ?

40
« ON A FRÔLÉ LE DRAME » : COMMENT LE CHOC FRANCE-ALLEMAGNE AURAIT PU VIRER AU CAUCHEMAR

15 juin 2021

Une séquence dont certains Bleus se souviendront à vie. La remarque vaut tout autant pour les personnes présentes au stade ce soir-là. 20 h 58, mardi 15 juin 2021 à la Football Arena de Munich. Sous un beau soleil couchant et dans une ambiance électrique, les 14 500 spectateurs ayant eu la chance d'obtenir un billet pour le choc de l'Euro France-Allemagne ont les yeux rivés sur le terrain. Le protocole des hymnes terminé, les joueurs se positionnent sur la pelouse et l'arbitre s'apprête à donner le coup d'envoi. Le combat tant attendu approche.

Soudain, une toile jaune fend le ciel et s'engouffre dans le stade. Sans laisser le temps au public de se demander s'il s'agit d'une animation prévue par l'UEFA ou d'un invité surprise, le paramoteur en question, engin composé d'une voile de parapente et d'un moteur léger, heurte un câble reliant deux tribunes au-dessus du terrain puis se dirige à vive allure vers la partie basse de l'une des tribunes latérales, où se situent notamment les pupitres des journalistes.

Sous nos yeux, le pilote parvient alors à redresser en catastrophe sa trajectoire puis vole en rase-mottes jusqu'à la pelouse où il atterrit, près de la ligne de touche. Si les spectateurs les plus éloignés peuvent alors croire que la manœuvre s'est bien passée, les témoins proches de la scène ont tous aperçu que la cage de protection contenant l'hélice installée dans le dos du voltigeur avait volé en éclats. Au moins deux personnes présentes dans la tribune sont heurtées par l'ULM ou ses débris.

Touchées au visage et sonnées, les victimes sont rapidement prises en charge. L'une d'elles, un technicien de M6, est examinée par le médecin des Bleus, Franck Le Gall, avant d'être évacuée, légèrement touchée au visage. La deuxième personne heurtée par le paramoteur est un officiel de l'UEFA qui s'est rapidement engouffré dans un couloir, la main sur la joue. Pour une scène ubuesque. Lunaire. Et totalement improbable.

Si l'incident n'a pas eu de conséquence sur le match, qui a pu démarrer à l'heure, il a surpris et choqué, notamment le staff et les joueurs remplaçants de l'équipe de France présents sur la trajectoire de l'aéronef. Pendant quelques secondes, Antoine Griezmann ne se préoccupe même plus de ce qu'il se passe sur le terrain avant le coup d'envoi, conscient d'assister à quelque chose d'anormal. Tout comme d'autres membres des Bleus. « Je pensais que c'était quelque chose de prévu au départ, expliquera Didier Deschamps après la rencontre. On a frôlé le drame, ce n'est pas passé loin. Avec Guy, on s'est réfugié sous le banc, j'ai une petite bosse car j'ai tapé le haut du banc de touche, mais ce n'est rien. » Après l'incident, Léo Dubois refait la scène avec ses partenaires, entre grands gestes et stupéfaction.
Le perturbateur, un militant de Greenpeace qui avait inscrit sur la toile de son paramoteur le message « *Kick out Oil* »

(« dehors le pétrole ») pour protester contre l'organisation de l'Euro dans onze pays différents, a immédiatement été interpellé et placé en détention. « Cet acte inconsidéré – qui aurait pu avoir des conséquences très graves pour un grand nombre de personnes présentes – a blessé plusieurs personnes assistant au match qui sont désormais à l'hôpital », dénonce l'UEFA dans un communiqué. « Cette personne s'est mise elle-même en danger et en a blessé d'autres. De notre point de vue, c'est inacceptable (...) Les conséquences auraient pu être beaucoup plus graves », déplore de son côté la Fédération allemande de football.

« Cette action n'a jamais eu l'intention de perturber le jeu ou de blesser des gens, s'est justifiée Greenpeace, bien maligne. Nos actions sont toujours pacifiques et non violentes. Hélas, tout ne s'est pas passé comme prévu, nous en sommes désolés. » « Qu'est-ce que je peux vous dire ? Que ça n'a pas lieu d'être. Il faut relativiser, ça reste du football, et je trouve qu'on doit avoir un peu de retenue dans tout ce qu'on peut dire ou faire », conclut Didier Deschamps, qui se souviendra longtemps de cet avant-match pas comme les autres.

41
ALLEMAGNE-FRANCE : LES LEÇONS D'UN MATCH DE « TITANS »

15 juin 2021

Ne pas s'enflammer, sans toutefois minimiser la démonstration de force. Ici réside en quelques lignes la petite musique diffusée par l'équipe de France après son succès majeur (1-0) face aux champions du monde 2014 qui n'avaient, jusqu'à ce mardi 15 juin 2021, jamais perdu dans leur histoire un match d'ouverture de l'Euro. Souriants, détendus et logiquement fiers du coup réalisé à Munich devant une Europe du football sous le charme, les Bleus ont délivré quelques messages pour lancer leur tournoi avant de retrouver la Hongrie puis le Portugal. Et cette victoire face à la *Mannschaft* ouvre déjà en (très) grand les portes des huitièmes de finale. État des lieux d'un groupe affamé.

L'esprit de 2018 perdure… avec encore plus de cartouches à disposition

C'est LA question qui occupait tous les esprits au moment de l'entrée en lice dans l'Euro du champion du monde en titre. A-t-il encore faim ? Est-il toujours guidé par cette soif de vaincre ? Le groupe s'est-il embourgeoisé face au flot de louanges et de sollicitations en tout genre depuis trois ans ?

La réponse définitive ne sera donnée qu'à l'issue du championnat d'Europe, mais la démonstration collective en Bavière dévoile déjà quelques leçons à retenir. Ces Bleus-là ont les crocs, guidés par le désir de marquer l'histoire du football et de s'offrir un doublé Coupe du monde-Euro dans la lignée de leurs aînés de 1998-2000.

La prestation de Munich en fut un éclat retentissant. Comme en Russie, mais avec plus de talent au mètre carré et un groupe bardé d'individualités qui feraient fantasmer n'importe quel sélectionneur, l'équipe de France n'a rien perdu de ses vertus collectives. Don de soi, sacrifice, respect des consignes… Simple mais efficace. Et surtout indispensable dans la quête du Graal. « C'était un combat de titans et mes joueurs étaient là, tous, admet Deschamps, satisfait de voir un tel état d'esprit perdurer malgré un renouvellement (12 nouveaux sur 26 joueurs mais seulement trois changements dans le onze de départ) conséquent depuis la Russie. On a su souffrir et il faut garder cette base collective, c'est la base de tout. » Et Paul Pogba, magistral homme du match sur la pelouse de l'Allianz Arena, de résumer tel un guide jamais rassasié : « On doit assumer ce statut de champions du monde et venir sur le terrain avec humilité et faire des performances comme ça. Quand on doit souffrir, on le fait tous ensemble aussi. »

On attendait l'attaque de feu, ce fut la défense de fer

L'une des grandes leçons du voyage en Allemagne repose ici. Symbole d'une forme de continuité par rapport à l'épopée russe. En dehors de Samuel Umtiti et Blaise Matuidi, remplacés par Presnel Kimpembe et Adrien Rabiot, le socle défensif des Bleus (Lloris, Pavard, Varane, Hernandez, Kanté, Pogba) n'a pas bougé d'un iota. Pour une réussite maximale. Avec trois années de plus au compteur, des automatismes certains et une

ambition toujours bien présente, la défense des Bleus a fait mieux que tenir le choc.
Elle a martyrisé les corps et les esprits allemands dans un match d'une intensité folle et avec la volonté commune de remporter chaque combat. Au point d'en dégoûter les troupes de Joachim Löw. « La France est la meilleure équipe du monde en défense et face à une telle équipe on a très peu d'occasions », souffle le sélectionneur de la *Mannschaft*, comme subjugué par autant de détermination. De son côté, Deschamps le sait mieux que personne, dans un Euro, à défaut de le gagner avec une défense de fer, une telle arme permet de rêver en (très) grand. Comme en 1998-2000, où les similitudes dans l'état d'esprit et la construction du groupe n'ont rien d'anodin.

Les stars au diapason et guidées par le goût de l'effort

Depuis le début de la préparation des Bleus et le retour fracassant de Karim Benzema, tout le monde – la presse en premier – ne parle que de cette attaque de All Stars composée de « KB(1)9 », Antoine Griezmann et Kylian Mbappé. Mardi soir, ces trois-là n'ont pas marqué mais leur débauche d'énergie pour se mettre au niveau du combat que réclamait ce duel de mastodontes est à mettre à leur crédit. Jouer « sale » ne les a pas dérangés, bien au contraire. Surtout Griezmann, dont les cinq années à l'Atlético Madrid sous les ordres de Diego Simeone l'ont marqué à jamais.
Face à une telle intensité et une bagarre de tous les instants, Benzema et Mbappé (un but refusé chacun) n'ont pas démérité dans ce choc de titans. Tout en restant, à l'image du Parisien qui fera cauchemarder Mats Hummels pendant plusieurs jours après ses sprints de folie, un poison constant pour la défense allemande. Pour le plus grand plaisir de « DD », conscient toutefois de devoir améliorer l'animation offensive de son équipe. « C'est la partie à améliorer mais je ne veux pas

dissocier les trois de devant des sept autres. Défensivement, ils se sont mis au service du collectif pour qu'on puisse défendre très bien. »

Un message envoyé à toute l'Europe

Les autres nations présentes à l'Euro et candidates à la victoire finale n'ont pas raté une miette du match des Bleus mardi soir. Avec la Belgique, victorieuse face à la Russie (3-0) sans ses cadors que sont Eden Hazard et Kevin De Bruyne, les Bleus s'avancent comme prévu dans l'Euro avec le costume de grand favori. Une étiquette qu'il faudra assumer pendant moins d'un mois et qui n'a pas semblé les déranger à Munich.
Dans toute l'Europe, la prestation française a été saluée à sa juste valeur. De l'Italie à l'Espagne, en passant par l'Angleterre ou l'Allemagne. Avec des formules dithyrambiques. « Le match qui était censé être le point culminant de la phase de groupes n'a pas déçu les attentes, résume la *Gazzetta dello Sport*. La France a confirmé qu'elle était la meilleure équipe du tournoi : sans points faibles, elle dispose de joueurs capables de changer le jeu à tout moment. » Le message est passé sur le Vieux Continent. Mais l'Euro ne fait que commencer. Et ça, les Bleus ne doivent surtout pas l'oublier.

42
GENOU À TERRE AVANT FRANCE-ALLEMAGNE : LES RAISONS DE LA VOLTE-FACE DES BLEUS

16 juin 2021

Comme toujours lors d'un grand tournoi international, les sujets polémiques accompagnent la compétition de façon quasi quotidienne. À des degrés divers en fonction du sujet. Pour l'Euro, les Bleus ont désamorcé tout de suite une séquence qui aurait fait beaucoup parler. Avec des récupérations politiques en tous genres et notamment des extrêmes, avides de dicter leur agenda médiatique en s'exprimant sur des thèmes qu'ils ne maîtrisent pas. Mais qui font causer. Vieux comme le monde.

Comme ils l'avaient fait face au pays de Galles à Nice en match de préparation, les hommes de Didier Deschamps avaient prévu de tous poser un genou à terre avant le coup d'envoi de France-Allemagne à Munich. Un geste symbolique, issu du mouvement « Black Lives Matter » aux États-Unis, et dont l'objectif est de montrer son soutien à la lutte contre le racisme. Une attitude vue à maintes reprises sur les pelouses d'Europe ces derniers mois. Sauf que tout ne s'est pas passé comme prévu.

À la veille du match, le capitaine des Bleus, Hugo Lloris, avait confirmé que ses partenaires et lui renouvelleraient ce geste, déclenchant un début de polémique en France. « Très sincèrement, je le regrette. “Black Lives Matter”, c'est un drame, mais c'est un drame qui s'est passé aux États-Unis, c'est un drame qui s'est passé avec la police américaine. La police française n'a jamais eu ces dérives », avait ainsi dénoncé sur Europe 1 Thierry Mariani, candidat RN aux régionales en Paca. « C'est encore une opération importée d'un pays étranger qui n'a aucun rapport avec la France et moi je suis attaché à la neutralité du sport », avait ajouté l'ancien ministre de Nicolas Sarkozy. Roxana Maracineanu, elle, avait souligné sur France info que ce geste était un « engagement personnel » des joueurs « qu'ils souhaitent montrer et affirmer ». « On a besoin aujourd'hui de l'engagement des sportifs », a par ailleurs estimé la ministre déléguée aux Sports. Bref, une nouvelle cacophonie pour un buzz inutile.

Finalement, alors que l'on s'attendait à voir les champions du monde effectuer le fameux geste sur les coups de 21 heures à l'Allianz Arena, il n'en a rien été. L'irruption par les airs d'un militant de Greenpeace quelques secondes plus tôt, et qui aurait pu virer au drame après un atterrissage en catastrophe, a-t-elle perturbé leurs plans ? Pas du tout. Hugo Lloris et ses partenaires ont tout simplement renoncé à imiter le roi de la Formule 1 Lewis Hamilton et les stars du sport américain, coutumiers du fait.

« Le genou par terre, c'était une décision collective. On part du principe que si on doit le faire, toutes les nations doivent le faire avec l'appui de l'UEFA. C'est le cas en Premier League, où le mouvement a été collectif et solidaire. Sur cette compétition, c'est moins le cas », expliquera le capitaine des Bleus après la rencontre. Une position qui tranche avec ses propos de la veille et alors que parmi les sélections ayant déjà joué dans l'Euro, seules l'Angleterre et la Belgique avaient exécuté le geste. Les Diables Rouges s'étaient d'ailleurs fait siffler par une partie du public quelques jours plus tôt à Saint-Pétersbourg.

Le revirement allemand

Que s'est-il passé ? Les Bleus et Didier Deschamps ont-ils été mis sous pression par leur hiérarchie ? Le président Noël Le Graët contraint de faire respecter des ordres venus du gouvernement ? Forcément, la boîte à fantasmes a tourné à plein. Et les complotistes en tous genres en ont eu pour leur argent quelques heures. Sauf que ce ne fut pour aucune de ces raisons.

Selon les informations récoltées auprès de diverses sources bien au fait de la vie des Bleus, cette volte-face s'est en fait décidée de manière collégiale au sein de la sélection peu de temps avant la rencontre, quand les joueurs ont appris que leurs adversaires de la *Mannschaft*, eux, ne poseraient pas le genou à terre. La délégation allemande avait pourtant fait savoir à son homologue française que Manuel Neuer et ses partenaires étaient prêts à les imiter. Ce revirement en a donc appelé un autre.

Côté dirigeants, on indique que le sujet n'a pas été discuté sur le fond avec les joueurs dans un souci de préserver leur liberté de penser et d'agir. Noël Le Graët avait glissé mardi qu'il était « très favorable » au genou à terre. Raté. Comme quoi le patron du football français, une fois le vestiaire fermé, n'a que peu de prise sur les stars de l'équipe de France.

Soucieux de « rassembler » mais constatant que le sujet divise et dans une volonté de ne pas « créer de polémique », les joueurs de l'équipe de France ont préféré rester debout, comme l'a expliqué Raphaël Varane en conférence de presse au lendemain du match. Tout sauf anodin d'ailleurs de voir le vice-capitaine des champions du monde débarquer à cet instant face aux médias. Avec son expérience et une nouvelle épaisseur – bien loin du jeune joueur timide et en difficulté face aux micros –, le Madrilène a donné le change. Sans sourciller. Droit comme un I. Pour s'expliquer et faire le service après-vente. Avant de passer à autre chose.

« On en a discuté entre nous, ce n'est pas le même symbole qu'au début par rapport à ce geste qui est un geste très très fort. Je pense qu'aujourd'hui, c'est plus un symbole de tension ou de crispation par rapport au fait qu'une équipe puisse mettre le genou à terre et qu'une autre équipe ne puisse pas. On n'a pas un élan collectif avec un message clair et fort de façon unanime donc le message n'est pas celui qu'on souhaite », a-t-il commenté pour éteindre tout début d'incendie.

43
HONGRIE-FRANCE : UN APRÈS-MIDI EN ENFER POUR LES BLEUS

19 juin 2021

Un sacré rappel à l'ordre. Qui témoigne, si certains en doutaient, que le parcours de l'équipe de France pour être à la hauteur de ses glorieux aînés de 1998-2000 sera semé d'embûches. En tous genres. Comme par exemple se faire accrocher par une Hongrie soutenue, portée et glorifiée par plus de 55 000 spectateurs en fusion à la Puskas Arena (1-1) ce samedi 19 juin. Bougés comme rarement depuis des années, les champions du monde ont fait pâle figure dans la cité hongroise, sauvés en deuxième période par leur leader de jeu, Antoine Griezmann, fidèle au poste quand il faut prendre ses responsabilités.

De bruit et de fureur

Quatre jours après avoir dominé l'Allemagne, les Bleus ont pataugé dans la lave de la Puskas Arena. Parvenus à arracher un point, les hommes de Didier Deschamps ont frôlé la catastrophe face à une équipe hongroise sublimée par l'incroyable soutien de son public. « Nous serons quelques milliers contre tout un peuple », avait annoncé Kin, l'un des responsables des Irrésistibles Français, chargés d'animer la tribune bleu-blanc-rouge à Budapest. Qu'ils soient affiliés ou non à l'association des supporters des équipes de France, les 5 700 fans venus de l'Hexagone pour soutenir Griezmann & co ont, comme leurs protégés, passé un après-midi dans un cratère. Ils ont aussi renoué, en récompense d'une abnégation mise à rude épreuve par les contraintes sanitaires (test PCR obligatoire pour rentrer), avec des sons et des sensations magnifiques dont les fans de foot ont été trop longtemps privés ces quinze derniers mois. Seul stade de l'Euro à avoir obtenu une jauge pleine, la Puskas Arena avait fait le plein pour la venue des champions du monde (55 998 spectateurs), comme lors du match des Magiques Magyars contre le Portugal le mardi précédent. Pour une ambiance extraordinaire.

La fête a démarré à l'heure du déjeuner, à trois kilomètres de là, en centre-ville. Sous un soleil de plomb, sans masque et collés serrés. Sur les bords du Danube, malgré le bilan sanitaire noir de la Hongrie (30 000 décès pour 9,7 millions d'habitants), le Covid-19 semble déjà de l'histoire ancienne. Le bruyant – et intimidant – cortège des ultras de la Brigade des Carpates a quitté la Hosok Tere (place des Héros) en direction du stade flambant neuf de Budapest, réceptacle de la fierté nationale ravivée par le premier ministre Viktor Orbán.

Réunis au cœur de la ville, les supporters français se sont aussi fait entendre. Il fallait qu'ils en profitent. Car une fois dans le volcan de la Puskas Arena, difficile de rivaliser pour la colonie tricolore. « Ici, il y a de l'ambiance », avait annoncé le latéral franco-hongrois Loïc Nego, titulaire face aux Bleus samedi. Sans en dire beaucoup plus, comme pour nous réserver la surprise.

Caniculaire (plus de 30 degrés à l'ombre), la température est encore montée d'un cran dès l'échauffement. Clameur pour

Gulacsi et ses partenaires, bordée de sifflets assourdissants pour Mbappé et les siens comme pour la note finale de La Marseillaise. Un moment intense. Unique. À vous filer des frissons. À la moindre tentative de chant des supporters français, de puissants « Hungaria, Hungaria » ont dévalé les travées abruptes de l'enceinte aux sièges rouges. Palpable, la fébrilité des Bleus dans les premières minutes n'a fait qu'attiser le feu en tribunes. Sous les décibels, on a vu Pogba demander à Lloris de hurler pour se faire comprendre.

« Ce sera difficile de communiquer avec un attaquant ou un milieu offensif », avait prévenu le capitaine des Bleus, habitué ces derniers mois au confort auditif des huis clos. D'entrée, un choc entre Schäfer et Kanté provoque un impressionnant rugissement comme la double parade de Gulacsi devant Benzema et Griezmann (13e). Puis le couvercle de la cocotte-minute hongroise a explosé quand Fiola a trompé Lloris (45e+2). Buteur en transe et vacarme de dingue. Dans la tribune officielle, Viktor Orbán jubile. Les Bleus ont regagné le vestiaire dans une ambiance de corrida, mis K.O. par la 37e nation mondiale et 50 000 supporters en feu, s'époumonant au rythme du célèbre tube « Seven Nation Army ».

L'impressionnant kop nord peuplé de t-shirts noirs et de torses nus a soudain baissé le volume sur l'horizontale de Gulacsi devant Pogba (49e) et le poteau de Dembele (59e). Avant de s'éteindre sur l'égalisation de Griezmann (66e). Puis de vite se rallumer pour couvrir La Marseillaise et les « Qui ne saute pas n'est pas français ! » de supporters visiteurs ragaillardis dans la tribune d'en face. Quatre jours après avoir vu leurs protégés exploser en fin de match face aux Portugais (0-3), les supporters hongrois se sont mués en douzième, treizième voire quatorzième homme pour aider les joueurs de Marco Rossi à résister en fin de rencontre.

Et siffler copieusement les supporters français qui balançaient des bouteilles sur la pelouse avant le coup de sifflet libérateur de M. Oliver. Dans le rouge, Lloris et ses partenaires avaient effectivement besoin d'eau fraîche. Pour les Hongrois, ce nul au goût de victoire face aux champions du monde valait bien un vibrant *Himnusz*, l'hymne national, chanté *a capella* et à l'unisson. De quoi parfaitement clôturer cet après-midi magique pour les locaux et irrespirable pour leurs prestigieux visiteurs.

« Ce match nous a tués »

À l'issue du match et dans l'intimité de la vie des Bleus à l'hôtel, pas d'inquiétude ou de remontée de bretelles de la part de Didier Deschamps envers ses joueurs. En substance, le coach français a rassuré ses troupes, en restant factuel. Avec quatre points (l'Allemagne battra le Portugal 4-2 quelques minutes plus tard) en deux matchs, les champions du monde virent en tête. « Il ne nous a pas bousculés mais plutôt rassurés car on faisait la tronche dans le vestiaire, reconnaît un joueur. C'est aussi sa force, ne jamais céder à la panique et prendre de la hauteur. On avait besoin de ça car on était tous cuits. »

Asphyxiés par la canicule dans le volcan de la Puskas Arena, les Français sont sortis rincés. Usés. Dans la soirée, les Griezmann, Pogba et compagnie ont eu droit à un barbecue, ainsi que quelques bières, en toute détente sur le *rooftop* de leur hôtel en plein centre de Budapest, face à la vue magnifique sur le château de Buda, sur les bords du Danube. Avec un mot d'ordre : ne pas céder au catastrophisme. « On est premier, détendez-vous, il n'y a pas le feu », souffle-t-on en interne. Quelques jours plus tard, un membre du groupe France m'assurera pourtant : « Ce match nous a tués, on ne s'en est jamais remis physiquement. » Comment dit-on « après-midi en enfer » en hongrois ?

44
LE CORPS À BUDAPEST, L'ESPRIT À CHANTILLY : ANTOINE GRIEZMANN DERNIER… DU PRIX DE DIANE

20 juin 2021

S'il a la tête à l'Euro avec l'équipe de France, Antoine Griezmann avait le cœur du côté de Chantilly ce dimanche pour suivre l'incontournable rendez-vous de l'élégance des courses hippiques, le prix de Diane Longines. L'attaquant des Bleus, qui a demandé à Didier Deschamps de faire en sorte que l'entraînement du jour à Budapest ne se déroule pas pendant l'épreuve, a suivi avec assiduité depuis son hôtel la prestation de sa pouliche de trois ans, Natsukashi, sur l'hippodrome de Chantilly.

« Je pense qu'on a nos chances », déclarait-il enthousiaste en conférence de presse, quelques heures avant l'événement. « Vous ne m'avez même pas posé une question sur le sujet », concluait-il avant de se lever de sa chaise et d'adresser aux médias dans un grand sourire « Vive la France, vive la République ». « Grizou » est propriétaire depuis quatre ans d'une écurie de chevaux de course, sa deuxième passion après le ballon rond. Sous les yeux de Tony Parker, lui aussi amoureux des courses hippiques, Natsukashi (confiée au jockey Sébastien Maillot) n'a pas vraiment brillé dans l'Oise, devant se contenter de la dernière place au classement de la plus prestigieuse des courses européennes pour les pouliches âgées de trois ans. Un résultat bien en deçà des espérances du clan Griezmann, très loin de Joan of Arc qui s'est imposée entre les mains d'Ioritz Mendizabal, mais qui ne viendra pas entamer son enthousiasme pour ce sport.

Dès la fin de la course, la famille Griezmann a échangé et refait la séquence ensemble. La star des Bleus, qui accompagnait adolescent son père Alain (présent à Chantilly) sur les hippodromes, nourrit de grandes ambitions pour son écurie, après avoir remporté son premier quinté en plat à Paris-Longchamp grâce à Hooking en avril 2021. « Mon rêve est de gagner le Grand Prix d'Amérique avec l'un de mes chevaux, ce serait grandiose », souffle le principal intéressé, qui suit avec beaucoup d'assiduité toutes les courses de ses chevaux, parfois au point de faire l'aller-retour en avion pour succomber à sa passion. Et qui n'a pas manqué de se faire chambrer par ses partenaires après la dernière place de son cheval. Partie remise.

45
« PAPY N'EST PAS MORT »

20 juin 2021

18h48, dimanche 20 juin, au Nandor Stadium de Budapest. Olivier Giroud, bouche ouverte à la recherche d'air sous le soleil de plomb de la cité hongroise, sue comme un damné avec l'ensemble des remplaçants après une séance d'entraînement très poussée de près de 1h30 pour les fameux «coiffeurs ». À quelques mètres, Karim Benzema, assis sur un ballon après une série d'exercices d'abdominaux, converse en toute décontraction avec Paul Pogba, Presnel Kimpembe et Kylian Mbappé au lendemain du décevant match nul des Bleus contre la Hongrie.. Cette séquence résume à elle seule la situation que vit le deuxième meilleur buteur de l'histoire des Bleus dans cet Euro. Et symbolise le déclassement certain dans la hiérarchie des attaquants de l'équipe de France vécu par le tout récent champion d'Europe avec Chelsea depuis le retour de Benzema.

Du haut de ses 34 ans, 109 sélections (cinquième Bleu le plus capé de l'histoire, devant Zinédine Zidane, sixième) et 46 buts, l'ancien Tourangeau prend son mal en patience, dans l'ombre, en attendant des jours meilleurs et, surtout, plus de temps de jeu. Il n'a de toute façon pas le choix, Didier Deschamps lui préférant Karim Benzema à la pointe de l'attaque des champions du monde. Situation qui devrait se répéter, sauf surprise, face au Portugal pour le troisième et dernier match des Bleus dans ce premier tour de la compétition.

Depuis le début de l'Euro, le bilan de Giroud s'avère famélique. Pas d'entrée en jeu face à l'Allemagne et quinze maigres minutes, plutôt neutres malgré une passe pour Mbappé qui aurait pu faire mouche en toute fin de match, dans la fournaise de la Puskas Arena. En privé, auprès de ses proches, le principal intéressé ne se dit pas touché, encore moins près de renoncer, mais toujours soucieux de rester disponible et en forme en cas de besoin du sélectionneur. Expérience oblige, il rêve dans un coin de sa tête d'un revirement de situation. « Olivier est pris dans une forme de dualité entre voir l'équipe de France gagner, mais aussi apporter beaucoup plus qu'aujourd'hui, explique son agent, Michael Manuello. Il ne lâche rien et se tient prêt à tout moment. »

Même son de cloche au sein du vestiaire français, où l'attitude du champion du monde 2018 séduit tout le monde et ne surprend personne. « Je suis avec lui à table, et je peux vous dire que le mec a la banane, le sourire. Sur le terrain, il donne tout, reconnaît Antoine Griezmann. C'est exceptionnel d'avoir un attaquant comme ça. Ce n'est pas facile pour lui non plus. On sait qu'il est là et prêt pour faire la différence. C'est génial, ce qu'il est en train de faire pour le groupe. Ça ne peut que nous aider sur le terrain et dans la vie de groupe. »

Très proche du capitaine Hugo Lloris, qu'il côtoie en sélection mais aussi à Londres depuis près de dix ans et avec lequel il passe du temps à refaire le monde après les matchs en écoutant notamment du Jean-Jacques Goldman dans leur chambre, Olivier Giroud s'épanche peu sur sa situation personnelle, une fois les micros éteints et les caméras coupées. Pas le genre du garçon de se plaindre ou de mettre la pagaille dans le vestiaire. « Il a connu ça cinquante fois dans sa carrière, et il sait très bien ce qu'il doit faire, raconte un de ses proches. Se taire, travailler et attendre son heure. »

Reste une inconnue de taille : celle-ci viendra-t-elle durant cet Euro ? Tant le retour de l'attaquant du Real Madrid a tout chamboulé au sein de l'attaque des Bleus, pour un résultat très relatif après quatre rencontres à son actif et toujours aucun but à la clé. Mais difficile, pour Didier Deschamps, de changer de braquet à la première secousse, ce qui serait vécu comme une forme de désaveu dans sa gestion et sa construction du groupe France. « On aime ou non le joueur, mais ses états de service parlent pour lui, et je trouve que Giroud a été placé un peu trop rapidement à la cave, estime l'ancien international (3 sélections) Mickaël Madar. Dans la tête, ça doit quand même être difficile à accepter. Il ne mérite pas ce traitement. »

Rencontré début juin avant le départ pour l'Euro, le principal intéressé se savait dans une situation plus inconfortable qu'il y a trois ans en Russie. Pas suffisant toutefois pour le mettre au pas. Encore moins lui ôter toute forme d'ambition. « L'équipe de France bénéficie d'une force de frappe assez incroyable, mais j'ai une carte à jouer, car il n'y a pas d'autres joueurs dans mon profil (1,92 m, 93 kg), soufflait-il avec force. Je suis là pour répondre présent et apporter ce que je sais faire à l'équipe. J'ai la caisse, l'envie, et, si les jeunes veulent me bouger, il faudra qu'ils soient prêts aussi. »
Et Giroud de confier dans un grand éclat de rire : « Je ne suis pas fini, loin de là. Comptez sur moi, papy n'est pas mort ! » Relancé sur son rôle de remplaçant à l'Euro, il concluait, presque prophétique : « C'est de la littérature. J'ai toujours envie de plus, les objectifs sont là, gagner et rien d'autre. Je me concentre sur le terrain et ce que j'ai à faire, et après, le reste viendra assez vite. »

Dans ses valises pour l'Euro, Olivier Giroud – baptisé catholique durant son enfance et chrétien évangélique depuis – a glissé le livre *Le Temps d'une pause*. Une méditation pour grandir avec Dieu chaque jour, et un ouvrage qu'il consulte « un peu chaque jour ». Comme pour y puiser d'autres ressources et nourrir une certaine force de caractère. « J'ai bientôt 35 ans (*il les aura en septembre*), mais j'ai les crocs d'un mec de 20 ans », promet-il pour conclure. Signe d'un attaquant déclassé, mais surtout pas abattu.

46

LE DÉPART D'OUSMANE DEMBÉLÉ FAIT MAL AUX BLEUS

21 juin 2021

Le soleil plombant et les 38 degrés au thermomètre de la cité hongroise n'incitent pas les joueurs de l'équipe de France à sortir de leur hôtel qui fait face au magnifique château de Buda sur les rives du Danube. De toute façon, ils n'en ont pas le droit. À deux jours de retrouver le Portugal, l'ambiance est maussade au sein du groupe France. Ousmane Dembélé (25 sélections), blessé et forfait pour le reste de l'Euro après sa sortie face à la Hongrie, vient de quitter ses partenaires le cœur lourd, profondément attristé par un tel épilogue.

Touché à un tendon du genou droit et sur le flanc pendant plusieurs semaines – le verdict tombera quelques jours plus tard avec une absence estimée à quatre mois par le FC Barcelone –, l'ailier ambidextre de 24 ans a pris le temps de saluer un à un ses coéquipiers avant de s'engouffrer dans le van chargé de le déposer à l'aéroport. Dans la vie du groupe des champions du monde, Ousmane Dembélé laissera rapidement un gros vide. Qui ne sera jamais comblé.

Sous ses airs de chambreur et sa légèreté qui lui a parfois causé des problèmes ou des remontrances de ses coachs successifs,

Didier Deschamps en tête, « Ouss » faisait le lien entre toutes les générations de cette équipe de France version 2021. L'un des rares capable de bien s'entendre avec les plus vieux comme Hugo Lloris, Olivier Giroud ou Steve Mandanda, comme d'être très proche d'Antoine Griezmann et Lucas Hernandez, avant de passer du bon temps du côté de Karim Benzema, Kylian Mbappé ou Presnel Kimpembe. Un élément jovial, toujours de bonne humeur et jamais le dernier pour apporter insouciance et sourire dans le quotidien pas toujours facile des Bleus, entre les titulaires assurés de jouer les rencontres et les remplaçants de plus en plus découragés par leur place sur le banc de touche. Difficile de trouver quelqu'un de plus fédérateur, hormis Paul Pogba, dans le groupe mis en place par Didier Deschamps. Toutes proportions gardées et dans un style différent, l'ancien Rennais a pris la place d'Adil Rami pour le côté « ambianceur » et déconneur lors des temps faibles de l'équipe de France.

Sur le terrain, l'ancien Rennais avait aussi clairement une carte à jouer, au regard de son profil de puncheur et de sa capacité à évoluer sur les côtés, l'un des points faibles des Bleus dans l'animation offensive. Ce n'est pas pour rien si « DD » l'avait fait entrer avant l'heure de jeu face à la Hongrie, avec, pendant trente minutes, un condensé de la carrière d'Ousmane Dembélé. Entre espoir, fulgurance et déception. En guise de hors-d'œuvre, un enchaînement pied gauche-pied droit pour mettre dans le vent son adversaire direct et frapper sur le poteau. Puis une multitude de pertes de balles, de mauvaises inspirations et enfin une blessure avant d'être remplacé à la 87e minute.

« Ousmane, c'est la folie »

Côté coulisses, Ousmane Dembélé n'est jamais le dernier pour faire sourire ses coéquipiers. En 2018, lors du sacre au pays de

Vladimir Poutine, il s'était fait remarquer en oubliant dans l'avion… son visa. Ce qui provoqua moqueries et sourires de la part de ses partenaires, moins de Didier Deschamps, conscient de détenir dans ses rangs un élément étourdi et parfois à côté de ses pompes. À l'Euro, le joueur du FC Barcelone s'est aussi fait remarquer avec quelques retards au déjeuner ou encore l'absence de respect des consignes quant au protocole mis en place par l'UEFA avec la mise en avant des sponsors les jours de match. Mais avec sa gentillesse et son sourire, il a su ménager le staff.

« Ousmane, c'est la folie, la vitesse sur le terrain, mais aussi un garçon qui met de la bonne humeur au quotidien, il faut parfois le canaliser mais c'est vraiment un bon garçon », confiait Guy Stéphan avant la compétition, qui n'a pu s'empêcher de le surveiller avec bienveillance pour éviter toute sortie de route.

Très proche de son coéquipier du Barça qu'il a toujours défendu, Antoine Griezmann se fendra d'un long message après le départ de ce dernier. « Il y a les dribbles, les crochets, les buts, les blessures… mais surtout il y a l'homme ! Encore un obstacle à franchir sur ton chemin mais tu vas revenir plus fort ! Je suis triste de te voir partir de cet Euro, mais sache que tu seras sur le terrain avec nous. » Idem pour Kylian Mbappé : « Mon Brook. Une nouvelle épreuve mais on le sait, t'es plus fort que ça. » Ce lundi soir, les Bleus sont orphelins. Et l'ambiance bien moins douce et légère.

47

ENTRE LA COMMUNICATION DES BLEUS ET LES JOURNALISTES, LE JEU DU CHAT ET DE LA SOURIS

Juin 2021

C'est de bonne guerre. Pendant chaque compétition internationale, la même rengaine se déroule lors de moments dits un peu plus faibles entre deux rencontres de la sélection. Avec à chaque fois les mêmes acteurs. D'un côté, l'encadrement de l'équipe de France, soucieux de travailler en toute tranquillité et à l'abri des regards – donc loin des journalistes. De l'autre, les médias avides d'informations, de changements tactiques, de profils de joueurs pour le match suivant. Comme toujours, après les sourires et les courbettes de début de rassemblement entre le sélectionneur et les suiveurs, le climat se tend dès l'amorce des premières difficultés. C'est logique, voire attendu, tant la pression monte d'un cran au fil des jours. Ça n'a pas loupé lors de cet Euro 2021, et notamment entre le match face à la Hongrie et le choc contre le Portugal. Pour un jeu du chat et de la souris entre le service de sécurité des champions du monde et quelques médias jugés un peu trop curieux.

Petit rappel du contexte. Après la victoire musclée en Allemagne (1-0) et le match nul très décevant face aux Hongrois (1-1),

Didier Deschamps semble partagé entre l'idée de changer sa mise en place tactique et la possibilité d'apporter un peu de sang frais à un groupe marqué par la canicule et les 38 degrés de la Puskas Arena. Les corps sont usés, le manque de fraîcheur criant et la bouillie de football rendue face aux Magyars interpelle « DD », plus que jamais à la recherche de la bonne formule.

La perspective de deux entraînements le lundi 21 et le mardi 22 juin peut lui permettre de mettre un peu d'ordre dans ses idées. Les deux séances à huis clos ont lieu au Nandor Stadion, antre d'un des clubs de la capitale, le MTK Budapest, dans le huitième arrondissement de la cité hongroise. L'enceinte de 10 000 places, en dehors d'une ouverture derrière l'un des deux buts, ne donne que peu d'opportunités aux journalistes d'entrevoir l'entraînement. Enfin une seule, pour être honnête. Que tout le monde avait flairée à des kilomètres. Pas besoin d'être un fin limier.

Derrière cet espace, un vieux bâtiment abandonné, qui fait office de tribune pour le stade de campagne placé juste à côté de celui des Bleus, offre une vue quasi imprenable sur la pelouse du Nandor Stadion, avec quelques fenêtres parfaitement positionnées. Le staff des Bleus le sait, le service de sécurité encore plus : c'est l'endroit idéal pour que les journalistes épient les séances du jour. La planque parfaite. Quatre jours plus tôt, lors d'un nouvel entraînement à huis clos, Raphaël Varane, lors de son footing, nous avait adressé un bonjour de la main en nous voyant l'observer, ainsi que ses partenaires, du haut de notre donjon de fortune. Pour l'anecdote, nous étions près d'une dizaine de journalistes à jouer ainsi les espions. Ce jour-là, la sécurité des Bleus nous avait laissés tranquilles. L'équipe de France préparait son rendez-vous face aux Hongrois et tous les voyants étaient au vert après la démonstration de force à Munich. *Keep cool.*

Un film d'espionnage

Les 20 et 21 juin, ce ne fut pas la même histoire. Toujours sous le cagnard de Budapest, avec près de 40 degrés au thermomètre en plein après-midi, dès l'arrivée des journalistes sur site quelques minutes avant le début de la séance, l'encadrement des champions du monde avait donné le ton en plaçant un membre de la sécurité sur le toit de l'enceinte, avec une vue directe sur la place que nous occupions quatre jours plus tôt. Via un talkie-walkie, l'officier de sécurité est en communication directe avec le chef de presse des Bleus et son adjoint pour les tenir informés des allées et venues des récalcitrants. À peu de choses près, on se serait cru dans un film d'espionnage.

Manière surtout pour le staff, sur ordre de Deschamps, de planter le décor avec un message clair : la récréation est terminée, laissez les joueurs bosser tranquillement. Un rapport de force que Raphaël Raymond, attaché de presse numéro 1 des champions du monde, connaît et maîtrise à la perfection puisqu'il fut pendant de longues années… en charge du suivi de l'équipe de France pour *L'Équipe*. Autant dire que toutes les ficelles du métier, et notamment du « craquage » des huis clos, n'ont aucun secret pour lui.

Signe d'une ambiance un peu plus tendue avant l'affrontement face au Portugal, ce dernier, accompagné de son adjoint et d'autres membres de la sécurité, s'est personnellement déplacé vers l'endroit où les journalistes guettaient le moindre changement tactique de Didier Deschamps (il passera d'ailleurs en 4-2-3-1 face aux champions d'Europe 2016, avec un côté droit inédit avec le duo Koundé-Tolisso), pour demander, poliment mais non sans fermeté, à ses anciens confrères de quitter les lieux. Une gentille chasse à l'homme venait de se terminer. Avant celle du prochain match. Pour un éternel recommencement.

48

DES PARTIES DE POKER QUI FONT GRINCER DES DENTS

Juin 2021

Durant une Coupe du monde ou un Euro, le temps est long. Très long. Encore un peu plus en cette année 2021, avec des conditions sanitaires strictes et l'interdiction pour les Bleus de voir leurs familles sur de courtes périodes, comme ce fut le cas en Russie trois ans plus tôt. Rien d'insurmontable non plus au regard des cinquante-cinq jours de l'épopée russe, il est vrai dans un autre contexte, plus léger et moins permissif. Pour passer le temps, les joueurs, en fonction de leurs rapports dans le groupe et amitiés hors du terrain, ont donc eu tout le loisir de s'adonner à des activités classiques comme les jeux vidéos, les parties de *Football Manager*, les jeux de cartes et en particulier… le poker. Et sur ce dernier point, cela ne fut pas au goût de tout le monde.

Car à plusieurs reprises au cours de la compétition, les Bleus ont partagé ces parties de poker avec un membre de l'encadrement des champions du monde. Une situation qui a fait grincer des dents en interne, certains acteurs s'avouant interloqués de voir un élément du staff jouer de l'argent avec les joueurs. Mais face à la proximité de ce dernier avec le sélectionneur, personne n'a osé élever la voix ou faire part de ses réticences sur ce sujet quelque peu sensible. Et comme Didier Deschamps, très au fait de ce qu'il se passe dans son groupe hors des terrains, a toujours validé ces parties de poker, qu'il voit comme un moyen aussi de s'aérer lors des longs rassemblements, rien n'a changé. Mais pour certains, ça coinçait.

49

BENZEMA FAIT DU RAB', LES BLEUS SOUS LE CHARME

Juin 2021

« Quand il a débarqué à Clairefontaine, il paraissait tout timide, même un peu renfermé, et dès qu'il est arrivé sur le terrain, un contrôle, une passe, la magie a opéré. » L'hommage est à mettre au crédit d'un jeune joueur de l'équipe de France, sous le charme de Karim Benzema depuis son retour pour l'Euro. Difficile dans tous les cas de trouver au sein des Bleus quelqu'un pour contredire un sentiment ressenti par beaucoup. Le buteur de 33 ans, au palmarès XXL (4 Ligues des champions, 4 Coupes du monde des clubs, 3 titres de champion d'Espagne, 4 titres de champion de France et des buts à la pelle...), remporte tous les suffrages au sein du vestiaire, sans pour autant se mettre en avant. L'opération séduction est déjà réussie et validée haut la main.

Lors de son arrivée au Château, après plus de cinq ans d'absence, il a pris le temps d'observer, d'écouter et de sentir les sensibilités des uns ou des autres avant de commencer à faire entendre le son de sa voix. Pour jouer son rôle de grand frère. Des conseils techniques pour les uns, un avis sur l'alimentation ou la récupération pour les autres: chacun, sans le demander frontalement, avait besoin de s'enquérir de l'avis du buteur du Real.

Dans un premier temps très proche de Raphaël Varane, qu'il côtoie depuis plus de dix ans à Madrid, il a par la suite fendu l'armure en se rapprochant de Kylian Mbappé, Presnel Kimpembé ou encore Ousmane Dembélé. Sans pour autant négliger ses autres partenaires. « Il a une excellente attitude depuis le début de la compétition, et il impressionne dans son travail au quotidien, le souci des petits détails et surtout sa qualité technique à l'entraînement et en match, témoigne un proche des Bleus. Si tout le monde est à son niveau, on peut nourrir de grandes ambitions. »

Après deux matchs poussifs contre l'Allemagne et la Hongrie pour un léger retard à l'allumage en début de tournoi, le natif de Bron attend avec impatience le rendez-vous face au Portugal pour enfin débloquer son compteur buts et lancer son Euro. Tout comme de voir son association avec Kylian Mbappé et Antoine Griezmann répondre enfin aux attentes. Pour le moment, c'est plus qu'insuffisant.

Malgré tout, le staff des Bleus est aussi sous le charme de l'ancien Lyonnais face à autant de talent, d'aisance et un état d'esprit irréprochable. « Vous croyez que l'on fait plus de dix ans au Real Madrid en étant un sale type ? s'interroge faussement Bernard Lacombe, champion d'Europe 1984 et ancien buteur de l'OL et des Girondins de Bordeaux, mais surtout très proche de Benzema qu'il a souvent au téléphone. On lui a fait une mauvaise publicité, mais Karim est un garçon qui travaille, se plaît dans l'altruisme. Il était temps qu'il revienne en équipe de France. »

Conscient de se savoir très attendu et épié de toutes parts, le principal intéressé, très « fit » et au visage émacié par une vie quasi monacale, a mis tous les ingrédients de son côté pour performer et répondre aux attentes, notamment en ne laissant rien au hasard entre les rencontres dans tout ce qu'on appelle le travail invisible. À plusieurs reprises, il a demandé à Guy Stéphan de poursuivre les séances une fois le contenu collectif terminé, pour s'exercer devant le but. Ajoutez à cela de nombreux exercices de renforcement musculaire effectués, que ce soit en salle ou sur le terrain, pendant que d'autres s'adonnaient aux soins ou passaient entre les mains des kinés.

Une attitude, en plus de ses états de service en club, qui a séduit ses partenaires et notamment un Kylian Mbappé en totale admiration. Même Olivier Giroud reconnaît en coulisses le talent et l'apport d'un homme dont le retour l'a poussé sur le banc des remplaçants. Après une logique période d'adaptation, il s'est peu à peu ouvert aux autres joueurs au fil de la préparation, avant de se muer en leader, un peu par la parole mais beaucoup balle au pied, lui, le père de famille peu expansif et pas du genre à haranguer tout un vestiaire. « Ce n'est pas un expressif, encore moins un harangueur, mais quel niveau technique ! commente un proche de la sélection. L'équipe de France est synonyme d'excellence, lui s'inscrit parfaitement là-dedans. Il a une classe et un talent incroyables. »

50
LA FAMILLE MBAPPÉ TIENT SALON AVEC LES JOURNALISTES À L'EURO

Juin 2021

La scène est quelque peu cocasse. À plusieurs reprises pendant l'Euro, les parents de Kylian Mbappé, et notamment sa mère, Faïza, ont tenu salon avec différents journalistes, la plupart du temps entre les rencontres de l'équipe de France, pour évoquer les coulisses de la sélection, et forcément la situation de leur fils, ainsi que son positionnement au sein des champions du monde. Cette séquence eut lieu notamment à Budapest, dans un café-restaurant de la cité hongroise qui vit madame Mbappé échanger avec certains de mes confrères sur divers sujets d'actualité. Pour une conférence de presse informelle, loin des regards et micros coupés. Tout en prenant soin de faire passer quelques messages sur la vie des Bleus, mais surtout sur la place qu'occupait Kylian dans le collectif mis en place par Didier Deschamps, pas forcément conforme aux attentes de l'entourage de l'attaquant.

Une façon aussi pour les proches du Parisien de livrer de nombreuses clés – les leurs en tout cas – aux journalistes... Ces séquences n'ont rien de nouveau et témoignent également de l'importance des entourages dans le travail des médias, toujours avides d'obtenir des informations sur ce qu'il se trame à l'abri des caméras ou des micros, dans l'intimité des Bleus. À défaut d'obtenir des réponses, ces échanges permettent d'enrichir une réflexion. En l'occurrence, ces rendez-vous en catimini lors de l'Euro ont aussi amusé la caravane médiatique de l'équipe de France. Rapidement, ça s'est su. Et ce fut largement commenté.

À chaque match des Bleus durant la compétition, les familles des joueurs ont pu suivre leurs protégés en se rendant au stade. Que ce soit à Munich face à l'Allemagne, à Budapest contre la Hongrie et le Portugal ou encore à Bucarest devant la Suisse. Sans pour autant passer du temps avec eux – contexte sanitaire oblige –, les familles, proches, amis de chaque joueur ont ainsi pu être au plus près de l'action, le tout dans des voyages organisés la plupart du temps par les services de la Fédération française de football. Ce fut le cas, comme les autres, pour la famille Mbappé.

Très attendu pour cet Euro, le champion du monde de 22 ans a pu compter sur le soutien de ses parents, Wilfried et Faïza, présents à chacune de ses rencontres. Rien de plus normal, puisque le duo s'occupe, aux côtés de l'avocate Delphine Verheyden, de la carrière de leur fiston. Jusqu'à maintenant, l'entourage du meilleur joueur français a toujours refusé les avances et propositions de collaborations des plus grands agents sportifs de la planète football. Malgré des sommes records et de nombreuses opérations séduction. Pour continuer de gérer la carrière de leur fils comme bon leur semble, sans dépendre d'une tierce personne dont ils ne maîtriseraient pas tous les faits et gestes. Encore moins les intentions.

Depuis le Mondial 2018, Kylian Mbappé s'inscrit bien au-delà du simple statut de joueur de football, entre couvertures de grands magazines internationaux, sponsors XXL, invitations au journal de 20 heures ou discussions avec le président de la République, Emmanuel Macron. Sur certains points, son agenda ressemble parfois à celui d'un chef d'État. Autant vous dire que chaque détail compte, est pensé, millimétré et réfléchi par l'entourage du joueur pour éviter le moindre faux pas dans le jeu ô combien important de la communication aujourd'hui.

Ce n'est donc pas anodin si la famille Mbappé a tenu à rencontrer quelques journalistes, ou a profité par exemple de quelques minutes dans un avion pour discuter avec un consultant de renom au sujet de leur fils. En aucun cas pour mettre la pression, jamais de façon agressive, ce n'est pas le genre de la maison, encore moins les valeurs défendues par Wilfried et Faïza avec leurs enfants. Mais simplement semer quelques graines dans l'esprit de l'interlocuteur, délivrer quelques clés sur le quotidien des Bleus ou encore la façon dont Kylian Mbappé pourrait être mieux utilisé ou mis en valeur. Une manière d'influencer quelque peu le jugement, sans pour autant forcer la main. Une main de fer dans un gant de velours.

51
FRANCE-PORTUGAL : LA PREMIÈRE PLACE, DES DOUTES ET LA DÉLIVRANCE POUR BENZEMA

23 juin 2021

Antoine Griezmann ne s'est pas trompé. Questionné à plusieurs reprises trois jours plus tôt en conférence de presse sur les doutes naissants et le manque de confiance de Karim Benzema, muet après quatre matchs en Bleu depuis son retour fracassant, le leader technique des champions du monde avait annoncé la couleur. « Quand il en mettra un, le robinet sera ouvert et cela va couler. » À défaut d'être expert en plomberie, le numéro 7 sait de quoi il parle. Difficile de lui donner tort après le doublé réussi par le natif de Bron face à des Portugais impuissants devant une telle renaissance sur la scène européenne (2-2).

Une performance qui lance enfin l'Euro du joueur français le plus attendu après plus de cinq ans de mise au cachot par Didier Deschamps pour les raisons que tout le monde connaît. Il était temps. Le moment s'avère idéal. Et donne un peu de répit à Deschamps dans sa quête d'installer l'ancien Lyonnais à la pointe de l'attaque française. D'autres dossiers brûlants animeront le quotidien du sélectionneur dans les prochains jours (qualité de jeu, choix tactiques et de joueurs…). Si tout n'a pas été parfait, loin de là, après deux matchs inaboutis face à l'Allemagne et la Hongrie, « KB(1)9 » a pris ses responsabilités pour apporter de l'oxygène et surtout maintenir en vie une équipe de France loin d'être au point malgré sa première place dans un groupe F au suspense monstrueux.

Une première fois pour assumer son statut – et aussi se libérer d'un poids énorme – en forçant la main à Griezmann après le penalty provoqué par Mbappé dans les ultimes secondes de la première mi-temps. Dès le coup de sifflet de M. Lahoz, le Madrilène s'est empressé de se saisir du ballon dans la surface de réparation, pendant que « Grizou », tireur numéro 1 des Bleus, attendait patiemment son tour au niveau du point de penalty. Une séquence qui témoigne au passage du manque de clarté de la hiérarchie des champions du monde sur un sujet ô combien important. Visage noir, mâchoire serrée, Benzema débloquait enfin son compteur pour inscrire son premier but depuis son retour en grâce (son vingt-huitième en 86 sélections) et égaliser (1-1, 45ᵉ+2). Une première délivrance.

La seconde arriva quelques minutes plus tard, après un long échange bras-dessus bras-dessous au retour des vestiaires avec son copain Cristiano Ronaldo. Lancé par une passe délicieuse de Pogba, il ajustait Rui Patricio avec malice et sang-froid (2-1, 47ᵉ), un but validé en deux temps après consultation de la VAR. Pour une communion totale avec ses partenaires, heureux d'un tel retournement de situation. Un enthousiasme douché moins d'un quart d'heure plus tard par l'égalisation de Ronaldo (2-2, 60ᵉ). Cela n'empêcha pas l'attaquant de 33 ans de se montrer disponible et remuant, multipliant les courses et faisant apprécier son sens du déplacement et sa conservation du ballon, pour tenter de reprendre l'avantage. En vain.

Mission était toutefois accomplie, sans pour autant cacher sous le tapis une entente avec Griezmann et Mbappé plus que jamais perfectible dans la quête du Graal de cette déroutante équipe de France. « C'est beaucoup de fierté, je pense que tout le monde attendait ce but. Cela fait plaisir de marquer », confia-t-il. Le fameux robinet est désormais ouvert pour le numéro 19 des Bleus. Interdiction de le couper alors que l'Euro commence (vraiment) maintenant.

Mais si Benzema a rasssuré, les Bleus, quatre jours après avoir tiré la langue face à la Hongrie (1-1), ont replongé dans le volcan de la Puskas Arena. Un antre à l'atmosphère toujours aussi suffocante (30 degrés au coup d'envoi) mais moins bouillant en tribunes lorsque les deux équipes se sont présentées sur la pelouse. En apparence seulement. Car la cocotte-minute a explosé quand, à 600 kilomètres de là, Szalai a ouvert le score pour les Hongrois à Munich.

Kylian Mbappé, lui, a manqué de faire exulter les 7 554 supporters français présents en perdant son face-à-face avec Rui Patricio (16e) après un magnifique service de Pogba. Une occasion en or, la seule de la première période pour les Bleus, qui aurait pu peser lourd à la pause si Karim Benzema n'avait pas inscrit son penalty (45e+2), répondant ainsi à celui de Cristiano Ronaldo un quart d'heure plus tôt (30e). Le tampon de Semedo sur Mbappé méritait bien d'être sanctionné, mais que dire alors de la sortie de Hugo Lloris poing en avant dans la tête de Danilo Pereira ? Fébriles et sans idées face à des Portugais plus agressifs, les Bleus pouvaient s'estimer heureux en rentrant au vestiaire.

Muet jusque-là en six matchs face à la France, Cristiano Ronaldo a de son côté corrigé l'anomalie. Il s'est même offert un doublé en transformant un nouveau penalty obtenu après une main de Koundé, lui permettant d'égaler le record de buts en sélections de l'Iranien Ali Daei (109). Deux minutes plus tôt, lancé par Pogba dans la profondeur, Benzema avait donné l'avantage aux Bleus avec l'aide du poteau (47e). Par la suite, Rui Patricio a réussi un double arrêt fabuleux devant Pogba et Griezmann (68e) et la Puskas Arena a de nouveau chaviré quand la Hongrie a repris l'avantage à Munich où l'Allemagne a finalement sauvé sa tête (2-2). Les locaux sont repartis déçus. Mais l'ambiance fut, une nouvelle fois, extraordinaire.

Quand les Bleus jouent sur une jambe

Pour affronter les champions d'Europe en titre, Didier Deschamps avait choisi de revenir aux fondamentaux de 2018 (4-2-3-1 au lieu du 4-3-3) avec notamment Antoine Griezmann de retour dans l'axe, sa position préférentielle. Et un côté droit très (trop) expérimental composé de Jules Koundé au poste de latéral et Corentin Tolisso juste devant lui. Soit deux éléments placés à deux postes qu'ils n'occupent pas en club… Alors que le patron des Bleus ne cesse de répéter depuis le début de l'Euro son intention de placer ses éléments, dans la mesure du possible, à leur poste de prédilection.

La prestation de ce duo fut très moyenne, pour rester poli. Allez, disons la vérité, ce fut catastrophique. Si les deux hommes ont tenté de donner le change, leur rendement s'est avéré bien trop insuffisant face à un adversaire d'un tel calibre. On peut même dire que l'équipe de France a joué sur une jambe tant cette paire n'a jamais été en mesure de créer le danger sur son côté droit. Ce n'est pas ce soir-là à Bucarest que « DD » aura trouvé l'alter-égo de Blaise Matuidi en 2018.

Que dire aussi de l'équilibre collectif inégal, tout comme d'une animation offensive plus que jamais perfectible ou encore de leaders peu rassurants, à l'image de Hugo Lloris, Presnel Kimpembe ou encore Raphaël Varane… Sans oublier le gros pépin du soir avec les blessures de Lucas Hernandez et Lucas Digne, synonymes d'un couloir gauche sinistré chez les Bleus.

Mais en terminant première du groupe F devant la *Mannschaft* et le Portugal, également qualifié, l'équipe de France glisse dans la partie de tableau a priori la plus abordable pour la suite du tournoi. Avec la Suisse comme adversaire en huitième de finale, le lundi 28 juin à Bucarest, les hommes de Didier Deschamps n'ont pas à se plaindre alors que l'Angleterre, la Belgique et les Pays-Bas promettaient des oppositions autrement plus relevées. À eux de ne pas se prendre les pieds dans le tapis face à la Nati pour revoir Saint-Pétersbourg sur la route de ce doublé tant espéré et renouer avec les fragrances de leur épopée russe. La Croatie, pour un remake de la finale du Mondial, ou l'Espagne se dresseront sur leur chemin en quart en cas de qualification.

52

LA BULLE SANITAIRE TAPE SUR LE SYSTÈME DES BLEUS

24 juin 2021

Rassemblés depuis le 26 mai dernier, avec des sauts de puce à Nice ou Enghien-les-Bains lors des matchs amicaux face au pays de Galles et à la Bulgarie, puis trois jours à Munich en début d'Euro avant huit autres dans la fournaise de Budapest et de son hôtel climatisé, les champions du monde débarquent le jeudi 24 juin à Bucarest avec le sourire et une première place en poche en vue de leur huitième de finale face à la Suisse. Ils se réjouissent de découvrir un nouvel endroit, déçus par les installations du Marriott de la capitale hongroise, avec des chambres sans balcon ni terrasse et aucun lieu de vie suffisamment grand pour se retrouver. « Qu'est-ce que ce fut long et chiant par moments ! On n'avait même pas un parc pour se promener et s'aérer, on était des lions en cage. » La confidence émane d'un joueur de l'équipe de France au sujet de la bulle sanitaire de plus en plus lourde pour les Bleus.

La plupart du groupe des 26 rêverait de retrouver le parc verdoyant de Clairefontaine ou même les contrées d'Istra, lieu de leur rassemblement de la Coupe du monde 2018 en périphérie de Moscou. « Au moins, là-bas, on pouvait se dégourdir les jambes, voir un peu la lumière du jour ou tout simplement se changer les idées », témoigne un autre protégé de Didier Deschamps, quelque peu sur les nerfs.

Un discours qui tranche forcément avec les sorties officielles entendues ici et là en conférence de presse depuis le début de l'Euro, avec des joueurs désireux de ne froisser personne, encore moins de se plaindre en public au sujet de leurs conditions de séjour dans une période de sortie de confinement en France où une telle attitude de la part des footballeurs serait rapidement commentée et critiquée.

Les joueurs et le staff le savent, mais n'en pensent pas moins. Inutile d'offrir sur un plateau un sujet polémique alors que les choses sérieuses débutent et que de nouvelles difficultés s'annoncent. Du coup, lors des points médias quotidiens en visio-conférence, chaque joueur pèse ses mots sur un sujet qui revient souvent au fil de la discussion. Avec une idée claire : ne froisser personne et ne surtout pas donner l'image de footballeurs hors-sol et se plaignant en permanence.

« On a la chance de faire notre métier, on ne va pas se plaindre, souffle Presnel Kimpembe, parfait dans le politiquement correct et qui faisait mine de ne pas comprendre la question sur le prétendu bruit autour de l'hôtel, l'enfermement répétitif ou la piètre qualité des matelas. On n'a pas de souci avec ça. On sait qu'on est des privilégiés, surtout dans cette période difficile. On ne se plaint pas. On est dans de bonnes conditions. On pourrait avoir largement pire, on est très bien. »

Idem pour le sélectionneur quelques jours plus tard, contraint de louer les mérites de l'accueil roumain pour éviter toute gêne vis-à-vis de ses hôtes. « On a été très bien accueilli, on ne s'est plaint de rien. Je ne sais pas d'où ça sort (*que les joueurs se seraient plaints du bruit*), on est dans un hôtel très agréable. Il y a beaucoup de supporters mais malheureusement on ne peut pas leur faire plaisir avec des photos et des autographes. Les installations sont de très très bonne qualité, il n'y a aucun souci de ce côté-là. J'ajouterai qu'on est un peu mieux qu'à Budapest par rapport à la température. Il fait quand même chaud, mais moins chaud. Au niveau des commodités et du confort, il n'y a rien à dire. »

Un sans-faute pour un discours tout en rondeur et diplomatie, que « DD » maîtrise à la perfection pour éteindre tout début d'incendie. En interne, c'est différent. Si le barbecue effectué à Budapest sur le *rooftop* de leur hôtel quelques jours plus tôt leur a fait du bien, les joueurs trouvent le temps long entre les matchs. Seules les séances d'entraînement leur permettent de prendre l'air. Et certains d'entre eux ont eu des échos d'un assouplissement de la bulle sanitaire chez les Belges et les Espagnols, qui ont eu la possibilité d'approcher femmes et enfants, l'espace d'un instant. En dehors du coiffeur attitré, après un test PCR requis, personne n'a pu s'introduire dans l'intimité des Bleus durant la compétition. Chasse gardée. Tout comme il est impossible, sécurité oblige, de s'aventurer dans les rues de la capitale roumaine pour prendre l'air, ne serait-ce qu'autour de l'établissement.

Du coup, les journées se ressemblent, entre jeux vidéo (*Football Manager, Ludo King*), jeux de cartes ou de société (Uno, poker, Perudo, Parchis), séries sur Netflix ou nombreux appels WhatsApp avec le reste de la famille pour rester connecté malgré la distance. Si les titulaires jouissent de l'excitation du prochain match, c'est beaucoup plus difficile pour les remplaçants, contraints de ronger leur frein en silence et sans se plaindre. Tout ce petit monde était au courant des règles du jeu dès le départ, mais entre le rêve et la réalité... Face à l'incompréhension, parfois l'agacement ou la lassitude, Didier Deschamps ne cesse de répéter aux déçus que c'est déjà une chance d'être ici et que beaucoup rêveraient d'être à leur place. S'il y a qualification face à la Suisse lundi soir, certains joueurs ont déjà prévu de réclamer aux décideurs une petite ouverture d'ici le quart de finale prévu à Saint-Pétersbourg, de façon à se changer les idées et rafraîchir les esprits…

53
SCÉNARIO DE FOLIE, DÉLIQUESCENCE DES BLEUS, SPECTACLE PATHÉTIQUE EN TRIBUNES : LES COULISSES D'UN FRANCE-SUISSE CAUCHEMARDESQUE

28 juin 2021

Il y a des soirées dont vous vous souvenez avec délice ou tristesse, même quelques années plus tard. Ce lundi 28 juin 2021 est à ranger dans cette catégorie. Tristement dans la légende pour cette équipe de France, éliminée aux tirs au but (3-3, 5-4 tab) par la Suisse au bout d'une nuit qui laissera des traces à jamais pour cette génération assoiffée de victoires... mais incapable d'écarter la treizième nation mondiale. Tête basse et en pleurs, les champions du monde ont quitté l'Euro et Bucarest par la plus petite des portes, pour ce qui restera l'un des plus grands fiascos de l'histoire de la sélection. L'heure des comptes et des bilans arrivera très vite mais les hommes de Didier Deschamps n'ont pas été à la hauteur des attentes, encore moins de leur statut. Récit d'une soirée en enfer.

La faillite tactique de Deschamps, des Bleus méconnaissables

Fan absolu de l'adaptation permanente, le sélectionneur s'est tout d'abord perdu avec son choix tactique initial et une défense à cinq éléments. S'adapter, c'est bien. Assumer son statut et imprimer le tempo n'a rien d'infamant non plus. Surtout au regard des talents alignés sur le terrain côté français. Il ne l'aura jamais fait durant cet Euro. Pendant le premier acte, tout l'édifice de « DD » n'a cessé de tanguer, donnant l'impression permanente d'être perdu, voire au bord de la rupture. Varane défend parfois à droite, Pavard se retrouve dans l'axe… Les champions du monde font peine à voir. Vraiment.

Sans surprise, la sentence tombe avec un Clément Lenglet dévoré par Haris Seferovic (0-1, 15e) sur un centre à première vue anodin. Pas étonnant non plus quand on sait que le défenseur du Barça n'avait pas joué une minute à l'Euro, ni même lors de la préparation… Pas un cadeau que de le sortir du frigo pour le premier match couperet de la sélection. Les Bleus sont méconnaissables sur la pelouse roumaine, à des années-lumière du collectif valeureux et conquérant entrevu treize jours plus tôt contre l'Allemagne. Du haut de la tribune, cela faisait des années que l'on n'avait pas vu une telle bouillie et autant d'approximations de la part d'une équipe de France à la rue et incapable d'offrir un semblant de jeu collectif. Indigne d'une nation favorite de la compétition.

Un match hors du temps

Dans le football comme dans la vie, il est possible de se tromper, mais l'on pardonne beaucoup plus facilement lorsqu'il y a rectification. Deschamps le sait mieux que personne, déjà mené avec l'équipe de France à la mi-temps des huitièmes de finale à l'Euro 2016 face à l'Eire ainsi qu'au Mondial 2018 contre l'Argentine. Pour des retournements de situation XXL.

Face à l'urgence, il change ses plans (retour à une défense à 4, entrée de Coman à la pause à la place d'un Lenglet amorphe et dépassé). Le décor est planté pour une seconde période de folie. Non, de légende. L'arrêt-buffet est d'abord tout proche après un penalty sifflé en faveur des Suisses et arrêté par Hugo Lloris (55e), son premier arrêt depuis 2012 en sélection dans cet exercice. La suite fut gigantesque avec un but égalisateur de Karim Benzema d'un joli piqué (1-1, 57e), puis le doublé dans la foulée (2-1, 59e). Avant un bijou signé de l'orfèvre Paul Pogba sous la lucarne helvète (3-1, 75e). Dans un match normal, l'affaire aurait été pliée. Les billets pour Saint-Pétersbourg et le quart de finale validés. Pas ce soir-là. Au contraire, ce fut le début de l'enfer pour les Bleus.

Les Bleus se chauffent et se liquéfient

À ce moment de la partie, Didier Deschamps, très agité et sous tension, demande à ses troupes, et notamment Paul Pogba, de sécuriser le bloc. Et de gérer comme il faut la fin de rencontre, le score étant acquis. Mais voilà, vaillante et courageuse, la Nati reste en vie grâce à Seferovic (3-2, 81e) pour le but de l'espoir. Dans une fin de match folle et alors que la confiance a changé de camp, « DD » réclame à nouveau à ses joueurs une autre attitude sur le plan défensif. Sans jamais se faire entendre. Les échanges se tendent sur la pelouse, les esprits sont moins lucides, les corps tous fatigués. Des noms d'oiseaux sont échangés entre Pavard et Pogba, pour une histoire de replacement défensif. Tout sauf anecdotique, et pas seulement symbolique. Signe d'une tension à son paroxysme. Le bateau bleu tangue et personne ne semble en mesure d'écoper. Pas un leader ne prend les choses en main. Silence, on coule.

Virevoltant jusqu'alors, « la Pioche » se montre coupable d'une perte de balle inutile au niveau du rond central... avec une action qui se conclut par une égalisation de Gavranovic devant notamment un Kimpembe dépassé (3-3, 90e). Scénario improbable ? Pas tant que ça, tant les champions du monde se sont liquéfiés en dix minutes, sans jamais écouter les consignes de leur patron. Sur son banc, « DD », prostré, fait grise mine, amorphe et plongé dans une forte colère intérieure. Le tout dans une ambiance incandescente et devant un public aux anges. Juste avant le coup de sifflet de l'arbitre argentin Fernando Andrés Rapallini, Coman fracasse la barre transversale d'un Sommer battu sur le coup (90e+3). Irrespirable jusqu'au bout.

Les Suisses en cercle, les Bleus dispersés et sans âme

Autant vous dire que si les joueurs étaient sous le choc, le sentiment fut identique en tribunes, avec des médias français hagards et surtout en sueur face à un tel scénario de folie dans une nuit de dingue à Bucarest. Dans ces moments-là, il n'y a plus rien de sensé, encore moins de rationnel. C'est ce qui fait la magie du football et du sport en général. Ce France-Suisse, d'apparence plié d'avance, en est l'un des nombreux exemples. Inattendu du début à la fin. En prolongation, après trois occasions énormes des Bleus par Pavard (95e), Mbappé (110e) ou Giroud (119e), il est écrit que ce combat de titans ne peut se terminer qu'aux tirs au but.

Juste avant, nouvelle séquence d'une équipe de France à la dérive avec Coman, blessé, qui refuse de sortir du terrain malgré l'injonction de son sélectionneur, appuyé par l'avis du médecin. L'image est frappante. Deschamps ne comprend pas l'attitude de son ailier et Pogba intervient, comme pour calmer son coach, sans voix face à ce qui vient de se passer. La remise en cause de son autorité fait l'effet d'une gifle.

Et offre une fois de plus l'image désolante des atermoiements de tout un groupe en perdition. Une scène qui n'aurait jamais pu se passer trois ans plus tôt en Russie ; Deschamps l'aurait balayée d'un revers de main. Mais en cette soirée funeste, à Bucarest, c'est une toute autre histoire qui s'écrit.

Autre image forte – ça commence à en faire beaucoup –, l'attitude des deux équipes juste avant la séance des tirs au but. Du haut de la tribune, la photographie est frappante, avec d'un côté des Suisses unis, solidaires et tous en cercle autour de leur sélectionneur Vladimir Petkovic, et de l'autre des Français dispersés en petits groupes, sans idée commune, encore moins de rêve collectif. Après plus de 120 minutes de combat, cette image n'a rien d'anodin et en dit beaucoup sur la situation à l'instant T. Quelques minutes plus tard, comme un symbole, Kylian Mbappé s'avance en tant que cinquième tireur, subit la bronca, rate sa tentative, provoquant l'explosion de joie des Helvètes, héros à jamais d'une soirée hors du temps dans la capitale roumaine. Pour les Bleus, les rêves de doublé sont à ranger aux oubliettes.

Ça chauffe entre les familles en tribune, ambiance morose dans le vestiaire

Sur la pelouse de l'Arena Nationala, les Français sont prostrés, sous le choc. Mbappé reçoit à peine le soutien de deux ou trois partenaires après son échec, les autres errent comme des âmes en peine ou ont déjà rejoint les vestiaires. Du côté de la tribune des familles, le spectacle fait peine à voir. Après plusieurs échanges agressifs durant la rencontre avec la famille Pogba, notamment sur le troisième but suisse où elle reprochait à Paul Pogba sa nonchalance sur sa perte de balle, Véronique Rabiot, mère d'Adrien, interpelle Wilfried Mbappé, père de Kylian, sur l'arrogance supposée de ce dernier. Le ton monte, des amabilités sont échangées, pour un moment lunaire et plusieurs minutes de chaos. Placide, le père de l'attaquant des Bleus préfère rester indifférent face à une telle situation. Même un journaliste en prend pour son grade et se fait remonter les bretelles par Maman Rabiot.

Au même moment, dans le vestiaire des champions du monde, pas un bruit, aucun mot échangé et des regards tournés vers le sol. La déception est immense. Le coup de grâce fatal. Didier Deschamps, très marqué physiquement et logiquement déçu, réunit ses troupes pour un discours d'unité, les remercie pour la débauche d'énergie au cours d'un Euro singulier. Et donne l'été à ses protégés pour réfléchir, se remettre en question, tout en avançant qu'il serait le premier à le faire. Même son de cloche du côté de Raphaël Varane, le seul joueur à prendre la parole devant les siens. Les autres n'ont pas la force, ni l'envie d'en dire plus. Il en sera de même le lendemain à l'hôtel avant de rejoindre l'aéroport pour Paris. L'histoire est terminée et finalement, il n'y a que très peu de regrets. Ces Bleus bardés de confiance et sûrs d'eux, plus dans les paroles que dans les actes, manquaient de trop de choses pour espérer une autre issue. La Suisse est venue le leur rappeler. Quand on ne met pas tous les ingrédients nécessaires, vous avez beau être champions du monde, cela importe peu. À bon entendeur…

54
« UNE MEILLEURE ÉQUIPE MAIS UN MOINS BON GROUPE » : TROP DE CONFIANCE, TROP PEU DE COHÉSION

29 juin 2021

Comme après chaque échec, l'heure du bilan arrive très vite dans la foulée. Cette élimination de l'équipe de France face à la Suisse est aussi décevante et rageante que fut enthousiasmante et réjouissante l'épopée trois ans plus tôt en Russie. Et tous les interlocuteurs contactés à l'issue du fiasco et de cette funeste soirée du 28 juin à Bucarest s'accordent sur une chose : ces Bleus version 2021 ont manqué de trop de choses pour espérer reproduire l'exploit de leurs aînés de 1998-2000, vainqueurs de la Coupe du monde et de l'Euro à deux ans d'intervalle.

« On avait un peu moins de cohésion, un peu moins faim, un peu moins de sérénité », avance un proche de la sélection, conforté par un international présent lors de l'épopée russe. « Il y avait une moins bonne ambiance qu'en 2018, avec moins d'efforts, moins ce goût pour le sacrifice et le don de soi. Au haut niveau, ça ne pardonne pas, tu te fais écarter sans ménagement, même avec autant de stars sur le terrain.

On avait une meilleure équipe sur le papier mais un moins bon groupe dans la vie de tous les jours. »

Pourtant, des piqûres de rappel ont été administrées par l'encadrement de la sélection, qui a rapidement ressenti au début de la compétition et même lors de la préparation un degré d'exigence moindre par rapport à la Coupe du monde. Didier Deschamps et Guy Stéphan avançant souvent cette phrase à leurs troupes : « Le confort n'est pas générateur d'effort. » Comme un avertissement. Qui n'a pas été suivi d'effets.

Une nouvelle confirmation qu'il est bien plus dur de rester au sommet que d'y accéder. Une phrase vieille comme le monde mais tellement vraie au regard du potentiel XXL de ces Bleus, qui avait plongé tout le monde (joueurs, staff, médias, supporters) dans une forme de béatitude profonde. Traduction : gonflés et glorifiés, à juste titre, par leur sacre mondial, les Bleus se sont vus trop beaux. Et ont été châtiés d'un revers de main. L'essence même du sport de haut niveau, qui ne pardonne pas l'à-peu-près, encore moins l'excès de confiance.

Cela vaut pour les 26 éléments du groupe France, mais aussi pour le staff technique. Ajoutez à cela un retour trop tardif de Karim Benzema qui a provoqué un changement complet des plans du sélectionneur, des tests incessants de systèmes tactiques, une gestion des égos et des statuts parfois malheureuse, des cadres pas toujours au niveau, des crispations nombreuses des remplaçants, le contexte Covid et cette bulle sanitaire anxiogène (un environnement toutefois valable pour toutes les sélections qualifiées), l'absence d'un leader de vestiaire capable de faire le lien entre toutes les générations comme ce fut le cas d'Adil Rami en Russie… Autant de raisons, et autant de ces fameux « détails », qui transforment une qualification en élimination dès la sortie des phases de groupes.

55

TALENT, PASSE-DROIT ET BOUDERIES : LA GESTION DIFFICILE DE KYLIAN MBAPPÉ

29 juin 2021

« Comme quoi on peut être un immense attaquant et finir une compétition internationale avec zéro but. » La petite phrase, dite sur le ton de la plaisanterie, émane d'un joueur de l'équipe de France au sujet de Kylian Mbappé. Et fait référence forcément à Olivier Giroud, champion du monde en 2018 et très critiqué à l'époque pour ne pas avoir inscrit le moindre but, mais aussi à toute l'ambition, la pression et la déception qui jalonnent le parcours de l'attaquant de 22 ans lors de cet Euro.

La star de l'équipe de France, monstre de précocité et de talent et génie du football d'aujourd'hui et de demain, a raté son rendez-vous sur le Vieux Continent. S'il fut malgré tout précieux avec une passe décisive au compteur sur le but égalisateur de Karim Benzema face à la Suisse en huitième de finale, son bilan s'avère famélique au regard des immenses attentes du public et de sa propre ambition. Bien trop peu pour un homme de sa stature. Et le penalty raté face au gardien Yann Sommer, synonyme de qualification de la Nati au tour suivant, risque de longtemps occuper son esprit.

Kylian Mbappé aura traversé cet Euro sans saveur et sans suffisamment d'éclat, à des années-lumière du Mondial 2018 où tout lui avait souri et où son talent l'avait envoyé dans une autre dimension. D'un simple point de vue statistique – un aspect essentiel pour un joueur qui compte même les buts inscrits à l'entraînement –, le champion du monde est reparti de Bucarest avec un goût amer dans la bouche (8 tirs et 4 buts en 2018, 15 tirs et 0 but en 2021). Il s'en est même excusé quelques heures après l'élimination sur son compte Instagram : « La tristesse est immense après cette élimination, nous n'avons pas pu atteindre notre objectif. Je suis désolé pour ce penalty. J'ai voulu aider l'équipe mais j'ai échoué. Trouver le sommeil sera difficile mais c'est malheureusement les aléas de ce sport que j'aime tant. Je sais que vous les fans vous êtes déçus, mais je voudrais quand même vous remercier pour votre soutien et de toujours avoir cru en nous. Le plus important sera de se relever encore plus fort pour les prochaines échéances à venir. » Un discours convenu mais qui témoigne aussi d'une prise de responsabilité certaine du jeune homme. « Kylian assume sa responsabilité, assurera Didier Deschamps avant de quitter la Roumanie avec les Bleus. Il se sent coupable mais il n'a pas à l'être. Il n'y a pas le moindre souci là-dessus. J'ai un groupe uni et solidaire qui le restera de toute façon. »

Petits caprices du quotidien

Derrière les discours de façade et les postures publiques quasi obligatoires tant le personnage, on l'a vu, va désormais bien au-delà d'un simple joueur de football, le vernis se craquelle un peu une fois les micros coupés. Notamment sur l'attitude du principal intéressé durant l'Euro au sein du groupe France et sa propension à tirer la couverture à lui. Et sur certaines largesses dont il aurait bénéficié pour éviter qu'il ne boude.

Ce qui n'a pas forcément été du goût de l'ensemble des Bleus, tout au long des quatre semaines pendant lesquelles ils ont cohabité. Si le talent du joueur n'est plus à démontrer, certains de ses comportements ont agacé au sein du groupe des champions du monde: sa sortie sur Giroud avant le début du tournoi, son désir assumé de se charger des coups francs (validé par le staff) et des penaltys (« J'ai entendu Griezmann en parler, mais le coach n'a rien dit, affirmait-il avant l'Euro. J'ai peut-être loupé... (*sourire*). Mais il n'y a pas de hiérarchie pour l'instant, on va voir… »), ou encore ses petits caprices du quotidien.

« C'est une star dans tous les sens du terme, avance un proche de l'équipe de France. Il peut te faire gagner un match sur un seul geste, son potentiel est hallucinant, mais il a aussi des côtés un peu plus difficiles à gérer et quand ça va moins bien, il devient un peu plus capricieux et se met à bouder. Ce n'est pas aisé pour l'équilibre du collectif. »

Tout le monde connaît les qualités physiques et techniques hors du commun du garçon, son ambition débordante et sa faculté à faire le spectacle sur un terrain de football, mais au quotidien, Kylian Mbappé n'est pas toujours facile à gérer dans un groupe composé de stars, d'égos conséquents et d'éléments parfois plus expérimentés. Excellent sur ses points forts, il n'est pas considéré comme un grand travailleur – ce qu'il a d'ailleurs constaté lui-même en voyant Karim Benzema ne négliger aucun détail. Plutôt drôle, chambreur et jovial, le natif de Bondy oblige aussi parfois le staff des Bleus à composer avec ses humeurs, à le bichonner, le câliner, parce qu'il le mérite vu son potentiel. Et quand l'encadrement de l'équipe de France le « délaisse » un peu, le principal intéressé le fait ressentir, notamment en boudant. Une situation constatée à plusieurs reprises dans la vie de l'équipe de France, et qui n'a pas manqué d'irriter certains de ses coéquipiers.

Deschamps marche sur des œufs

Il en va de même dans le discours officiel face aux médias. Chaque phrase à son sujet peut être mal interprétée et Didier Deschamps marche parfois sur des œufs. Comme ce fut le cas après la sortie d'Olivier Giroud juste avant l'Euro et sa petite phrase à peine voilée envers Mbappé. Le sélectionneur s'est senti obligé de dégonfler la polémique naissante et de ménager sa star en abondant dans son sens. C'est un travail de tous les instants, très prenant et surtout important puisqu'il possède un impact certain sur le joueur en question.

Pour ce qui est de la vie de groupe pendant la compétition, le Parisien, très proche de Presnel Kimpembe, Ousmane Dembélé ou Kingsley Coman, s'est rapidement rapproché de Karim Benzema, auquel il a voué une forme d'admiration. Face à la carrière, au talent, à la longévité mais aussi au sérieux du Madrilène de 33 ans, « Kyky » est tombé sous le charme du personnage. Et à l'entraînement, dès le début de la préparation fin mai, les deux hommes se sont très bien entendus, parlant le même football fait de technique, de jeu dans les petits espaces, de redoublements de passes ou encore d'accélérations fulgurantes. Comblé par le retour de « KB9 » en équipe de France, il pensait leur association gage de réussite et de succès. Raté. Tout du moins sur ce coup-là.

Pourtant, Didier Deschamps a tout fait pour les mettre dans les meilleures conditions, quitte à sacrifier un peu ses principes et notamment Antoine Griezmann, baladé à différents postes, ce qui n'a jamais été le cas de Mbappé et Benzema. L'ancien Monégasque est aussi le seul attaquant qui ne soit jamais sorti en cours de rencontre, au contraire de tous les autres éléments du secteur offensif. Une sorte de traitement de faveur qui en a agacé plus d'un au sein des

Bleus. Et notamment quelques cadres soucieux de l'équilibre collectif.

Conscient de détenir sous sa direction un joyau, Didier Deschamps s'est senti parfois obligé de lâcher du lest pour ne pas froisser sa pépite. Au point par exemple de ne plus le faire jouer sur le côté droit de l'attaque de l'équipe de France, ce qui avait été le cas lors du Mondial 2018. Officiellement, le discours insistait sur le fait que Mbappé n'évoluait plus à ce poste au PSG depuis plusieurs mois. Ce qui est le cas. Officieusement, le principal intéressé ne voulait tout simplement plus occuper cette position, se sentant plus à l'aise sur le côté gauche ou dans l'axe de l'attaque. Un choix qui a contraint le sélectionneur à changer ses plans par rapport à la Russie, où la formule avec Blaise Matuidi à gauche et Kylian Mbappé à droite avait fait des dégâts.

À l'Euro, plus de Matuidi, parti aux États-Unis, et aucun joueur de son profil ne s'est montré en mesure de le remplacer, sachant que le seul qui aurait été capable de le faire, Adrien Rabiot, était gaucher et donc dans le périmètre de jeu préempté par Kylian Mbappé. « DD » a tenté le coup contre le Portugal lors du deuxième match de poule avec Corentin Tolisso milieu droit, ce fut une catastrophe. Et la bonne formule n'a jamais été trouvée. Attention, ce n'est pas de la faute de Kylian Mbappé, mais d'un ensemble d'éléments et de petits grains de sable, dont sa volonté de ne plus jouer à droite fait partie.

Après un Euro raté et dont il se servira pour rebondir en équipe de France, le Parisien de 22 ans doit aussi se rappeler les mises en garde que lui avait adressées Arsène Wenger après l'épopée russe, et que nous avons évoquées plus haut : maîtriser ses frustrations, ne pas céder à la flatterie, continuer de prendre du recul. Aujourd'hui, cette analyse prend tout son sens.

Et témoigne du chemin encore à parcourir pour le prodige français s'il veut s'inviter à la table des plus grands que sont Lionel Messi, Cristiano Ronaldo ou encore Roger Federer, Lewis Hamilton ou Michael Jordan. Son ambition affichée.

56

« IL A PERDU PIED » : DIDIER DESCHAMPS MÉCONNAISSABLE

30 juin 2021

Il y a parfois des silences qui en disent beaucoup plus que de longues phrases. Didier Deschamps en est l'illustre exemple. Lundi 28 juin 2021, avant que le couperet tombe et n'envoie l'équipe de France pour des vacances bien avant l'heure prévue, le sélectionneur des champions du monde dévoile une part de sa personnalité jusqu'ici indécelable pour les observateurs, supporters et suiveurs des Bleus des dernières années.

À plusieurs reprises, sur son banc de touche, le regard dans le vague, les yeux parfois rivés au ciel, il embrasse son alliance, comme désireux de se raccrocher à ce qu'il y a de plus intime chez lui alors que ses troupes bataillent avec la Suisse. Une fois debout, il recherche souvent le regard de Claude, sa femme depuis plus de trente ans, présente ce soir-là dans les tribunes de l'Arena Nationala de Bucarest, funeste théâtre des ultimes ambitions d'une équipe de France brinquebalante et désordonnée.

Trois ans plus tôt, aucune de ces scènes de vie n'a accompagné le parcours du plus grand sélectionneur français lors de l'épopée russe à la Coupe du monde 2018. Comme sûr de sa force, de ses choix, de ses ambitions, « DD » n'avait cessé d'avancer sans courber l'échine, guidé par l'intime conviction de maîtriser son sujet. Sur et en dehors du terrain. Ce fut tout le contraire lors de cet Euro 2021. Étonnant, déroutant et inimaginable pour un homme qui se soucie du moindre détail et exècre l'a-peu-près.

Que ce soit dans son rappel bien trop tardif de Karim Benzema, sa communication hasardeuse sur le sujet en début de rassemblement et à laquelle personne – même parmi ses joueurs – n'a cru (« le retour de Karim est un non-événement »), ses changements tactiques bien trop nombreux, une forme de laxisme avec ce désir de laisser une totale liberté à ses leaders d'attaque, ou sa propension à trop écouter ses cadres au point de céder à leurs demandes (la défense à trois contre la Suisse), Didier Deschamps s'est raté sur quasiment toute la ligne. Dévoilant au grand jour des failles, une improvisation et un tâtonnement qui en auront surpris plus d'un. Comme méconnaissable. Et surtout dépassé par l'événement, incapable de stopper l'hémorragie d'un groupe en perdition et qu'il chérit tant au regard des liens créés après l'épopée de 2018. D'où l'importance pour lui, comme pour tous les protagonistes passés à côté de leur compétition, d'une véritable remise en question au cœur de l'été.

« Quand l'équipe de France gagne, le mérite revient aux joueurs, constatait-il dans la nuit qui suivit l'élimination des Bleus à Bucarest, le visage marqué par le flot d'émotions et une immense déception. Quand ça se passe moins bien, c'est ma responsabilité, je l'assume. Je suis avec les joueurs, ils sont avec moi dans ce moment pénible. On avait l'ambition, la force de poursuivre mais malheureusement ça s'arrête là. Il faut l'accepter. » Derrière ce discours convenu, Didier Deschamps savait à quoi s'attendre. À savoir une multitude de débats, d'analyses et de critiques sur son bilan de l'Euro. Justifiés pour la plupart. Un jeu qu'il connaît et maîtrise à la perfection, lui dont la méthode fut saluée, adulée et glorifiée depuis plus de trois ans.

« Il a donné l'impression de subir et d'improviser en permanence »

« Qu'est-ce que ça aurait été s'il n'avait pas pris Benzema, persifle un membre de son staff. Il se serait fait encore plus fracasser. » Attention, l'idée n'est pas de dire que le technicien de 52 ans ne fait plus l'affaire pour diriger les Bleus – c'est mon avis en tout cas –, mais simplement de reconnaître qu'il n'a pas été à la hauteur de son statut à l'Euro. Et que lui, comme les autres, doit trouver les réponses à toutes ces questions.

Comment expliquer une telle attitude, aussi étonnante, déroutante et inimaginable pour un homme qui se soucie du moindre détail ? Certains acteurs témoignent, en gardant l'anonymat pour ne pas froisser « DD ». « Il a donné l'impression de se raccrocher aux branches lors du match face à la Suisse, mais tout au long de l'Euro, je ne l'ai pas reconnu, témoigne l'un de ses proches. Ce n'était pas le Didier Deschamps sûr de lui et clair dans ses idées. Comme s'il avait subi et improvisé en permanence. » Un autre homme, qui le connaît bien, confirme lui aussi cette impression. « Quand j'ai vu la défense à trois contre les Suisses et Clément Lenglet sortir du placard, je n'ai pas compris. Ce n'est tellement pas lui, autant d'improvisation. »

La partition face à la Suisse ne fut que la conséquence de nombreuses expérimentations et de multiples mauvais choix. Qui découlent finalement d'un élément de base : le retour bien trop tardif de Karim Benzema en équipe de France. « Didier n'était pas prêt pour le rappeler avant, souffle un membre de la FFF bien au fait du dossier. Il a fallu du temps, des signaux, une rencontre pour que tout s'aplanisse. » Avec le rappel de l'attaquant du Real Madrid, « DD » pensait l'équipe de France plus forte et mieux armée pour surprendre à l'Euro, avec un élément capable de transformer une attaque qu'il jugeait poussive au regard des sorties peu séduisantes du mois de mars. Le même Didier Deschamps qui avouait à ce moment-là que tous les voyants étaient au vert pour l'équipe de France...

« Il a donné des explications que personne ne comprend encore aujourd'hui, plante un ancien international passablement agacé. Pendant cinq ans, soi-disant Benzema était écarté pour des raisons sportives et du jour au lendemain il est rappelé... pour ses performances alors qu'il est excellent avec le Real depuis des années. Personne n'a cru à son discours. » Ce qui vaut aussi pour son vestiaire, dont certains cadres auraient aimé être mis au parfum avant de l'apprendre comme tout le monde devant la télévision le 26 mai dernier.

Si la prestation d'ensemble, le comportement, les statistiques (4 buts dont un doublé face à la Suisse) et l'apport de Karim Benzema ne souffrent d'aucune contestation, c'est bien le timing qui pose question. Et de son retour a découlé une volonté permanente de Didier Deschamps de trouver la meilleure formule pour voir les Bleus triompher le 11 juillet à Londres et imiter la génération de 1998-2000. Entreprise ratée dans les grandes largeurs. En dehors du match de titans face à l'Allemagne et d'une idée claire dévoilée à Munich, l'équipe de France n'a fait que tâtonner, sans jamais maîtriser son idée, ses ambitions, encore moins ses adversaires. Avec un capitaine de navire aveuglé par le retour de « KB9 » au point de voir le manque de confiance s'installer au sein du reste de son effectif.

« Quand tu commences à écouter tes joueurs, ce n'est jamais bon »

« On ne l'a pas reconnu, atteste un membre du groupe France. En 2018, il savait où et comment il allait mener l'équipe, là ça se sentait que ce n'était pas contrôlé. Tout le groupe l'a ressenti. » Au contraire de la Russie, quasiment tout n'aura été qu'échecs et expérimentations ratées. La mise au placard d'Olivier Giroud, pourtant deuxième meilleur buteur de l'histoire des Bleus, le sacrifice d'Antoine Griezmann rarement mis dans les meilleures conditions, le statut de remplaçant de Kingsley Coman, titulaire au sein du plus grand club d'Europe avec le Bayern Munich, un côté droit bricolé avec Jules Koundé-Corentin Tolisso face au Portugal, ses nombreux changements tactiques (4-3-3, 4-2-3-1, 4-4-2 losange, 3-4-3), une trop grande liberté donnée à certains, ou encore la défense à trois mise en place – après discussions avec ses cadres – face à la Suisse avec le retour inattendu de Clément Lenglet, sorti à la pause tant il fut en difficulté et battu sur le premier but de la Nati…

La liste est longue et ressemble tellement peu à Didier Deschamps, symbole même de l'assurance, de la science du détail et apôtre du coup d'avance. « Il a perdu pied et n'a jamais su trouver la bonne formule, admet un proche des Bleus. Avec cet échec, il sera touché dans sa chair, il déteste ça et jettera toutes ses forces pour remporter à nouveau la Coupe du monde au Qatar. » Et l'un de ses anciens coéquipiers de poursuivre : « Quand tu commences à écouter tes joueurs, ce n'est jamais bon car ils n'ont pas le recul nécessaire pour appréhender la situation. N'oubliez jamais que les joueurs sont des animaux et sentent tout. Vos forces comme vos faiblesses. Je ne comprends pas d'ailleurs que les membres de son staff n'aient pas fait plus contre-poids face à ces tâtonnements répétés. Ça l'a aussi poussé dans le précipice. » Pas le seul coupable, loin de là, mais le principal responsable.

57
PROXIMITÉ AVEC DESCHAMPS, TENSIONS DANS LE STAFF : LE RÔLE FLOU ET CRITIQUÉ DE LA DG DE LA FFF À L'EURO

1er juillet 2021

Après l'élimination, place au bilan et à la remise en question. C'est en tout cas ce qu'attend Noël Le Graët, qui reçoit sa directrice générale, Florence Hardouin, ce mardi 6 juillet à Guingamp, puis Didier Deschamps le lendemain. Avec la numéro deux de la FFF, le président compte reprendre la main et demander des explications quant aux problèmes logistiques rencontrés par le staff de l'équipe de France durant l'Euro. À 79 ans, le patron du football français, réélu en mars pour un quatrième mandat et présent de façon épisodique au plus près de l'équipe de France pendant la compétition, n'a pas apprécié certaines informations qui lui ont été remontées du terrain. L'échange avec sa DG, en poste depuis 2013, est annoncé moins serein que celui avec le sélectionneur, qui devrait être reconduit pour mener les champions du monde au Qatar en 2022.

Si elle est peu connue du grand public, Florence Hardouin est un personnage incontournable du football français.

Directrice générale de la FFF, elle est considérée par beaucoup comme étant la grande patronne de la plus puissante et influente fédération sportive de France. Pendant tout l'Euro, de Clairefontaine à Munich, en passant par Budapest et Bucarest, l'ancienne escrimeuse de 54 ans était présente au plus près des Bleus et représentait la 3F, Noël Le Graët, contrairement à ce qui s'était passé en Russie en 2018, n'étant présent que lors des rencontres de l'équipe de France.

Une présence qui a ravi Didier Deschamps, proche de la DG, beaucoup moins le staff des Bleus, dont certains éléments s'interrogent encore sur la raison de sa venue tout au long de la compétition. « Le sélectionneur l'adore car elle lui dit oui à tout, avance un membre de la FFF sous couvert d'anonymat et dans la crainte d'un retour de bâton. Dès qu'il a besoin de quelque chose, Florence Hardouin s'exécute et satisfait ses demandes. Il apprécie fortement ce circuit court et sa capacité de réaction. Elle gère tout de A à Z et s'est accaparé l'équipe de France depuis le Mondial. » C'est à elle qu'il réclame et obtient des changements liés à l'organisation ou la logistique.

Une très chère annulation… La grogne monte

Pourquoi la grogne est-elle montée durant l'Euro dans les coulisses de l'équipe de France ? Les premiers griefs à son égard concernent tout d'abord un problème d'organisation. C'est avec Didier Deschamps que Florence Hardouin a géré notamment le changement de programme entre le deuxième match face à la Hongrie à Budapest et le troisième face au Portugal, toujours dans la capitale hongroise. Initialement, les Bleus avaient prévu de s'éloigner de Budapest pour s'installer en périphérie, du côté de Gardony. Un endroit plus paisible, qui aurait permis aux internationaux de couper avec l'atmosphère impersonnelle et les salles climatisées des établissements occupés jusqu'ici. Officiellement, l'équipe de France a changé ses plans en raison de la présence d'un champignon qui aurait détérioré la pelouse du terrain d'entraînement. Une fausse excuse aux yeux de certains à la FFF, le terrain étant déjà dans cet état au moment des repérages. Cette décision émanerait finalement d'une volonté commune de la DG et de Didier Deschamps de ne pas déménager entre les deux rencontres pour si peu de temps. Un changement qui aurait coûté cher à la fédération, mais qui n'a pas été compris par certains joueurs. La somme de 170 000 euros est avancée, ce qui a du mal à passer au sein de la 3F, dans une période de plan social. « Cette décision s'imposait malheureusement à nous », témoignera quelques jours plus tard Florence Hardouin dans le *Journal du Dimanche*.

Autre sujet de crispation, les joueurs, face à la répétition des journées à rallonge et d'un cloisonnement à l'hôtel, avaient réclamé un peu plus de latitude quant à la présence des familles après les matchs. Comme ce fut le cas avec certaines sélections durant l'Euro. Là aussi, en concertation avec le sélectionneur, Florence Hardouin n'a pas jugé bon de desserrer l'étau face au risque du Covid-19. Certains éléments du groupe France, notamment les pères de famille, l'ont mal vécu.

« Au fil du temps, elle est devenue comme une sorte de super-adjointe de Didier Deschamps, témoigne un proche de l'instance fédérale. Et ça ne passe pas toujours aux yeux de certains qui estiment qu'elle prend trop de place. Certaines de ses méthodes suscitent des crispations. » Comme la proximité de Florence Hardouin avec l'intendant Bachir Nehar, avec lequel elle n'hésite pas à débriefer les rencontres des Bleus au vu et au su du reste de l'encadrement, parfois interloqué, comme ce fut le cas sur le *rooftop* de l'hôtel à Bucarest après l'élimination face à la Suisse en huitième de finale. Ou quand elle décide que ce dernier, opéré des yeux avant la compétition, ne sera pas remplacé durant ses neuf jours d'arrêt de travail. Une décision qui provoquera un moment de friction avec Guy Stéphan, ce dernier ne se privant pas de dévoiler son mécontentement face à cette situation. Après cette scène, les relations entre deux des personnes les plus proches du sélectionneur seront glaciales.

Des membres du staff dans le viseur de la DG

Après l'Euro raté des Bleus, Florence Hardouin aurait même eu dans le viseur quelques membres du staff, coupables à ses yeux de ne pas remplir leur rôle et d'avoir une vraie part de responsabilité dans l'échec de l'équipe de France. En premier lieu, Guy Stéphan, le fidèle adjoint du sélectionneur, dont elle critiquerait les compétences et douterait de sa capacité à accompagner « DD » dans une sélection d'un tel niveau. Idem au sujet du médecin Franck Le Gall et du préparateur physique Cyril Moine, mécontente de leur travail et désireuse de placer d'autres profils en vue de la Coupe du monde au Qatar en 2022. « La scission était totale avec une partie du staff », avancent plusieurs sources en interne.

Autant d'éléments qui ont parfois plombé les rapports humains en interne au sein du groupe des champions du monde à l'Euro. Pas forcément des joueurs, un peu loin de cette tambouille interne. Mais la situation est remontée jusqu'aux oreilles de Noël Le Graët, désireux d'en savoir plus sur les contours de ce climat ainsi que sur la responsabilité de sa directrice générale, qu'il a donc convoquée dans ses bureaux à Guingamp pour un bilan de la compétition. Averti des envies de changement de celle-ci au sein du staff, le président de la FFF aurait été étonné par une telle attitude, et même profondément agacé, notamment au sujet de Guy Stéphan, qu'il tient en haute estime. Contactée sur ces sujets, la directrice générale n'a pas souhaité répondre, me renvoyant vers le président de la 3F.

Une situation qui s'inscrit qui plus est dans un climat explosif du côté de la fédération, engagée dans un Plan de sauvegarde de l'Emploi (PSE) à l'issue duquel 26 personnes pourraient être amenées à quitter l'entreprise. Pour rappel, Florence Hardouin, réputée cassante et dure par les uns, efficace et professionnelle par les autres, avait été la cible d'une plainte de treize des dix-sept directeurs de l'instance en 2019. Face à ce tollé, Noël Le Graët avait été contraint de sauver les apparences, calmer sa DG, tout en la maintenant à son poste au sortir de sa réélection.

Une décision incomprise par bon nombre de salariés. « Elle aime répandre la terreur et a sa part de responsabilité dans l'ambiance parfois délétère qu'il y a dans les bureaux à Paris. Personne n'ose la contredire sous peine d'être dans son viseur, le président en fait partie… », avance un salarié. Certains voient ce PSE comme « une purge » mise en place par Florence Hardouin, dans le but de renforcer son autorité, tout en se débarrassant de profils jugés indésirables, la plupart du temps sur fond de conflit personnel. « Si vous lui dites oui et répondez à ses attentes, tout va bien pour vous, plante un autre salarié. Dans le cas contraire, il vaut mieux se montrer discret car elle peut vous prendre en grippe et ne plus vous lâcher. » Ambiance.

58

LES RAISONS D'UN FIASCO MONUMENTAL

1er juillet 2021

De manière brutale et inattendue, l'équipe de France a rompu avec ses bonnes habitudes. Jamais depuis l'intronisation de Didier Deschamps au poste de sélectionneur il y a neuf ans, les Bleus n'avaient échoué dès le premier match couperet d'une grande compétition comme ils l'ont fait en huitième de finale de l'Euro face à la Suisse. Finalistes malheureux de l'Euro 2016 puis champions du monde deux ans plus tard en Russie, ils rêvaient d'un retentissant doublé Mondial-Euro comme celui réussi par « DD » et ses coéquipiers vingt ans plus tôt. Griezmann & co partent finalement en vacances avant même le mois de juillet. La tête basse et le moral dans les chaussettes après ce loupé monumental aux raisons multiples.

Benzema, le prix du retour

Il était LA grande attraction de cette équipe de France dans cet Euro. Le Madrilène de 33 ans a été au rendez-vous. Avec Paul Pogba, c'est l'un des deux Bleus à avoir été à la hauteur de sa réputation. Cela fait peu, mais ce constat témoigne de la réussite personnelle de Benzema, auteur de quatre buts, deux doublés face au Portugal et à la Suisse. Outre ses statistiques, il aura été précieux dans le jeu, comme sa faculté à se montrer disponible et sa propension à diffuser une confiance de tous les instants. À l'image du penalty qu'il marque face aux Portugais ou lorsqu'il vient haranguer et conseiller Hugo Lloris avant l'arrêt du capitaine de la sélection face à la Nati.

Une fois écrit cela, impossible de passer sous silence les dommages collatéraux nés de ce retour in extremis. Le natif de Bron n'est en rien fautif sur ce point, mais sa présence a quelque part aveuglé le sélectionneur des champions du monde, habituellement peu enclin à l'improvisation ou aux tests en tous genres. Pendant l'Euro, comme on l'a dit plus haut, ce fut tout le contraire avec une équipe de France qui ressemblait plus à un laboratoire (trois systèmes de jeu utilisés en quatre matchs) qu'à une machine bien huilée. Avec des répercussions conséquentes pour « DD », jamais en mesure de trouver la bonne formule.

Habituel chef d'orchestre des Bleus, Antoine Griezmann a multiplié les postes, ne réussissant que trop rarement à trouver la connexion idoine avec « KB9 », comme il avait pu le faire avec Olivier Giroud en Russie. Impossible de passer sous silence non plus l'utilisation du deuxième meilleur buteur de l'histoire de la sélection, cantonné à un rôle de réserviste durant toute la compétition. Signe que le retour de Benzema fut bien trop tardif pour travailler les combinaisons et la complémentarité. À ce niveau, ça ne pardonne pas.

Griezmann et Mbappé, pâles étoiles

Guide de l'équipe de France à l'Euro 2016 puis à la Coupe du monde 2018, Antoine Griezmann a, cette fois, raté son tournoi. Avec un petit but au compteur, face à la Hongrie, le leader technique et moral de l'équipe de France n'a pas été au niveau attendu, ni dans le jeu ni à la conclusion, malgré un sens du sacrifice intact et une activité toujours précieuse dans le repli défensif. Peu aidé par un positionnement côté droit qui n'est pas son poste préférentiel, il n'a jamais retrouvé son rayonnement habituel, même quand il est revenu dans l'axe. Dans un souci de bien faire, pour faciliter l'intégration de Benzema et mettre de l'huile dans les rouages de leur prometteur trio avec Mbappé, on l'a senti trop effacé, alors que c'est lui le dépositaire du jeu et le patron de cette équipe de France depuis six ans.

Un costume de leader convoité par Kylian Mbappé. À 22 ans, le crack du PSG mesure tout le chemin qui lui reste à parcourir après un Euro globalement décevant. Bien sûr, il a été impliqué dans cinq des sept buts français, mais on pouvait attendre beaucoup mieux dans la finition de la part du triple meilleur buteur de Ligue 1 qui a fait preuve de maladresse, a parfois manqué de lucidité et a montré des signes d'agacement. On n'a pas retrouvé la fraîcheur, l'insouciance et le génie aperçus en Russie il y a trois ans. Vu l'intelligence et le talent du garçon, gageons qu'il tirera les leçons du premier échec majeur de sa carrière. Il le faudra pour obtenir les couronnes auxquelles il prétend.

Usure physique, fatigue mentale

« Les joueurs ont été très sollicités. On a allégé la charge de travail prévue, mais malgré tout… » Visage de craie et traits tirés, Didier Deschamps a souligné au soir de l'élimination l'état de fatigue avancé de ses troupes. Un affaissement physique aperçu dès le deuxième match à Budapest, alors que les Bleus étaient rentrés plein pot dans l'Euro à Munich en relevant le défi physique proposé par la *Mannschaft*. « Contre la Hongrie, ça a été très pénible pour tout le monde », a reconnu le sélectionneur.

Dans le volcan de la Puskas Arena, sous un mercure d'enfer, les champions du monde ont effectivement été méconnaissables. « Des matchs avec cette intensité et cette chaleur, c'est compliqué. Mais c'est vrai pour les deux équipes », avait tempéré Corentin Tolisso après le 1-1 face aux Magyars. Sauf que la touffeur hongroise a semblé anesthésier pour de bon les Français, bien qu'ils aient mieux fini le troisième match que leurs rivaux portugais. Face aux Suisses, dans des conditions moins étouffantes (25 degrés), ils n'ont pas trouvé le second souffle espéré. La Nati a certes bénéficié de trois jours de repos supplémentaires, mais c'est aussi l'équipe qui a avalé le plus de kilomètres avec deux allers-retours Rome-Bakou. Et en Azerbaïdjan, le soleil était aussi irradiant qu'en Hongrie.

Avec cinq journées « off » entre son troisième match et le huitième de finale, la France n'avait pas d'excuse. Mais certainement des circonstances atténuantes dans cet Euro éclaté entre onze villes et qui n'a clairement pas offert les mêmes conditions aux équipes, selon qu'elles jouaient dans la fraîcheur de Copenhague et Londres ou sous le cagnard de Séville et Budapest. À ce format particulier et, il faut le dire, inégalitaire, est venu s'ajouter le poids d'une saison à rallonge et usante pour les corps et les esprits dans un contexte sanitaire anxiogène. En un an, Antoine Griezmann a, par exemple, disputé 72 matchs. Un rythme infernal valable pour tous les Bleus ou presque et qui n'est pas étranger aux multiples pépins physiques survenus (Benzema, Coman, Dembélé, Digne, Hernandez, Koundé, Thuram, Rabiot, Lemar).

« Il n'y a pas eu que des blessures musculaires, a rappelé Deschamps comme pour évacuer un éventuel débat sur la qualité de la préparation physique de son équipe. Il y a aussi eu des chocs, plus que d'habitude. » Référence notamment au K.O. de Pavard contre les Allemands puis sa chute sur le crâne face aux Hongrois. Enfin, il ne faut pas oublier le poids de la bulle sanitaire sur le moral des joueurs. Ils se sont évertués à ne jamais se plaindre face aux micros en rappelant leurs conditions de vie privilégiées. Mais en privé, beaucoup ont confié à leurs proches le caractère pesant de cette vie sous cloche. La déception digérée, les vacances vont faire un bien fou.

Un bloc défensif fissuré

C'était l'une des forces des Bleus à la Coupe du monde 2018. L'arrière-garde tricolore a déçu durant cet Euro. À l'image de son leader, Raphaël Varane, auteur d'un tournoi loin de ses standards. Le Madrilène a fait preuve d'une inhabituelle fébrilité et n'a jamais réussi à instiller le calme et la sérénité dans la ligne défensive au-delà du premier match à Munich où la muraille française a héroïquement résisté… avant de se fissurer à Budapest et Bucarest. Avec six buts encaissés en quatre matchs, dont trois face à la Suisse fruits d'une prestation cataclysmique, le bilan est plus que décevant dans un tournoi où les champions du monde ont trop souvent réagi plutôt qu'agi.

En dehors du penalty repoussé face aux Suisses, Hugo Lloris n'a pas brillé. Le capitaine a même frôlé la correctionnelle en percutant violemment le Portugais Danilo Pereira. Le voir garder la cage bleue en huitième fut un petit miracle, car ce coup de poing dangereux et maladroit valait un carton rouge. Sur les côtés, Lucas Hernandez a vu son Euro pourri par des douleurs à un genou tandis que Benjamin Pavard a sombré après son K.O. face aux Allemands. Solide en début de tournoi, Presnel Kimpembe s'est noyé face aux Suisses, totalement perdu dans la défense à trois improvisée par Deschamps. Et que dire de Clément Lenglet, lancé dans la fosse aux lions après un mois et demi sans jouer. Un cadeau empoisonné de la part du sélectionneur dont certains choix pour constituer sa liste de 26 joueurs interpellent forcément a posteriori. C'est le jeu quand le scénario ne se déroule pas comme prévu.

59

« EN TROIS MINUTES, LA QUESTION DU MAINTIEN DE DESCHAMPS ÉTAIT RÉGLÉE » : LE GRAËT MET FIN AU FAUX SUSPENSE

8 juillet 2021

De retour à Paris après avoir reçu la veille Didier Deschamps dans son fief de Guingamp pour dresser un bilan de l'Euro et se projeter sur la suite, Noël Le Graët m'a reçu avec mon collègue Guillaume Loisy pour dévoiler les raisons du maintien du sélectionneur à la tête des Bleus. Les contours de leur échange, la motivation de Deschamps, le retour (trop) tardif de Karim Benzema ou encore la gestion du groupe France et la question de l'autorité au sein du vestiaire... Le grand patron du football français, quelque peu fatigué par les récents événements et dix derniers jours très intenses en interne, n'élude aucun sujet. Et ne manque pas d'ambition, avec Didier Deschamps en chef de file, en vue de la Coupe du monde 2022 au Qatar.

Didier Deschamps sera-t-il le sélectionneur de l'équipe de France lors de la Coupe du monde au Qatar ?

Noël Le Graët: La réponse est oui. Je l'ai reçu longuement à Guingamp. La question a été réglée en trois minutes.

Sa volonté est très forte de continuer, la mienne l'était aussi. Il n'y a pas eu de débat sur « qu'est-ce qu'on fait ? » et « comment on fait ? » J'ai de l'estime pour lui, je pense qu'il me le rend bien et à la fédération également. En aucun cas, de par son palmarès en premier lieu, il ne méritait de ne pas continuer. La question pour moi était de savoir s'il voulait ou non poursuivre. Il était décidé, déjà en train de préparer les matchs de la rentrée, de se projeter sur la suite. J'ai une confiance infinie en cet homme. Il n'y a pas de débat. C'est un gagneur, avec un palmarès unique. C'est un sélectionneur fidèle à la fédération et estimé par ses joueurs, il n'y a pas de cassure ou de fin de cycle. Il y a une question pour laquelle on n'avait, tous les deux, pas de réponse : comment a-t-on pu prendre deux buts en dix minutes face aux Suisses ? À 3-1, lui comme vous, comme moi, on pensait avoir gagné.

Vous dites que la suite de l'aventure a été décidée en trois minutes...

J'exagère, mais il est arrivé sûr de lui, j'étais heureux de le recevoir et à notre poignée de main, on a senti qu'on voulait travailler ensemble. Jamais dans mon esprit, il n'a été question de le remettre en cause. Quand je fais son bilan... Qui n'a pas raté quelque chose dans sa carrière ? Didier est le meilleur sélectionneur que l'on a, et de loin. Regardez son palmarès, il n'y a pas débat. Ma confiance en lui et en son staff, expérimenté et compétent avec lequel il forme une équipe redoutable, est totale. Mais j'ai aussi confiance dans les joueurs. Nous avons confiance dans les joueurs. Il ne faut pas se raconter d'histoires. Ils jouent dans les plus grands clubs, ils sont plutôt jeunes. Ce n'est pas une fin de cycle. Dix sur onze ou même onze sur onze seront encore là demain. C'est la bonne réflexion.

Comment l'avez-vous senti après son plus grand échec à la tête des Bleus ?

Très revanchard, déjà concentré... L'équipe de France a trois matchs en septembre à Strasbourg, Kiev et Lyon, face à la Bosnie, l'Ukraine et la Finlande, dans le cadre des éliminatoires de la Coupe du monde 2022 et Didier est dedans à fond. Sans aucune ambiguïté.

La possibilité d'une prolongation au-delà de la Coupe du monde 2022 avait été évoquée avant l'Euro. Est-ce un sujet encore à l'ordre du jour ?
Non. On va jusqu'au Qatar ensemble. Après on verra.

Lui avez-vous demandé des changements dans son approche, son management ou au sein de son staff ?
Son staff proche ne changera pas. J'ai lu des choses ces derniers jours sur Guy Stéphan, son adjoint, comme quoi il serait en sursis. Il n'y a même pas une ligne de travers à écrire sur ce sujet. Guy est un technicien de premier plan, très apprécié par tous, il forme avec Didier un duo fantastique. C'est le cas aussi pour le docteur Franck Le Gall, le préparateur physique Cyril Moine et l'entraîneur des gardiens Franck Raviot. Il ne les changera pas. Pour le reste du staff, je lui ai laissé carte blanche.

Lui avez-vous parlé d'objectif pour le Mondial 2022 ?
Attendez, vous allez un peu vite (*sourire*). Déjà, il faut se qualifier, ne nous emballons pas. On le voit aujourd'hui, plus personne ne gagne tous ses matchs 4-0. Dès la mi-septembre, on aura une idée quant à cet objectif. Je considère qu'on reste toujours dans les quatre meilleures équipes européennes. Mais il faut qu'on le prouve.

Didier Deschamps a semblé tâtonner sur le plan tactique à l'Euro. Avez-vous été surpris ? En avez-vous parlé avec lui ?
On en a parlé. Contre la Suisse, cela a duré même pas une mi-

temps, une demi-heure. Il a cru que c'était la meilleure formule par rapport à l'adversaire. Il a rectifié très vite en voyant que le système ne marchait pas, que ça ne collait pas. Il n'a pas attendu la fin du match. Il y a aussi eu beaucoup de blessés chez les latéraux. On ne va pas chercher de fausses excuses. On n'aurait jamais dû prendre ces deux buts. Je pense qu'on aurait dû aller plus loin. C'est facile de dire « c'est le foot », mais c'est vrai. Aucun observateur n'imaginait qu'on allait être éliminés après avoir mené 3-1 à dix minutes de la fin.

Vous aviez un doute sur sa volonté de continuer ?
Non. Je pense qu'il l'aurait laissé entendre au téléphone. Je l'ai vu arriver de bonne humeur, combatif, ambitieux... Franchement, on était tout de suite d'accord, pas sur le contrat puisqu'il est en cours. Nous n'avions pas à discuter d'un nouveau contrat.

Au-delà de cette séquence, des choses vous ont-elles agacé de la part des Bleus durant la compétition ?
Je reste sur le côté sportif, je regarde comment les joueurs fonctionnent avec lui, sur la difficulté de manager 26 joueurs au quotidien, la façon dont ils se sont bien comportés entre les rencontres. Il m'a donné des noms d'éléments au comportement irréprochable, il n'y a pas eu d'incidents de joueurs. Des petits mots d'énervement, parfois, pendant un match (*Coman, Pavard, Pogba contre la Suisse*), il y en aura tout le temps. Dans votre rédaction ça doit arriver aussi, ici à la FFF jamais (*sourire*). Plus sérieusement, il est motivé comme jamais, je suis attaché à lui, mais surtout à ses qualités sportives et humaines, comme les supporters de l'équipe de France je pense… Je suis très fier qu'il continue.

Aviez-vous besoin d'être rassuré quant à l'autorité du sélectionneur vis-à-vis de ses joueurs ?

Non. Sur la fin de match contre la Suisse, tout le monde était énervé, dans un contexte hostile. Paul Pogba est le plus poli des hommes. Je n'ai absolument aucune crainte sur le fait que Didier ait perdu le contrôle de son vestiaire, ce n'est pas vrai.

A-t-il évoqué des regrets sur le retour tardif en sélection de Karim Benzema ?
On a évoqué le sujet ensemble, et on est arrivé à la même conclusion, peut-être qu'il aurait dû faire un ou deux matchs de plus avant. Mais c'est comme ça. Quand Didier a décidé de le rappeler, Benzema a fait des bonds de joie. Il a été super bien accueilli et il a été parfait dans la vie de groupe. Tout le monde l'a remarqué. Karim est un grand professionnel et un homme de qualité. Didier a eu raison de le prendre.

Comment se sont déroulées vos retrouvailles à l'Euro ?
Très bien. On ne s'était pas vu depuis plusieurs années (*plus de 5 ans*), c'est le seul qui m'a fait la bise malgré les masques (*sourire*). Il était content d'être là, m'a remercié et a dit qu'il ferait le maximum. Il n'a eu aucune revendication. Il a eu un très très bon comportement.

Les attentes autour de Kylian Mbappé en équipe de France sont-elles trop fortes ? Qu'avez-vous pensé de son Euro ?
J'ai trouvé qu'il a été très actif mais il n'a pas été en réussite devant le but alors que c'est souvent son point fort. Ça ne veut pas dire qu'il n'a pas beaucoup travaillé. Je pense que lui comme les autres étaient aussi fatigués. Je sais que ce ne sont pas des excuses mais notre groupe était le plus difficile. Nous avons aussi joué dans cette zone (*Budapest, Bucarest*) où les températures n'étaient pas celles de Wembley. Ça a joué très certainement. Il n'empêche que l'on n'aurait pas dû prendre ces deux buts…

Avez-vous été en contact avec Zinédine Zidane ces dernières semaines ?
Non ! Vous vous doutez bien que si je l'avais souhaité, cela aurait été facile. J'ai de l'estime pour lui. Je l'ai eu au téléphone, mais pas ces derniers temps. Cela n'empêche pas qu'on pourra se rencontrer, dîner ou déjeuner ensemble sans aucun problème. Il sera peut-être un jour sélectionneur. Peut-être que mon successeur le nommera car je ne resterai pas non plus éternellement. Enfin je ne crois pas (*sourire*)...

Les Bleus ont-ils reçu une prime pour leur parcours ? Comprenez-vous que le public puisse tiquer si c'est le cas ?
Comme convenu avant chaque compétition, les joueurs de l'équipe de France perçoivent un pourcentage de la dotation que nous verse l'UEFA. Ils perçoivent cette prime de compétition qui sera équivalente à 30 % à partir des huitièmes de finale et c'est la seule. Les joueurs ne perçoivent plus de prime en dehors, lors des matchs de qualification, comme auparavant. Ce modèle, je l'ai mis en place en 2012, lorsque j'ai été élu président (*un modèle qui a d'ailleurs fait école dans beaucoup de pays européens*). Il n'y a plus de primes systématiques à tous les matchs, uniquement lors des phases finales de compétition et à compter des huitièmes de finale.

Son rôle et sa présence au sein de l'équipe de France ont été vivement commentés : comment s'est déroulée votre entrevue avec Florence Hardouin, votre directrice générale de la FFF ?
Je suis d'abord admiratif de madame Hardouin quant à sa capacité de travail. Elle bosse tout le temps. J'ai vu les critiques à son sujet, je trouve cela injustifié. On ne perd pas un match à cause de l'hôtel, de la climatisation, ou d'un terrain d'entraînement... Cela incombe à l'UEFA. J'ai lu des trucs invraisemblables. Elle a fait le travail qu'elle devait faire là-bas.

Va-t-elle continuer sa mission auprès des Bleus ?
Elle ne souhaite plus accompagner l'équipe de France. C'est la conclusion de notre conversation. J'ai confiance en elle. Elle fait peut-être partie de ces gens qui travaillent beaucoup et qui vont parfois un peu trop vite dans la réflexion. Mais j'aimerais bien que toutes les entreprises aient une femme de cette qualité dans leurs rangs.

On sait Didier Deschamps proche de Florence Hardouin. Comment a-t-il accueilli cette décision ?
Ça ne le regarde pas. Moi, je sépare bien les choses. La discussion avec Didier a été consacrée au foot. Avec madame Hardouin, nous avons parlé de la fédération. Ce ne sont pas les mêmes débats, cela n'a rien à voir. Ce n'est pas de sa faute si on a pris un but à la dernière minute.

Y a-t-il eu un problème d'équité dans cet Euro selon vous, avec la multiplication des trajets et des matchs qui se sont déroulés sous de fortes chaleurs pour certaines nations ?
Quand on est éliminé et qu'on rouspète après la formule de la compétition, on fait mauvais perdant. Après, on peut dire ce qu'on veut, mais les températures et les déplacements ont sans doute un peu joué sur le parcours de certaines nations. Nous, on n'est pas allé jouer à Rome ou en Angleterre, mais à Budapest deux fois sous plus de 35 degrés... Encore une fois, je ne cherche pas d'excuse, on n'aurait pas dû prendre deux buts dans les dernières minutes. Nous sommes les premiers fautifs.

60
MEA CULPA, MISE À L'ÉCART ET AVION EN PANNE : LES COULISSES DE L'ENTRETIEN LE GRAËT-DESCHAMPS

9 juillet 2021

Après le fiasco des Bleus, le patron de la FFF n'aura donc pas mis plus de dix jours pour consulter, échanger et dicter le tempo. Avec un message clair : le boss du football français, c'est bien lui. Officiellement, il était de bon ton de laisser du temps à Didier Deschamps pour digérer la déception de l'élimination. Officieusement, le dirigeant de 79 ans, en fin tacticien et animal politique qu'il est, n'a cessé de passer des coups de téléphone. Auprès de certains joueurs et de membres du staff de l'équipe de France, notamment. Pour prendre la température, tâter le terrain d'une éventuelle fracture du vestiaire avec le sélectionneur et surtout en savoir plus sur les coulisses de ce qui a pu se passer en interne. À la fois au sein du groupe, mais aussi pour toutes les questions relatives à l'organisation et la logistique. Il a rapidement été certain d'une chose : aucune scission n'existe entre Deschamps et ses hommes. Ce qui n'est pas le cas sur d'autres sujets. Décryptage.

La question du maintien de « DD » n'a donc pas duré longtemps. Comme il l'a reconnu lui-même, Noël Le Graët savait déjà quelles étaient les intentions du sélectionneur lorsque celui-ci est arrivé en Bretagne, à l'abri des regards des salariés de la FFF. Et si « la question du maintien a été réglée en trois minutes », comme le dit le président de la 3F, les deux hommes ont bien débriefé l'intégralité de l'Euro. Lors de leur échange, Didier Deschamps a reconnu des erreurs de coaching, notamment la mise en place de cette défense à trois contre la Suisse. Mais il a aussi concédé que le retour de Karim Benzema aurait été plus simple à gérer s'il avait été validé plus tôt. Si Benzema a réussi son retour sur le plan personnel et dans son attitude en interne, sa présence a chamboulé tous les plans de l'équipe de France. Au point de voir Didier Deschamps passer la compétition à tenter de trouver la bonne formule. Ce sera l'un de ses défis des mois à venir jusqu'à la Coupe du monde 2022.

Les deux hommes s'apprécient, sont amis, mais pour autant, le président de la FFF a suffisamment d'expérience pour faire la part des choses et ne pas tout mélanger. S'il avait senti la moindre hésitation de la part de « DD », une quelconque lassitude, amitié ou non, l'équipe de France ne serait pas repartie avec le même chef de navire. Encore moins un staff quasi identique. En maintenant Deschamps, il ne lui fait pas de cadeau. Encore moins une fleur. « N'oubliez pas que c'est un ancien politique, qui adore la bagarre et ne fait pas de sentiment quand il faut prendre une décision, analyse un intime de la FFF. Il reste un tueur à gages malgré le poids des années. » Tout simplement, dans l'esprit de Le Graët, il n'y a pas mieux que Deschamps pour défendre le titre de champion du monde dans à peine seize mois. Et son palmarès lui octroie légitimement une deuxième chance. Qui n'est pas d'accord avec ça ?

Durant la journée passée ensemble en terre bretonne, les deux hommes ont donc évoqué les questions de terrain, le retour de Benzema et son intégration, l'attitude collective dans le vestiaire, mais aussi les problèmes de logistique et d'organisation. Ce qui amène à la question de la prise de recul de Florence Hardouin. S'il met en avant son professionnalisme et sa capacité de travail, Noël Le Graët a été profondément agacé par les fuites autour de la supposée envie de sa DG d'écarter certains membres du staff des Bleus et notamment Guy Stéphan, Franck Le Gall ou encore Cyril Moine.

« De quoi se mêle-t-elle », a-t-il notamment déclaré en privé sur ce sujet. En la mettant à l'écart de la vitrine équipe de France – même si la formule officielle utilisée est plus soft –, il calme l'agacement du staff des champions du monde – dont la plupart ont appris par la presse l'incertitude autour de leur avenir dans leur fonction –, mais surtout réaffirme sa position de patron, dans une ambiance morose et explosive au siège de la fédération.

Signe d'une entente totale entre deux hommes qui se connaissent à merveille, Didier Deschamps est même rentré de Bretagne avec son président jusqu'à Paris, avant de regagner le sud de la France dans la foulée. L'avion qui devait le renvoyer chez lui directement de Saint-Brieuc étant tombé en panne, Noël Le Graët ne voulait pas laisser son sélectionneur sur le bord de la route et lui a fait une place à bord. Les petites recettes d'un couple qui dure.

61
EN VACANCES, LES JOUEURS TENTENT D'OUBLIER... ET SE TAISENT

Juillet 2021

États-Unis, Mexique, Émirats, France, Espagne ou encore Grèce... Pour oublier l'Euro et le tumulte des dernières semaines, les 26 joueurs de l'équipe de France se sont rapidement volatilisés pour regagner leur lieu de vacances, avec famille, amis et compagnes. Face aux différentes demandes d'entretien pour tenter d'expliquer les raisons du fiasco et revenir sur tout ce qui n'a pas fonctionné, aucun des internationaux présents à l'Euro n'a souhaité prendre la parole. Le moment ne s'y prêtait pas pour les uns, d'autres auraient eu peur de dire des choses puis de les regretter un peu plus tard. Pas fous non plus, avec le maintien de Didier Deschamps, aucun intérêt, si l'envie existait, d'étaler le moindre état d'âme sur la place publique. Autant signer de suite son arrêt de mort quant aux futures convocations en sélection.

Chacun à leur façon, ils se sont murés dans le silence, une fois revenus en catimini et tout penauds au Bourget au lendemain de leur élimination inattendue. Une séquence bien terne et sans saveur, à des années-lumière de leur retour en fanfare trois ans plus tôt, acclamés par des milliers de Français présents de l'aéroport jusqu'aux Champs-Élysées pour une liesse inoubliable et une fête totale. L'été des Bleus n'a ressemblé à rien de tout cela. De héros à losers, pour un difficile retour à la réalité.

62
ET MAINTENANT, ON FAIT QUOI ?

10 juillet 2021

Les Bleus et leur staff ont eu tout l'été pour réfléchir, digérer, sans pour autant oublier de se remettre en question, avant de basculer à la rentrée sur de nouveaux objectifs et notamment la qualification pour la Coupe du monde 2022 au Qatar (21 novembre-18 décembre). L'équipe de France est en tête de son groupe éliminatoire après trois matchs, et des rencontres « alléchantes » face à la Bosnie, l'Ukraine et la Finlande l'attendent début septembre. Ainsi va la vie des champions du monde. Une séquence en chasse une autre, même si la saveur est moindre. Mais avec le désir profond de rebondir le plus vite possible.

Dans son discours d'après-match à Bucarest au soir de la triste élimination en huitième de finale contre les Suisses, puis le lendemain juste avant le retour en avion à Paris, « DD » n'a rien laissé transparaître quant à une autre issue que son maintien à la tête de la sélection. Loin d'une ambition dégradée ou d'un élan moins affirmé, ses propos évoquaient un « désir d'unité » et un besoin de « prendre le temps pour voir ce qui n'a pas fonctionné », lui ne s'exonérant pas de cette importante remise en question pour revenir les idées fraîches et claires. Avec un but commun : signer le doublé en 2022. « Il a plus faim que jamais, n'est pas du tout rassasié et désire tirer profit des erreurs de l'Euro pour prendre une revanche au Qatar », assure un proche du sélectionneur.

Le dossier de son maintien désormais classé, Deschamps et son staff – qui sera modifié à la marge – peuvent se tourner vers une nouvelle aventure. Avec, d'ici la fin de l'année 2021, la qualification pour le Mondial à valider et le Final Four de la Ligue des Nations (demi-finale contre la Belgique le 7 octobre à Turin). Après le désenchantement de l'Euro, le patron des Bleus sait qu'il possède un groupe et des individualités de premier plan pour s'avancer au Qatar avec force et ambition. Et d'ici le grand raout mondial, il aura le temps d'installer définitivement Karim Benzema, rappelé à la va-vite mais déjà très précieux et décisif, pour (enfin) trouver la clé d'une animation offensive défaillante cet été. Ce sera son plus grand chantier.

Le Madrilène, qui aura presque 35 ans à la Coupe du monde, compte bien être de la partie. La situation diffère un peu pour Olivier Giroud (36 ans au Mondial), placardisé depuis le retour de « KB 9 » et forcément déçu par une telle tournure, lui qui comptait sur l'Euro pour chatouiller encore un peu plus le record de Thierry Henry, meilleur buteur de l'histoire de la sélection (51 réalisations contre 46). Mais son transfert au Milan AC pourrait raviver ses ambitions.

Si l'échec est bien réel, l'équipe de France n'en termine pas pour autant avec un cycle. En dehors de Steve Mandanda (36 ans, 34 sélections), peu de joueurs devraient prendre du recul. Didier Deschamps le sait pertinemment, conscient de détenir un potentiel XXL, à condition d'arriver à en tirer la quintessence avec plus de clarté et de vigueur qu'à l'Euro. Déjà dans la liste des 26, Mike Maignan (25 ans) a toutes les qualités pour être numéro 2 chez les gardiens, tout comme le défenseur Jules Koundé (22 ans), très apprécié par le staff. Ajoutez à cela un réservoir de jeunes aux dents longues, désireux de bousculer l'ordre établi dans le groupe France. En défense (Dayot Upamecano, Wesley Fofana, Ibrahima Konaté, Ferland Mendy) – à l'exception notable du poste de latéral droit – ou au milieu (Eduardo Camavinga, Tanguy Ndombélé, Maxence Caqueret, Houssem Aouar, Aurélien Tchouaméni), la richesse s'avère sans fond. En attaque, avec Kylian Mbappé, Kingsley Coman ou Ousmane Dembélé, les options ne manquent pas.

Didier Deschamps le sait mieux que personne. À lui d'en faire les clés de la réussite et de rebondir. Le connaissant, on n'imagine pas une seule seconde le sélectionneur revenir en septembre, avec le Qatar en ligne de mire, sans être animé d'un immense esprit de revanche, désireux de laver l'affront subi lors de cet Euro. Cette équipe de France cuvée 2021 manquait d'âme, de vie, de cap, de leaders, de discipline, d'identité et surtout d'une cohésion sans faille. Autant d'ingrédients qu'il faudra retrouver, après avoir validé la qualification, lors de la Coupe du monde 2022. Tout le monde sera d'accord sur une chose. Avec autant de talents, d'expérience et d'intelligence, l'équipe de France mérite (beaucoup) mieux que cet Euro. Voilà le grand défi de Deschamps et ses hommes. Vite, la suite.